Christina Richter

SICHTBARE Frauen

So nutzt du LinkedIn und Co. als Karrierebooster

Campus Verlag
Frankfurt/New York

MIX
Papier aus verantwortungsvollen Quellen
FSC® C089473

Klimaneutral
Papier
ClimatePartner.com/13732-1910-1001

ISBN 978-3-593-51683-7 Print
ISBN 978-3-593-45314-9 E-Book (PDF)
ISBN 978-3-593-45313-2 E-Book (EPUB)

Umschlaggestaltung: *zeichenpool, München
Button: shutterstock, LEEEJ
Umschlagfoto: © Farina Deutschmann
Illustrationen: Jenny Händel
Satz: DeinSatz Marburg | mg
Gesetzt aus der Minion Pro, Arca Majora 3 und Montserrat Alternates
Druck und Bindung: Beltz Grafische Betriebe GmbH, Bad Langensalza
Beltz Grafische Betriebe ist ein klimaneutrales Unternehmen (ID 15985-2104-1001).
Printed in Germany

www.campus.de

INHALT

TEIL II
Anwendungsbereiche für Personal Branding

VORWORT

Bevor ich meine Reise in die Selbstständigkeit und später ins Unternehmertum gestartet habe, war ich mehr als zehn Jahre angestellt. Zuerst in der Finanzbranche, dann im Stahlhandel und zuletzt in der Digitalwelt – allerdings nicht in der hippen Start-up-Szene, sondern im Konzern. Ich mochte meine Arbeit und war offenbar gut in meinem Job. Trotzdem kannte mich kaum jemand außerhalb meiner Abteilung. Und es hatte sogar kaum jemand im Unternehmen außerhalb meiner Abteilung eine konkrete Vorstellung davon, was ich eigentlich mache. »Frau Richter macht PR.« Aha. Das war's.

Dass ich maßgeblich für die Veröffentlichungen in der Presse verantwortlich war, bedurfte Erklärungen. Denn in Interviews war mein Vorstand zu hören und zu sehen, und auch Gastbeiträge liefen unter seinem Namen. Ja, meine Chefs waren allesamt Männer. Ich war die Frau hinter den Kulissen. Das war Teil meines Jobs. Aber das führte dazu, dass keiner wirklich wusste, was ich mache, und mich auch keiner so richtig wahrnahm. Weder unternehmensintern noch -extern. Ich war unsichtbar.

Es war für mich normal, dass ich immer nur im Namen der Firma netzwerkte. Die Konsequenz dessen war mir damals nicht bewusst, bis ich meinen Job verlor und feststellte: Mich kennt niemand. Es kann mich auch niemand weiterempfehlen, weil keiner so richtig weiß, was ich eigentlich tue. Ich fand damals trotzdem einen neuen Job, aber es hätte so viel einfacher sein können. Das weiß ich heute. Als ich mich schließlich selbstständig machte, stand ich wieder vor demselben Problem.

2015 zog ich mit meinem Mann von Hamburg nach Berlin, wo wir kein Netzwerk hatten. Er ging jeden Tag ins Büro, während ich allein zu Hause blieb, um meine Projekte zu bearbeiten. Eines Tages fing ich an, auf Events zu gehen, von kleinen Meetups über Messen bis hin zu Fachkonferenzen, und lernte dort Menschen kennen, die mich zu weiteren Events einluden. Meistens waren es Events, die von Frauennetzwerken veranstaltet wurden – dort habe ich am schnellsten Anschluss finden können. Ich erzählte anderen Teilnehmer:innen, was ich beruflich tat und dass ich mich gerade selbstständig gemacht hatte. Irgendwann fragte mich einer von ihnen, ob ich nicht mal einen Workshop machen könnte. Na klar! Daraus entstanden meine ersten Kunden- und weitere Workshop-Anfragen. Ich netzwerkte weiter. Praktisch jeden Tag war ich auf einem, zwei, manchmal drei Events. Nach einem Jahr hatte ich ein solides Beratungsbusiness und vor allem ein sehr belastbares eigenes Netzwerk aufgebaut.

Parallel dazu begann ich, aktiv LinkedIn zu nutzen – für meine Kund:innen und für mich selbst. Bereits nach kurzer Zeit musste ich mich nicht mehr um Projekte oder Kund:innen bewerben – bis heute. Meine Projekte und Kund:innen, und zwar die richtigen, finden mich. Und das habe ich einzig meinem Personal Branding zu verdanken.

Besonders Frauen neigen dazu, ihr Licht unter den Scheffel zu stellen. Darüber hinaus gibt es viele strukturelle und institutionelle Missstände, die es Frauen erschweren, ihre Karrieren voranzutreiben und ihre Expertise zu zeigen. Darauf gehe ich in der Einleitung konkreter ein. Diese Widerstände gilt es auf höherer Ebene zu klären, denn politische und gesellschaftliche Veränderungen liegen nicht (nur) in der Verantwortung Einzelner. Fest steht jedoch: Statt darauf zu warten, dass sich die Welt verändert, können wir selbst schon mal bei uns anfangen. Deinen individuellen Weg kannst du selbstwirksam beeinflussen, und zwar sofort.

Meine Hauptplattform ist nach wie vor LinkedIn. Mit diesem Buch will ich mein Wissen und meine eigenen Erfahrungen weitergeben. Ich bin nämlich genau da, wo ich sein möchte. Und das ist kein Zufall, auch wenn das Glück immer ein bisschen mit reinspielt. Was vor allem zählt, sind klare Ziele, eine entsprechende Strategie und kontinuierliches Engagement. Erfolg fällt nicht vom Himmel und kommt nicht über Nacht. Wenn du berufliche Ziele hast und einen Weg suchst, sie zu erreichen, dann hoffe ich, dass dieses Buch dir ein Stück des Weges zeigen kann.

EINLEITUNG

Wer erklärt uns die Welt?

Wann hat dir das letzte Mal eine Frau die Welt erklärt? Gut möglich, dass es etwas länger her ist. Denn in den Medien – egal, ob klassisch oder digital – kommen Expertinnen selten zu Wort. Besonders die Berichterstattung während der Corona-Pandemie stellte die ungleiche Sichtbarkeit der Geschlechter unter Beweis. Von fünf Fachleuten kam in TV-Formaten eine Frau zu Wort. 78 Prozent der zurate gezogenen Virolog:innen ohne Leitungsfunktion waren männlich – mit Leitungsfunktion sogar 95 Prozent. Das ist ein ziemlich verzerrtes Bild, wenn man bedenkt, dass 47 Prozent des ärztlichen Personals in Deutschland Frauen sind.

Die Gesamtrelationen sind erst mal recht ausgeglichen: 51 Prozent Bundesbürgerinnen, 52 Prozent Studienabsolventinnen, 48 Prozent Arbeitnehmerinnen. So weit, so gut. Die ungleiche Verteilung der Geschlechter beginnt an anderer Stelle. Der traurige Klassiker: Je höher es auf der Karriereleiter geht, desto höher ist der Männeranteil. In den Vorständen der Top 100 deutscher Unternehmen saßen 2021 16 Prozent Frauen. Das ist allerdings eine raketenhafte Zahl, wenn man bedenkt, dass 2008 gerade mal 0,2 Prozent der Vorstandsmitglieder Frauen waren. Übrigens: 38 der 100 Vorstände kommen ganz ohne Frauen aus. Auch die erfreuliche Gleichverteilung unter Studienabsolvent:innen bekommt einen sehr bitteren Beigeschmack, wenn man bedenkt, dass drei Viertel ihrer lehrenden Professor:innen im Jahr 2021 männlich waren.

(Un-)Sichtbare Frauen

Frauen sind nicht nur in Führungspositionen rar, sondern auch in technischen Berufen und in der Politik. Außerdem gibt es nur wenige Frauen, die Unternehmen gründen. Bei so manchen Themen werden Journalist:innen in ihrer Recherche aktuell eher auf einen Experten stoßen als auf eine Expertin. Selbst in weiblich dominierten Fachbereichen wie Erziehungs- oder Sozialwissenschaften kommen Männer häufiger zu Wort. Dabei fehlt es gar nicht an Expertinnen. Was fehlt, ist deren Sichtbarkeit.

Mit Top-50-Rankings oder Awards, in denen ausschließlich Frauen Beachtung finden, versucht man seit ein paar Jahren, diese Lücke zu schließen. Doch oft sind es immer dieselben Namen, die in diesem Rahmen zelebriert werden. Dabei gibt es *viel* mehr Frauen, die eine große Expertise mitbringen und spannende Storys erzählen können. Allerdings fehlt ihnen die Bühne und deren Spotlight.

Genau hier setzt das Thema dieses Buches an. Wer Aufmerksamkeit für die eigene Arbeit erreichen und am öffentlichen Diskurs teilhaben möchte, ist heutzutage nicht mehr auf die Einladung der großen Medienhäuser angewiesen. Es gibt ein Werkzeug, das allen zur Verfügung steht – egal in welcher Position oder Disziplin: Personal Branding.

The stage is yours

Personal Branding ist ein Kommunikationstool, mit dem wir Beziehungen zu potenziellen Kund:innen, Geschäftspartner:innen, Investor:innen und Mitarbeiter:innen aufbauen können. Und das noch bevor wir jemals ein persönliches Wort mit ihnen gewechselt haben. Gleichzeitig eröffnet sich damit die Möglichkeit, zum Thought Leader der eigenen Branche aufzusteigen. Dafür gibt es heute Kanäle, die jede:r von uns selbst bespielen kann. Social-Media-Kanäle sind ein riesiges Netzwerktreffen, nur weitaus niedrigschwelliger, weitreichender und diverser, als es jede andere Plattform bisher ermöglichen konnte. Messen und Konferenzen bringen zwar auch viele Menschen an einem

Ort zusammen, aber bei weitem nicht so viele, wie es Social-Media-Kanäle können.

Im Businesskontext bietet LinkedIn seit einigen Jahren die bestmögliche Plattform, sich als Thought-Leader im eigenen Fachbereich zu etablieren und so maximale Sichtbarkeit zu generieren. Das sind *soziale* Medien in Reinform: Menschen verbinden sich mit Menschen. Und sie diskutieren über Themen, die ihnen wichtig sind.

So ärgerlich die Unterrepräsentation von Frauen in der medialen Berichterstattung sein mag, so offensichtlich ist nun der Handlungsbedarf. Ich arbeite fast ausschließlich mit Frauen. In meinen One-on-One-Sessions höre ich immer wieder Sätze wie »Wer will denn hören, was ich zu sagen habe?« oder »So eine Selbstdarstellung ist mir aber schon unangenehm!« Ein weiterer Satz, den ich immer wieder höre: »Ich möchte aber nicht, dass meine Kinder dann auf LinkedIn zu sehen sind!« Dieselben Frauen erzählen mir begeistert von weiblichen Thought-Leadern, deren Arbeit sie seit Jahren in den sozialen Medien verfolgen. Und sie reden sich geradezu in Rage, wenn es um die Unsichtbarkeit weiblicher Vorbilder geht.

Genau hier liegt die Kraft von Personal Branding, die ich in meiner täglichen Arbeit live erlebe. Das Tool erlaubt es, frei und unabhängig genau die Marke zu vertreten, hinter der man zu 100 Prozent steht: sich selbst. Dazu braucht es lediglich zwei Startvoraussetzungen, die dieses Buch vermitteln soll:

1. das Wissen darüber, wie Personal Branding effizient genutzt wird, und
2. den Mut, über die eigene Selbstunterschätzung zu springen.

Egal, in welchem Stadium sich deine Personenmarke befindet: Dieses Buch eröffnet dir Strategien und Werkzeuge, Personal Branding für dich zu nutzen. Du kannst komplett bei null anfangen und dir in fünf Schritten die Sichtbarkeit aufbauen, die zu dir und deinen Zielen passt. Vielleicht möchtest du einfach in deiner Firma oder deiner Branche sichtbarer werden oder aber du willst die großen Bühnen der Welt erobern. In beiden Szenarien können dir diese fünf Schritte die Basis schaffen. Ich bezeichne sie als die fünf C des Personal Branding, was konkret für Care, Connect, Comment, Content und Continuity steht. Was es mit jedem dieser fünf Schritte auf sich hat, erkläre ich dir hier in Kürze:

1. Care: Im ersten Schritt solltest du dich fragen, wer du bist, was du kannst und wofür du stehst. Überlege dir außerdem, wen du ansprechen möchtest und was du diesen Menschen zu bieten hast. Denn genau darum geht es bei Personal Branding. Dafür brauchst du eine klare Positionierung. Du musst also wissen, was du deiner Zielgruppe zu einem Thema an Mehrwert bieten kannst und warum sie bei diesem Thema genau zu dir kommen sollten.

2. Connect: In der Businesswelt – egal, ob du angestellt bist oder selbstständig, Führungskraft oder Unternehmerin – brauchst du ein eigenes Netzwerk. Ich betone hier besonders das Wort »eigenes«, denn vor allem Frauen scheuen sich vor Netzwerken für sich selbst. Dabei kann ein eigenes Netzwerk ein unglaublicher Game-Changer sein.

3. Comment: Tatsächlich machen sich viele Frauen intensiv Gedanken darüber, was sie auf Social Media, vor allem LinkedIn, sagen könnten. Die meisten von ihnen denken dabei an eigenen Content. Dabei gibt es ein Format, das ihnen auch Sichtbarkeit verschaffen kann, ohne dass sie eigene Posts veröffentlichen müssen. Die Rede ist von Kommentaren. Sie sind ebenfalls Content. Über Kommentare und einen Beitrag zu einer Diskussion kannst du sehr gut dein eigenes Wissen und deine Meinung kundtun. Und du musst dir dafür (noch) keine Gedanken über eigene Posts machen. Für sehr viele Frauen ist eine Beteiligung an Diskussionen völlig ausreichend, um sich eine grundlegende Sichtbarkeit aufzubauen.

4. Content: Wenn es dein Ziel sein sollte, *die* Go-to-Expertin deines Fachbereiches zu werden, dann kommst du ohne eigenen Content nicht aus. Du willst schließlich *die* Person sein, zu der alle gespannt hinschauen und darauf warten, dass du wieder etwas Interessantes postest beziehungsweise etwas Inspirierendes sagst.

5. Continuity: Egal, was du tust – ob online oder offline –, sei dir bewusst, dass es nur etwas bringt, wenn du es kontinuierlich machst. Kennst du »Los del Rio«, »Soft Cell« oder »EMF«? Alle drei Bands waren sogenannte One-Hit-Wonder. Über einen kurzen Zeitraum kannte jeder ihren Song – aber auch genau nur diesen einen. Wenn du langfristig *die* Stimme deiner Branche sein oder für deine Arbeit in der Firma wahrgenommen werden willst – Personal Branding, vor allem auf LinkedIn, kann dir genau das bieten. Allerdings solltest du dafür langfristig denken und kontinuierlich immer wieder sichtbar sein.

Die Stimme der Frauen

Es gibt bereits einige Frauen, die das Potenzial von Personal Branding entdeckt haben und sehr smart für sich nutzen. Ihnen möchte ich besondere Aufmerksamkeit geben. Sie befinden sich an unterschiedlichen Punkten ihrer Karriere und gemeinsam beleuchten wir unter anderem folgende Fragen:

- Warum sind sie sichtbar? Was sind ihre Beweggründe?
- Was ist ihr Thema, für das sie sichtbar sind, und warum?
- Wie integrieren sie ihre Aktivitäten in ihren Alltag?
- Was bringen ihnen ihre Personal-Branding-Aktivitäten?
- Wie gehen sie mit negativen Kommentaren um?

Für dieses Buch habe ich insgesamt 20 Frauen interviewt. Die jüngste von ihnen ist 21, die älteste 73. Sie sind Angestellte, Unternehmerinnen und Führungsfrauen; sie kommen aus unterschiedlichen Branchen und haben unterschiedliche Stufen an Sichtbarkeit. Die Gespräche haben wir zwischen April und August 2022 geführt. Ihnen allen habe ich zum Einstieg ins Gespräch dieselbe Frage gestellt: Was bedeutet Sichtbarkeit für dich?

Einige ihrer Antworten auf genau diese Frage möchte ich dir an dieser Stelle mit auf den Weg geben:

Verena Pausder: Sichtbarkeit bedeutet für mich, für ein Thema zu stehen, bei dem die Menschen an mich denken. Sie rufen mich an, weil sie wissen, dass ich zu diesem Thema etwas zu sagen habe, weil ich mich intensiv damit beschäftigt habe und mich auskenne. Sichtbarkeit bedeutet für mich nicht, in der Zeitung zu stehen – es hat etwas mit der Übereinstimmung von Gesicht und Inhalt zu tun. Wenn man für ein Thema steht – das bedingt sich positiv –, muss man auch eine gewisse Sichtbarkeit haben. In relevanten Runden eingeladen sein, sich über soziale und klassische Medien äußern: Du musst dich trauen, zu deinem Thema eine Haltung einzunehmen. Die Aufmerksamkeitsspanne ist sehr begrenzt. Man denkt, jede:r beschäftigt sich total intensiv mit dem, was man selbst macht. Die Wahrheit ist, dass es die wenigsten tun. Darum ist es wichtig, dein Thema mit einer einfachen, klaren Botschaft zu verbinden. Je deutlicher du deinen Fokus rüberbringst, desto sichtbarer wirst du für dein Thema.

Tina Müller: Sichtbarkeit ist für mich nicht das Ziel, sichtbar zu sein, sondern die Themen, die mir am Herzen liegen, in der jeweiligen Business-Rolle, in der ich mich gerade befinde, zu kommunizieren und zu transportieren.

Anna Alex: Sichtbarkeit bedeutet für mich, dass Menschen, wenn sie über mein Thema, Klimaschutz in der Wirtschaft, nachdenken oder darüber sprechen, an mich denken.

Fällt dir etwas auf? Alle drei Frauen fokussieren sich auf das *Thema*. Das Thema, das sie beruflich umtreibt. Das Thema, das ihnen am Herzen liegt. Das Thema, für das sie stehen. Manchmal sind es auch mehrere Themen. Einen Zahn, den ich dir nämlich jetzt schon ziehen möchte, ist der, dass es bei Personal Branding um reine Selbstdarstellung geht. Gutes Personal Branding fokussiert sich auf das Thema, nicht auf dich. Du bist die Stimme und das Gesicht für das Thema, denn das Thema allein kann ja nicht für sich sprechen. Es braucht Fürsprecher:innen. Genau das ist es, was du mithilfe von Personal Branding leisten kannst.

Dieses Buch ist in zwei Teile gegliedert. Im ersten Teil geht es um die oben genannten 5 Cs des Personal Brandings. Im zweiten Teil folgen in zwei Kapiteln verschiedene Anwendungsbereiche. Zum einen spreche ich über Möglichkeiten, die Personal Branding der Unternehmenswelt bietet. Zum anderen zeige ich, was du aus Personal Branding machen kannst. In den Quick Overviews am Ende jedes Kapitels sind alle relevanten Punkte noch einmal knapp zusammengefasst – zum Herausreißen und an die Wand pinnen, vor allem aber für die praktische Umsetzung. Denn ich möchte, dass du – wenn du es nicht sowieso schon bist – nach dem Lesen dieses Buches für *dein* Thema sichtbar wirst. Damit mehr Frauen die Welt miterklären.

TEIL I

Fünf Schritte

1. CARE
Wer bist du, was kannst du und wofür stehst du?

Viel zu viele brillante Frauen bleiben im Schatten ihrer selbst stehen, dabei war es nie einfacher, (globale) Aufmerksamkeit für die eigene Mission zu bekommen. Die Überlegung ist nicht, *ob* du sichtbar werden solltest, sondern *wie*. Personal Branding ist ein Tool, das dir niedrigschwellig und effizient die Möglichkeit gibt, dich als Fachfrau unabhängig und nach deinen Regeln in Szene zu setzen. Die grundlegende Frage lautet: Was ist (m)eine Personal Brand? Was ist es, wofür ich stehe und laut sein will? Lerne, die Antwort darauf in einem Satz zu sagen oder, noch besser, in einem Wort. Kanalisiere dein Skill-Set und kombiniere es mit deinen Themen, so entsteht eine völlig neue Marke. Et voila: Das hat die Welt (im wahrsten Sinne des Wortes) noch nicht gesehen!

Was ist Personal Branding?

Jeff Bezos hat einmal gesagt: »Deine Brand ist das, was andere Menschen über dich sagen, wenn du nicht im Raum bist.« Das Tool Personal Branding hilft dir dabei, aktiv zu beeinflussen, was man über dich sagt, und dass man überhaupt über dich spricht. Pflege deine Marke, damit das, was über dich gesagt wird, deckungsgleich ist mit dem, wofür du stehen möchtest. »Dein Ruf eilt dir voraus«, würden wir in Deutschland sagen. Eine (passive) Personenmarke hat jede:r. Die Frage ist, ob sie auf deine Ziele einzahlt und dem entspricht, was du willst.

Stell dir folgendes Szenario vor: Eine Gruppe von Menschen unterhält sich im beruflichen Kontext über dein Fachgebiet. Für eine Konferenz wird eine Speakerin für dieses Fachgebiet gesucht. Hast du deine Personal Brand gut gepflegt und etabliert? Dann wird dein Name hier fallen, denn du bist als Expertin sichtbar.

Deine Personal Brand besteht aus der einzigartigen Kombination der Fähigkeiten und Erfahrungen, die dich ausmachen. Sie ist die Essenz deiner Persönlichkeit, die du so ungefiltert wie möglich nach außen tragen solltest: dein Fingerprint. Sie ist das, was dich von anderen unterscheidet und unverwechselbar macht. Kein künstlich erdachter USP (Unique Selling Proposition) dieser Welt kann das leisten. Je mehr Teile deiner Persönlichkeit in deiner Brand verwoben sind, umso authentischer wird sie und umso leichter ist es für dich, für deine Personal Brand einzustehen. »Ich durfte XYZ live sprechen hören. Wirklich toll, wie aufgesetzt sie gewirkt hat!« Dieser Satz ist absurd, oder? Menschen wollen Menschen sehen, echt und wahrhaftig. Wir detektieren Fakes intuitiv. Das übrigens ist auch der Grund, warum Selbstdarstellerei in deiner Personenmarke keinen Platz hat. Deine Marke wird für sich sprechen.

Personal Branding ist der Prozess und das Kommunikationstool, mit der du deine (digitale) Personal Brand erschaffst und nach außen trägst. Die Kanäle sind vielfältig. Dieses Buch fokussiert die sozialen Netzwerke, speziell die Business-Plattform LinkedIn.

Deine Ziele, warum du dich um deine Personal Brand kümmerst, können unterschiedlich sein. Zum Beispiel kann es darum gehen,

- dein Unternehmen bekannter zu machen,
- die Aufmerksamkeit auf ein Thema oder eine Mission zu lenken,
- Wissen zu teilen,
- einen Job zu finden.

Dabei kann dir Personal Branding helfen, denn es verschafft dir Sichtbarkeit und damit Aufmerksamkeit. Und diese Aufmerksamkeit kannst du nutzen, um andere Menschen für dein Thema zu interessieren oder auf deine Produkte aufmerksam zu machen.

Branding versus Personal Branding

Im traditionellen Verständnis sprechen wir von einer Brand oder Marke in Zusammenhang mit Unternehmen und Produkten. Eine starke Brand schafft es, allein mit einem Logo, Slogan oder Jingle Assoziationen und Gefühle zu wecken. Ein leuchtendes »M« in der Shoppingmeile oder am Rande der Autobahn? Du weißt überall auf der Welt, welche Marke dahintersteckt. Du kennst Interior, Uniformen, Produkte, Geschmack, Geruch et cetera.

Gutes Branding erhöht den Wiedererkennungswert bei (potenziellen) Kund:innen und Geschäftspartner:innen und festigt das Image. Es ist ein langwieriger Prozess, der Gold wert ist. Derselbe Prozess greift bei Menschen: Personal Branding. Du stehst für digitale Innovation im Fin-Tech-Bereich und wann immer das Thema besprochen wird, fällt dein Name? Menschen sehen dein Gesicht online und hören innerlich sofort deine feurige Vortragsart? Glückwunsch, du hast eine starke Personal Brand. Wenn dem noch nicht so ist, wird es Zeit, dass du dich darum kümmerst.

Nice to Have? Nein: Must Have!

Dich selbst zu vermarkten, ist keine Aufgabe, die du später erledigen kannst. Personal Branding ist in unserer digital vernetzten Welt ein Muss. Spätestens seit der Pandemie ist klar, wie stark digitale Kommunikationswege wirken. Das Netzwerk in sozialen Medien ist nicht mehr nur eine Bildersammlung. Hier entstehen echte Beziehungen, die globaler denn je sind.

Du kannst die Beste in deinem Gebiet sein, wenn das niemand weiß, entgehen dir Möglichkeiten. Aufträge und Speaking-Engagements finden diejenige, die für das konkrete Thema eine konsequente Präsenz zeigt. Sorge dafür, dass du die Person bist. Es spielt keine Rolle, ob du Unternehmerin oder Freiberuflerin, Führungskraft oder Angestellte bist: Eine klare Positionierung und eine stringente Strategie verschaffen dir Aufmerksamkeit – und zwar genau die Aufmerksamkeit, die du dir wünschst und die dir bei deinen beruflichen Zielen weiterhilft und dich voranbringt.

Vier Gründe für Personal Branding

1. Deinen Worten Gewicht geben Egal, ob du Studentin, Berufseinsteigerin oder Führungskraft bist, ob du angestellt oder selbstständig bist – deine Erfahrung, Expertise und auch deine Learnings haben einen unverwechselbaren Wert. Soziale Medien wie LinkedIn bieten die Möglichkeit, Gleichgesinnte zu finden und zur führenden Stimme deiner Branche oder deines Themas zu werden. Du kannst andere Menschen inspirieren und dich selbst im Austausch mit Peers weiterbilden.

2. Ein Netzwerk aufbauen Wenn du dich als Expertin auf deinem Gebiet etablierst, ermöglichst du dir Kontakte zu wichtigen Persönlichkeiten und Spitzenunternehmen deines Feldes. Soziale Medien bieten dir niedrigschwelliges Networking. Das ist ein riesiges Meetup – ohne langwierige Akquisegespräche, aber dafür exponentiell.

3. Ungeahnte Möglichkeiten entdecken Deine unlimitierte, gezielte Sichtbarkeit bringt dich deinen Traumprojekten und -jobs näher. Du möchtest als Speakerin gebucht werden oder endlich große Aufträge landen? Du musst nicht warten, bis sich die Türen öffnen, deine Personal Brand ist der Schlüssel zu ihnen.

4. Deinen Wert steigern Wenn deine Personal Brand zum Symbol deiner Professionalität und Authentizität wird, dokumentierst du gleichzeitig die Qualität deines Schaffens. Und diese Qualität darfst du dir bezahlen lassen.

Aufmerksamkeit – der Schlüssel jeder Personal Brand

Die schlechte Nachricht zuerst: Eine Brand zu etablieren, kostet Zeit, Know-how und Energie. Fehltritte können dich zurückwerfen. Die gute Nachricht: Ist dein Standing erst solide, arbeitet deine Personal Brand für dich. Ganz von allein – beinahe. Eine universelle Formel gibt es, wie so oft, nicht. Trotzdem gibt es essenzielle Einflussfaktoren, die deinen Brand-Building-Prozess erleichtern und beschleunigen.

Das Schlüsselwort lautet hier: Aufmerksamkeit. Wenn du in Bezug auf dein Thema immer wieder hervorstichst, wirst du wahrgenommen, und Menschen werden anfangen, dich als Vordenkerin – als Thought-Leaderin – zu betrachten. Du erinnerst dich an die Antworten auf meine Einstiegsfrage in den Interviews? Wenn Menschen dich zu deinem Thema sofort im Kopf haben, bist du auch die erste Person, die sie ansprechen oder weiterempfehlen, wenn es um dein Thema geht. An diesem Punkt werden sich dir Türen öffnen, die dir vorher verschlossen waren.

Doch Aufmerksamkeit verbraucht viel Energie. Unser Gehirn ist deshalb so konzipiert, dass uns nur das ins Auge sticht, was vorhandene Muster durchbricht. Dazu musst du nicht laut und bunt sein. Der nachhaltigste Weg, dich abzuheben, ist es, ein tiefes Verständnis für die Bedürfnisse deiner Zielgruppe zu beweisen. Wenn du ihre Pain-Points in deiner eigenen Sprache herausfiltern und ihnen eine außergewöhnliche Lösung liefern kannst, wird das auffallen. Wer fühlt sich nicht gern gesehen und verstanden?

IM GESPRÄCH MIT JULIA KÜTING

Julia Küting verantwortet seit 2020 als Senior Vice President Human Resources die globalen Themen People & Culture der internationalen Wilo Group. In ihrer Funktion ist sie nicht nur für fachliche HR-Themen zuständig, sondern unterstützt mit ihrem Team die Kultur- und Organisationsentwicklung des traditionsreichen Familienunternehmens mit Wurzeln im Ruhrgebiet hin zu einem Global Player. Auf LinkedIn setzt sie sich für moderne Ansätze der Führung und Zusammenarbeit ein sowie für mehr Menschlichkeit und die Förderung von Vielfalt in Unternehmen. Hierbei berichtet sie über ihren eigenen Weg als Führungskraft und spricht über ihre persönlichen Erfahrungen und Learnings im Führungsalltag.

Was bedeutet für dich Sichtbarkeit?
Für mich bedeutet Sichtbarkeit, eindeutig mit einem Thema verbunden zu werden und für dieses Thema eine Plattform zu bekommen, die entweder virtuell oder persönlich sein kann.

Du bist noch nicht so lange auf LinkedIn aktiv. Aber du bist sichtbarer und aktiver geworden. Was hat dich dazu bewogen?
Meine persönliche Reise und meine Entwicklung als Führungskraft beschäftigen mich schon länger. Daraus abgeleitet sind Führung oder neue Führungsansätze schon sehr lange ein Thema, das mich bewegt und das ich vorantreiben möchte. Ich habe bis dato immer darauf gesetzt, dass ich das in meinem persönlichen Umfeld und in meiner Rolle als HRlerin im Unternehmen tun kann. Dann gab es aber zwei Faktoren, die mich zu der Entscheidung gebracht haben, »New Leadership« breiter zu platzieren.

Zum einen haben wir bei Wilo ein großes Organisationsentwicklungsprojekt gestartet, das ich als Projektleiterin bis Ende 2022 leite. Dabei haben meine Projektkollegen und ich festgestellt, dass Organisationsentwicklung sehr viel mit Führung zu tun hat beziehungsweise eine der Kernaufgaben von Führungskräften ist, wir dieser Kernaufgabe aber in der Ausbildung von und der Erwartungshaltung an Führungskräfte nicht genug Rechnung tragen. Gleichzeitig beschäftigen wir uns alle in den letzten zwei bis drei Jahren immer stärker mit dem Thema Fachkräftemangel, wo Führung für mich eine sehr erfolgskritische Rolle spielt. Gute Führungskräfte sind nicht nur wichtig, um Menschen für eine Organisation zu begeistern, sondern vor allem auch, um sie dort zu halten. Darüber hinaus bin ich der Überzeugung, dass sich unser Verständnis von Führung ändern muss, um Führung attraktiv für neue Generationen zu gestalten. Denn wir brauchen auch zukünftig gute, wirksame Führungskräfte.

Diese beiden Faktoren zusammen haben mich zu der Erkenntnis gebracht, dass es nicht ausreicht, das Thema als Einzelperson im kleinen Mikrokosmos voranzutreiben. Ich möchte mich dafür auf einer breiteren Plattform einsetzen und die Gedanken, die ich dazu habe, breiter streuen, als ich es in meinem direkten Wirkungsfeld tun kann.

Warum hast du dich für LinkedIn entschieden?
Weil ich die Plattform selbst am meisten nutze und finde, dass sie zum Thema New Leadership passt. Führung in einem Business-Netzwerk zu diskutieren, hat für mich Sinn, da dort die Zielgruppe, die ich erreichen möchte (aktuelle und zukünftige Führungskräfte), am stärksten aktiv ist.

Du hattest ein paar Posts, die durch die Decke gegangen sind. Wenn ein Post viral geht, was macht das mit dir, wenn du das siehst?
Viel! Mich hat das tatsächlich überrascht und auch etwas überfordert, mit den ganzen Rückmeldungen umzugehen und diese wertschätzend zu beantworten. Insbesondere neben ei-

nem Führungsjob ist das ziemlich herausfordernd. Ich verstehe jetzt, dass es Menschen gibt, die anderen bei ihrer Social-Media-Arbeit helfen.

Emotional hat es mich unglaublich gefreut zu sehen, dass Führung für viele Menschen ein Thema ist und dieses Thema irgendwie einen Nerv trifft. Ich habe mich dadurch bestärkt gefühlt, das Thema New Leadership weiterzuverfolgen und meine Haltung dazu durch den Austausch mit anderen weiterzuentwickeln. Inhaltlich fand ich es total inspirierend, was viele ergänzt oder auch kommentiert haben, wodurch sich das Thema in meinem Kopf noch einmal erheblich weiterentwickelt hat.

Wie bist du bisher an deine Postings rangegangen? Viele Frauen zögern auch mit LinkedIn, weil sie nicht wissen, was sie schreiben sollen, oder Angst davor haben, dass ihre Inhalte keinen Anklang finden. Wie gehst du an deine Themen ran?
Viele Beiträge entwickeln sich spontan. Aber als ich mir überlegt habe, aktiver auf LinkedIn zu sein und sichtbarer zu werden, habe ich mir zunächst überlegt, wofür ich konkret stehen möchte. Schnell war klar: für New Leadership. Dann habe ich drei Unterthemen identifiziert, zu denen ich primär schreiben möchte: einerseits Vielfalt, nicht nur im Sinne von Gender Diversity, sondern auch im Sinne von vielfältigen Persönlichkeiten, die wir als Führungskräfte in den Teams zusammenbringen, weil es die Dinge immer besser macht, wenn wir in diversen Teams arbeiten. Dann das Thema Menschlichkeit und Authentizität als Führungskraft ebenso wie Verletzlichkeit, weil man anderen damit ermöglicht, einem zu helfen. Und der letzte Punkt: Die Aufgaben von Führungskräften anders zu betrachten als in der Vergangenheit. Ich finde, wir müssen gewisse Aufgaben von Führungskräften anders priorisieren als früher: Führungskräfte müssen sich heute stärker darauf fokussieren, Sinn zu vermitteln, Strukturen für die Zusammenarbeit zu schaffen, Weiterentwicklung zu fördern und Energie in die Organisation zu geben. Diese Themen waren immer schon wichtig, werden aber in Zukunft noch relevanter werden.

An diesen drei Themenfeldern versuche ich mich inhaltlich mit den Posts zu orientieren. Das fällt mir aber nicht schwer, weil mir jeden Tag etwas zu einem der Themen einfällt, woraus ein Post werden könnte. Zwischen diesen drei Themen versuche ich ein wenig zu wechseln, damit es nicht langweilig wird.

Es gibt viele Frauen, die sich nicht in den Mittelpunkt stellen, sondern ihre Arbeit für sich sprechen lassen wollen und Personal Branding als Selbstdarstellung betrachten. Was würdest du diesen Frauen aus deinen bisherigen Erfahrungen als Feedback geben?
Ich kann nachvollziehen, dass man so denkt. Ich glaube aber, dass es als Frau und auch als Führungskraft ein wenig unsere Pflicht ist, sich in den Mittelpunkt zu stellen – nicht für sich selbst, sondern für andere. Als Führungskraft vielleicht noch mehr, weil man sich permanent für eine Organisation und die Themen darin einsetzen muss. Wir hatten heute gerade wieder ein großes Budgetmeeting mit dem Vorstand. Da musste ich intern verkaufen, was mein Team und ich im kommenden Jahr machen wollen und wofür wir Budget benötigen. Und da muss ich einfach eine sichtbare Person sein, die für die Themen steht und der man vertraut, dass sie mit dem Budget entsprechend umgehen wird.

Und so habe ich das Thema »erhöhte Sichtbarkeit« für mich geklärt, obwohl ich von meiner Persönlichkeit her niemand bin, der sich freiwillig auf eine Bühne stellt. Auch als Frauen in Führungspositionen haben wir aus meiner Sicht eine gewisse Pflicht zur Sichtbarkeit, weil unsere Vorbildfunktion für andere extrem wichtig ist. Ich habe das für mich auch erst vor ein paar Jahren realisiert, weil ich ehrlich gesagt in meiner beruflichen Entwicklung als Frau nie Probleme hatte. Ich hatte nie das Gefühl, dass mein Geschlecht meine Karrieremöglichkeiten beeinflusst oder dass ich Ungerechtigkeit erfahre. Ich habe aber gesehen und gelernt, dass ich damit wirklich privilegiert war und es für Frauen auch ganz anders laufen kann. Und gerade dann sind Vorbilder unglaublich wichtig, um den Glauben nicht zu verlieren, dass man es auch als Frau schaffen kann.

Ich würde Frauen nach meinen Erfahrungen zum Thema Sichtbarkeit aber auch sagen, dass es immer Menschen geben wird, die den inneren Kritiker bedienen werden. Die Kritik bei LinkedIn oder auch aus dem persönlichen Umfeld zur neuen Sichtbarkeit muss man für sich selbst werten können. Mir hilft es dabei immer, dass ich mir sehr klar darüber bin, dass es mir nicht um Sichtbarkeit für mich selbst geht, sondern darum, Sichtbarkeit für die Themen zu bekommen, die mir wichtig sind, und dabei eine Inspiration für andere zu sein. Je sichtbarer man wird, desto größer ist die Chance, einen Shitstorm zu erlangen.

Wäre ein Shitstorm ein Grund für dich, wieder unsichtbar zu werden?
Es würde auf jeden Fall einen Reflex bei mir auslösen abzutauchen. Als erste Reaktion würde ich den Wunsch hegen, mich einzubuddeln und zu verstecken, weil das eigentlich meine Persönlichkeit ist: Ich bin gerne für mich. Ich würde es aber vermutlich dennoch nicht machen, weil ich mir selbst sagen würde, dass ich mir – abseits vom Shitstorm – etwas aufgebaut und dafür auch positive Reaktionen bekommen habe. Das würde ich nicht wegwerfen wollen. Ich würde mir aber vermutlich professionelle Hilfe zum Umgang mit dem Shitstorm holen. Mit einem Experten oder einer Expertin an meiner Seite würde ich versuchen, den Shitstorm wertschätzend abzuwenden.

Du hast angedeutet, dass du auch aus deinem privaten Umfeld Feedback bekommst. Bekommst du auch Feedback aus dem Unternehmen, von Kolleg:innen, Vorstand et cetera? Und wenn ja, wie sieht das Feedback aus?
Das ist durchweg positiv. Mein privates Umfeld ist da ehrlich gesagt kritischer. Vielleicht aber auch, weil sie mich mehr als Privatperson kennen und wissen, dass ich eigentlich nicht der Mensch für die große Bühne bin, und dadurch einen größeren Kontrast zur »bekannten Julia« erleben.

Was mich überrascht hat, ist, dass viele Kolleg:innen aus dem Arbeitsumfeld sagen, dass ihnen klar war, dass ich mit dem Thema Führung irgendwann »rauskomme«. Ich hätte gar nicht gedacht, dass man mich schon so mit dem Thema in Verbindung bringt. Es kamen jetzt auch einige Anfragen aus dem Unternehmen und dem HR-Team, ob wir nicht einen Leadership-Zirkel machen wollen. Das Team hat mich eingeladen, als Impuls-Speaker bei einem Führungskräftetraining aufzutreten. Das finde ich super, da wir so die externen Aktivitäten, zum Beispiel auf LinkedIn, mit den internen Aktivitäten im Unternehmen verzahnen können.

Was ist ein Learning aus deinen LinkedIn-Aktivitäten, was du nicht erwartet hast und was dich überrascht hat?
Was mich sehr positiv überrascht hat, ist die Interaktivität der Plattform. Ich finde es toll, wie sehr auf das Thema New Leadership reagiert wird. Aber – und das ist mein zweites Learning – das will auch gemanagt werden. Im Moment habe ich noch den Anspruch, auch immer zu antworten und mit zu interagieren, weil ich das Thema selbst so spannend finde. Da versuche ich mich gerade zu organisieren, damit ich genügend Zeit finde, das neben dem Job zu machen.

Und was ich auch gelernt habe: Manche LinkedIn-Beobachtungen lassen sich auf mich und meine Themen nicht übertragen. Im Moment habe ich das Gefühl, dass die inhaltlichen Posts zu meinem Thema besser angenommen werden, als wenn ich etwas persönlicher dazu schreibe. Das hatte ich anders erwartet, hängt aber vermutlich auch vom Thema ab. Wenn das Thema spannend ist, nehmen die Leute es besser an als die Person an sich. Was ich persönlich super finde!

Was wäre dein Rat an Frauen, die auch gerne in die Sichtbarkeit gehen würden, aber denen doch noch irgendwie der Schubs fehlt?
Mir hat es sehr geholfen, die Punkte herauszuarbeiten, die inhaltlich für mich wichtig sind. Als mir das klar war, war ich total motiviert, damit sichtbarer zu werden. Daher wäre mein Rat: mit sich selbst in die Reflexion gehen und die Kernthemen

identifizieren, für die man stehen möchte. Dann kommt die Ungeduld loszulegen von ganz alleine. Und dann würde ich mir Raum zum Üben suchen. Bevor ich auf LinkedIn aktiv geworden bin, habe ich auf Veranstaltungen Vorträge zum Thema New Leadership gehalten vor kleineren und später größeren Zielgruppen. Da habe ich gemerkt, wie das Thema angenommen wird und dass ich damit viele Menschen erreichen kann.

How to: Build your Personal-Brand-DNA

Um Personal Branding zu betreiben, brauchst du überhaupt erst mal eine Personal Brand. Das ist der wichtigste Punkt im gesamten Prozess. Das Kreieren deiner Personenmarke bedeutet nicht, eine neue Person zu erschaffen. Du sollst keine Maske aufsetzen – wenn es sich danach anfühlt, gehe im Prozess ein paar Schritte zurück. Wir Menschen haben feine Rezeptoren für Unglaubwürdigkeit und Fakes. Selbst wenn du es schaffst, deiner Zielgruppe online eine Maskerade vorzuspielen – sobald sie dich live kennen lernen, wirst du kostbare Ressourcen darauf verschwenden müssen, die digital kreierte Marke aufrechtzuerhalten. Das ist für beide Seiten unangenehm. Oder wann hat eine Freundin dir das letzte Mal begeistert erzählt: »Mensch toll, mein Online-Date war seinem Profil überhaupt nicht ähnlich!«

Es geht darum, dein authentisches Selbst zielgerichtet und strategisch vor deinem Publikum, also deiner Zielgruppe, zu präsentieren. Deine Personal Brand sollte ein Spiegelbild deiner Fähigkeiten, Leidenschaften, Werte und Überzeugungen sein. Du kannst Teile von dir betonen und andere (zum Beispiel private) Faktoren schützen – doch erfinde bitte keine neuen.

Was macht deine Personal-Brand-DNA aus?

Unsere DNA, unser genetisches Erbgut, unterscheidet uns von unseren Mitmenschen. Sie macht uns praktisch einzigartig. Daher nutze ich den Begriff Personal-Brand-DNA als Grundlage für alle meine Personal-Branding-Aktivitäten. Meine Personal Brand unterscheidet sich von der anderer Menschen und macht mich einzigartig. Was macht deine Personal-Brand-DNA aus? Alles fängt – wie immer – mit der Frage nach dem Warum an.

Das Warum

Eine Marke entsteht selten auf gut Glück. Darum beginne strategisch – am Anfang. Wofür möchtest du sichtbar werden? Wofür soll dein Name stehen? Um dir die Antwort auf diese Frage zu vereinfachen, vervollständige einmal diesen Satz:

Ich möchte meine Personal Brand aufbauen, weil ich …

- Kund:innen für mein Business gewinnen möchte.
- bestimmte Personen auf mich aufmerksam machen möchte.
- neue Mitarbeiter:innen für mein Unternehmen gewinnen möchte.
- Investor:innen auf mein Start-up aufmerksam machen möchte.
- ein Vorbild für andere sein möchte.

Du solltest erst zum nächsten Schritt übergehen, wenn du dein Motiv für dich definiert und niedergeschrieben hast. Wenn du keine Antwort auf diese Frage hast, kannst du dir die ganze Arbeit, die daraus folgt, nämlich tatsächlich sparen.

Deine Markenwerte

Um ein starkes Fundament für deine Marke aufzubauen, fängst du mit einer Bestandsaufnahme der Markenwerte an, die du bereits besitzt. Dazu gehören einerseits deine fachlichen Skills und Erfahrungen, aber auch deine Leidenschaft und deine Herzensthemen oder -projekte sowie deine Werte und Glaubenssätze. Die Schnittmenge dieser Faktoren ist der Punkt, an dem du deine Personal Brand aufbaust. Das ist es, was dich von anderen Menschen unterscheidet und dich einzigartig macht.

Ein Beispiel: Drei Frauen arbeiten in der Finanzbranche. Sie haben die gleiche Position inne – nur bei einem anderen Arbeitgeber. Ihre Titel und Aufgaben gleichen sich, sehen auf dem Papier fast identisch aus. Trotzdem unterscheiden sich diese drei Frauen, denn jede hat ihren eigenen Werdegang, ihren eigenen Background und ihr Herz brennt für unterschiedliche Themen. Darum ist es wichtig, dass du dich wirklich mit dir selbst auseinandersetzt, bevor du den Schritt in die Sichtbarkeit gehst. Wer bist du, was machst du, was macht dich als Mensch aus, was ist dein Fachthema, was deine Passion?

Starte deine persönliche Bestandsanalyse entspannt mit Zettel und Stift. Geh die folgenden Fragen durch und schau mal, wo du rauskommst. Mach dir dabei bitte keinen Druck, dass deine Antworten besonders gut, vollständig oder professionell sein müssen – sie sollen nur eins sein: authentisch. Ein Satz, der mir immer bei derartigen Aufgaben hilft, lautet: »Perfekt ist zu spät.« Es gibt bei dieser Übung keinen Zwang zur Perfektion oder zur Vollständigkeit, denn außer dir muss niemand deine Aufzeichnungen sehen. Es sei denn, du holst dir eine:n Sparringsparter:in dazu – das kann dir mitunter bei dieser Übung helfen. Dein Gegenüber kann dir die folgenden Fragen stellen und Notizen machen. Aber, egal ob du die Übung allein oder mit Sparringspartner:in durchspielst – antworte wirklich so, wie es dir in den Sinn kommt, und nicht so, wie du glaubst, dass andere es hören wollen.

Skills und Erfahrungen

Welche Fähigkeiten hast du im Laufe deines Lebens erworben? Welche Ausbildung, Zeugnisse, Zertifizierungen oder Auszeichnungen hast du bekommen? Worin bist du richtig gut? Hast du eine bestimmte Fähigkeit, die andere Menschen bewundern? Wobei wirst du immer wieder um Rat gefragt? Es geht sowohl um Dinge, für die du eine natürliche Begabung hast, als auch um solche, die dich selbst viel Kraft und Übung gekostet haben.

Passion und Interessen

An welchen Branchen und Themen bist du am meisten interessiert? Was ist deine Leidenschaft? Wofür brennst du? Vielleicht gibt es eine bestimmte Tätigkeit, bei der du aufblühst. Wobei vergeht die Zeit am schnellsten? Du musst (noch) keine Expertin in diesem Bereich sein. Wenn du das Gefühl hast, dass du genau dafür geboren wurdest, dann ist es definitiv dein Thema. Manche Themen lodern in uns und warten, entfacht zu werden – schreib auch diese auf. Viele Menschen nutzen Personal Branding, um sich für ihr Ehrenamt einzusetzen. Dazu sind sie vielleicht kein:e Expert:in und doch haben sie bestimmte Erfahrungen gemacht – das ist auch authentisch.

Werte und Glaubenssätze

Was sind deine wichtigsten Werte? Woran glaubst du? Welchen Wert würden deine Freund:innen sofort dir zuordnen? Wogegen bist du? Werte können sein: Respekt, Pünktlichkeit oder Verantwortungsbewusstsein, Loyalität, Fairness oder Wertschätzung. Überlege wirklich einmal, was dir im Umgang mit anderen Menschen wichtig ist, denn das wird auch Einfluss darauf haben, wem du zukünftig deine Zeit und Aufmerksamkeit widmen möchtest – und wem nicht.

Manchmal können sich Skills und Passion überschneiden. Im Optimalfall kannst du dein besonderes Talent und deine Leidenschaft kombinieren und dadurch einen Mehrwert stiften. Dieser definiert deinen Erfolg. Wenn du etwas kreierst, das andere als wertvoll betrachten, sind sie bereit, dich dafür zu belohnen – sei es durch Bewunderung, monetär oder mit ihrer Aufmerksamkeit. Mehrwert ist sehr subjektiv, aber wir können ihn folgendermaßen zusammenfassen: Mehrwert kann eine Unterhaltung mit dir sein oder hilfreiche Informationen und Tipps, die du deiner Zielgruppe an die Hand gibst. Natürlich kann es auch ein Produkt oder eine Dienstleistung sein.

Und wie gesagt: Sollte es dir schwerfallen, diese Übung allein zu machen, hol dir eine:n Sparringspartner:in dazu. Wichtig ist allerdings, dass du dir wirklich einmal Zeit nimmst und dich ganz mit dir selbst befasst. Das tun die meisten Menschen viel zu selten – manche sogar überhaupt nicht.

Die Schlüsselelemente deiner Personal-Brand-DNA

Die Schlüsselelemente deiner Personal Brand finden sich zu einer grundlegenden DNA zusammen. Identifiziere deine Markenwerte, und nutze sie als Kompass für die weitere Ausrichtung deiner Brand. Nimm dir Zeit für diesen Prozess, und arbeite dich in Stufen voran. Die fertige DNA gibt allen Aktionen deiner Personal Brand einen stimmigen Ton und ist somit essenziell wegweisend.

Notiere dir deine Antworten auf die folgenden Fragen. Schon während des Niederschreibens eröffnen sich dir sicher neue Blickwinkel.

Deine Markenvision: Wofür möchtest du bekannt sein? Wenn dein Name der Inbegriff eines Themas wäre – welches Thema wäre das?

Dein Markenauftrag: Warum möchtest du eine Personal Brand aufbauen? Was ist dein Ziel? Wen möchtest du unterstützen? Was möchtest du erreichen?

Deine Markenbotschaft: Was ist die Schlüsselbotschaft, die du vermitteln möchtest? Welche Botschaft willst du in deinen Inhalten konsequent stärken? Wenn du deinem Publikum nur einen Ratschlag geben könntest, welcher wäre das?

Deine Markenpersönlichkeit: Welche deiner persönlichen Eigenschaften und Merkmale könntest du in deine Marke einweben? Welche Stimmung erzeugt deine Marke bei ihrem Publikum? Welche Eigenschaften soll dein Publikum deiner Marke auf einen Blick ansehen?

Identifiziere dein Thema: Es ist schön, ein Tausendsassa zu sein, doch beim Personal Branding kommt es darauf an, sich idealerweise auf ein Thema zu fokussieren. Sonst wird es für dein Netzwerk schwer, dich als Expertin zu identifizieren. Außerdem erleichtert dir ein trennscharfes Thema die Erstellung und Auswahl deines Contents. Überlege, wofür du dich am meisten begeistern kannst und worin du richtig gut bist – das ist deine *Superpower*. Diese machst du dann zu deinem Thema, zu deiner Nische.

Es geht nicht darum, andere wertvolle Skills und Erfahrungen beiseitezulassen. Wenn du mehrere besondere Qualitäten und Themen hast, kannst du sie unter dem Dach einer Superpower verbinden.

Meine eigene Entwicklung ist ein bildhaftes Beispiel dafür: Ich komme aus dem klassischen PR-Bereich und habe etwa zehn Jahre in Unternehmen Pressearbeit gemacht. Irgendwann kamen Social-Media-Kanäle dazu, und mein Fokus hat sich immer mehr ins Digitale verschoben. Anfang 2016 habe ich mich selbstständig gemacht und festgestellt, dass es mir mehr Spaß macht, Menschen sichtbar zu machen, als weiter in der Unternehmens- oder Produkt-PR zu arbeiten. Personal Branding ist das Dach, das meine Skills und Erfahrungen vereint und zu meinem Fokus geworden ist. Ich könnte weiterhin alle anderen Bereiche der Kommunikation abdecken, fokussiere mich allerdings – wenn ich über meine Arbeit spreche – auf Personal Branding. Seitdem ich diese Fokussierung vorgenommen habe, bekomme ich gezielt Anfragen zu Personal Branding und nicht mehr zu klassischer PR. Ich arbeite also in genau dem Thema, für das ich am meisten brenne.

Definiere dein Zielpublikum

Einer der größten Fehler, den du beim Aufbau einer Personal Brand machen kannst, ist der Versuch, alle anzusprechen. Willst du alle ansprechen, sprichst du niemanden an. Um deine perfekte Zielgruppe auf dich aufmerksam zu machen und von deiner Mission zu überzeugen, musst du bereit sein, den Rest vorbeiziehen zu lassen. Das bedeutet, du möchtest den bestmöglichen Match zwischen Zielgruppe und Markenkern erschaffen. Das mag kontraintuitiv erscheinen. Wer will schon beispielsweise als Unternehmerin oder Selbstständige Kund:innen ablehnen, wenn diese an die Tür klopfen? Ich nicht. Aber: Deine Botschaft wird nicht bei allen resonieren – keine Botschaft wird das. Du musst nicht alle Menschen erreichen, sondern die richtigen.

Vor allem für Unternehmer:innen, Selbstständige oder Berater:innen ist es essenziell, ein perfektes Kundenprofil zu erstellen. Je besser du deine Zielgruppe verstehst, desto besser kannst du Produkte und Dienstleistungen schaffen, die diese Zielgruppe wirklich braucht.

Lerne deine Zielgruppe kennen, befasse dich mit ihr. Frage in deinem Netzwerk nach. Recherchiere sie. Wer sind diese Menschen, die du ansprechen und erreichen willst?

Demografie: Wie alt sind sie, welches Geschlecht haben sie? Welche Ausbildung, aktuelle Stelle und berufliche Ambition haben sie? Was verdienen sie, und wofür geben sie ihr Geld aus (materielle oder immaterielle Dinge)? Leben sie in einer Beziehung?

Wünsche und Sehnsüchte: Was wünschen sie sich kurzfristig und langfristig für ihre Zukunft? Was sind ihre Träume, Ziele und Sehnsüchte? Für welche Themen brennen sie?

Pain-Points und Herausforderungen: Womit haben sie zu kämpfen? Was bringt sie in Rage? Welchen Widerständen begegnen sie immer wieder?

Du wirst feststellen: Je kleiner die Zielgruppe ist und je genauer du die einzelne Zielperson definieren kannst, desto exakter kommt deine Message dort an, wo du sie haben willst. Deine Zielgruppe wird alle Bereiche des Personal-Brand-Buildings beeinflussen – zum Positiven. Lass dir Zeit! Je ungenauer du definierst, desto mehr Ressourcen verschwendest du und desto eher erzeugst du dauerhafte Streuverluste.

Erstelle ein unwiderstehliches Angebot

Um eine profitable Personal Brand aufzubauen, musst du etwas haben, das du deiner Zielgruppe anbieten kannst. Du brauchst ein unwiderstehliches Angebot, das deiner Zielgruppe hilft, ein bestimmtes Problem zu lösen oder ein bestimmtes Ergebnis zu erzielen.

Viele Unternehmer:innen machen den Fehler, ein Produkt oder eine Dienstleistung zu kreieren, die sie selbst großartig finden, nur um dann festzustellen, dass niemand sonst so begeistert ist – oder bereit ist, dafür zu bezahlen. Gleichzeitig arbeiten viele Unternehmen nach wie vor mit den klassischen Stellenausschreibungen, auf die sich statistisch gesehen sowieso weniger Frauen bewerben, wenn sie nicht 100 Prozent der gefragten Fähigkeiten mitbringen. Finde einen Weg, deine Begeisterung für deine Zielgruppe zugänglich zu machen. Aber finde auch einen Weg, dich durch die Augen deiner Zielgruppe zu sehen. Würdest du für dein Angebot zahlen? Würdest du dich bei deinem Unternehmen bewerben? Würdest du dein Produkt kaufen? Ist dein Angebot für eine ganze Gruppe von Menschen attraktiv?

Viele Angestellte zweifeln beispielsweise daran, dass sie überhaupt etwas Interessantes erzählen können. Sie säßen den ganzen Tag am Schreibtisch und arbeiteten, höre ich dann sehr oft. Doch: An was arbeitest du? Mit welchen Themen befasst du dich im Job? Bist du Marketerin und arbeitest an Marketingstrategien, schaust dir neue Trends und Tools an? Dann ist das etwas, worüber du sprechen kannst. Du kannst deine Erfahrungen und dein Know-how teilen. Und das kannst du auch, wenn du aktuell nicht auf der Suche nach einem Job bist. Behalte im Hinterkopf, dass Personal Branding dir dabei helfen kann, sichtbarer zu deinem Thema zu werden, damit deine Zielgruppe dich findet – und mit dir zusammenarbeiten will. Du möchtest, dass Möglichkeiten zu dir kommen und nicht andersherum.

Bist du beispielsweise im Bereich Human Resources tätig, dann hast du in jedem Fall Themen, über die du sprechen kannst. Die Arbeitswelt verändert sich heute dynamischer als je zuvor. Vielleicht möchtest du neue Talente auf dein Unternehmen aufmerksam machen: Sprich darüber, was ihr euren Mitarbeitenden als Unternehmen bietet, was für spannende Projekte realisiert werden und was eure Unternehmenskultur ausmacht.

Das Interessante ist, dass Personal Branding oftmals nicht als Kommunikationstool betrachtet wird, sondern als Selbstdarstellung. Ja, du sollst über dein Know-how und deine Expertise sprechen, aber inhaltlich. Erfahrungen und Beispiele, die du selbst erlebt hast, können anderen als Erfahrungswerte dienen, um eine ähnliche Situation selbst besser meistern zu können. Stell dir vor, du bist eine Mischung aus Speakerin und Mentorin: Es geht dir darum, Wissen, Erfahrung und Inspiration zu teilen.

Allein aus diesen Gründen ist es so wichtig, dass du deine perfekte Zielgruppe identifizierst, bevor du ein Produkt oder eine Dienstleistung erschaffst oder deine Expertise preisgibst. Wenn du genau weißt, wem du helfen kannst und willst, kannst du ein Angebot erstellen, das für diese Person die perfekte Lösung ist.

Der erste Schritt zur Erstellung eines unwiderstehlichen Angebots besteht darin, dich als Spezialistin, nicht als Generalistin zu positionieren. Versprich deiner Zielgruppe ein bestimmtes Ergebnis und entwirf ein konkretes Angebot, um ihnen zu helfen, dieses Ergebnis zu erreichen. Ein generisches Angebot mit einem vagen Versprechen ist definitiv nicht unwiderstehlich.

Im Folgenden schaust du dir an, was du am besten kannst, was dir am meisten Spaß macht und was deine Zielgruppe am meisten will oder sucht – das ist dein persönliches unwiderstehliches Angebot.

Was du am liebsten tust
\+ was du am besten kannst
\+ was dein Publikum am meisten will
= unwiderstehliches Angebot.

Definiere deine Brand-Voice

Deine Brand-Voice ist die Art und Weise, in der du mit deiner Zielgruppe kommunizierst. Es ist die Sprache in deinen Posts, in der du jemandem auf eine private Nachricht antwortest, in der du Kommentare schreibst und so weiter.

Es gibt sehr unterschiedliche Formen von Brand-Voices, zum Beispiel serviceorientiert, informativ, konservativ, ironisch, lustig, bescheiden, selbstbewusst oder autoritär. Keiner weiß besser als du, wie deine Brand-Voice klingen und wirken soll. Wichtig ist nur, dass sie auf allen Kanälen einheitlich ist, das heißt, wenn du im privaten Chat locker und umgangssprachlich schreibst und sprichst, sollten deine öffentlichen Posts nicht konservativ und steif sein. Behalte eine klare Linie bei, sonst könnte dies deine Zielgruppe verwirren oder deine Authentizität infrage stellen.

Was wäre das Thema deiner Keynote-Speech?

Um all das von der Theorie in die Praxis zu übersetzen, habe ich eine Anwendungsübung für dich. Diese wende ich übrigens auch in meinen Trainings und Workshops an, und sie funktioniert jedes Mal.

Stell dir Folgendes vor: Du wurdest als Keynote-Speakerin der wichtigsten Konferenz deiner Branche ausgewählt. Das Komitee ist beeindruckt von deiner bisherigen Arbeit und gespannt auf das Thema, für das du dich entscheiden wirst. Das Publikum besteht ausschließlich aus deiner Zielgruppe. Du bereitest eine Rede vor, in der dein ganzer Mut und Wille steckt. Du schreitest auf die Bühne, die Scheinwerfer gehen an, du blickst in gespannte Augen: Was wirst du deinem Publikum präsentieren?

Was wäre der Titel und der Teaser *deiner* Keynote? Und was ist die eine Kernbotschaft, die du deinem Publikum – den Menschen, die du erreichen möchtest – mitgeben wirst? Worüber sollen diese Menschen nachdenken und sich austauschen, wenn sie deine Keynote gehört haben? Was ist der eine Satz, den sie nach deiner Keynote heiß diskutieren sollen?

Das ist dein Thema, deine Kernbotschaft. Das ist es, was Menschen mit dir in Verbindung bringen sollen, wenn sie an dich denken oder über dich sprechen.

Mein Titel würde lauten: Wir brauchen mehr sichtbare Frauen – Personal Branding kann das leisten!

Meine Kernbotschaft: Personal Branding ist kein Hexenwerk, sondern ein ganz neutrales Kommunikationstool, das uns Frauen dabei helfen kann, zu unserem Thema sichtbar zu werden. Und zwar genau so, wie es zu uns passt.

Meine Zielgruppe: Frauen in der Berufswelt

IM GESPRÄCH MIT DR. ANNA WEBER

Dr. Anna Weber ist seit 2019 geschäftsführende Gesellschafterin bei der Baby- und Kinderfachmarktkette BabyOne und für die Bereiche Retail, Marketing, E-Commerce und People verantwortlich. Seit ihrem Eintritt ins Familienunternehmen BabyOne vollzieht sie zusammen mit ihrem Bruder Dr. Jan-Willem Weischer unter der Prämisse der stetigen Veränderung bei gleichzeitiger Bewahrung von Werten den Generationswechsel. Darüber sowie über ihre Erfahrungen und Learnings als weibliche Führungskraft und Familienunternehmerin spricht Anna sowohl auf LinkedIn als auch in der traditionellen Presse.

Was bedeutet für dich Sichtbarkeit?
Sichtbarkeit ermöglicht es mir, gehört zu werden, meine Themen zu platzieren und lauter zu sein.

Als Unternehmerin hast du ein riesiges Potpourri an Themen. Was sind deine Schwerpunktthemen, mit denen du draußen gesehen und gehört werden möchtest?
Das erste Schwerpunktthema ist bei mir das gesamte Thema Female Leadership. Damit bin ich zum Glück auch nicht alleine. Es gibt viele, die das Thema wirklich toll nach vorne bringen, und das ist so wichtig.

Ich leiste meinen Beitrag in dem Themenfeld in One-to-One-Gesprächen in unserer Firma, wenn ich mit unseren Mitarbeiterinnen spreche und auch mit unseren Mitarbeitern. Aber die Sichtbarkeit über Social Media ermöglicht natürlich noch einmal eine größere Zuhörerschaft. Das Thema ist mir unendlich wichtig.

Das zweite Thema, das mir sehr am Herzen liegt, ist das Thema Familienunternehmen sowie die Nachfolge und damit einhergehend die Erklärung, wie das Ganze gut funktionieren kann. Ich möchte dieses Thema der Nachfolge entmystifizieren. Spannend ist dabei immer die Frage, was es bedeutet, ein sichtbares Familienunternehmen zu sein und seine Themen in die Welt zu tragen.

Du nutzt LinkedIn als einen Kanal. Wie entwickelst du deine Posts, und wie findest du die Themen, über die du sprechen willst? Funktioniert das Ganze spontan, oder planst du eher vor?
Ich glaube, es ist ein Mix aus beidem. Ich mache LinkedIn komplett selbst. Es ist ganz oft so, dass die Themen mich finden. Meistens habe ich irgendetwas im Kopf, worüber ich schreiben möchte. So habe ich zum Beispiel einmal über das Thema Vereinbarkeit geschrieben – aus meinen persönlichen Erfahrungen heraus und das in einem Moment, in dem ich dachte: »Das muss genau jetzt raus.« Und dann schreibe ich das runter.

Stehen im Unternehmen zum Beispiel Veranstaltungen, Podcasts oder Ähnliches an, dann plane ich meine Posts auch und schreibe sie vor. Ich habe ein Drive-Dokument, in das ich alle Themen eintrage, auch mit dem entsprechenden Bildmaterial. Ich strukturiere das dann und ich tracke die Themen auch, das heißt, ich schaue, wie erfolgreich die Themen sind und was gut funktioniert hat. Ich versuche zu verstehen, wie die Algorithmen funktionieren. Das finde ich unheimlich spannend und hilfreich.

Viele Frauen nutzen das Argument der fehlenden Zeit, um ihre Sichtbarkeit nicht aktiv in Angriff zu nehmen. Jetzt bist du Geschäftsführerin eines Unternehmens und hast zig andere Sachen, die du im Alltag machen musst. Wie integrierst du deine Aktivitäten in deinen Alltag, und wie viel Aufwand steckt dahinter?
Das ist wirklich unterschiedlich. Es kommt vor, dass ich manchmal zwei bis drei Wochen gar nicht auf Social Media aktiv bin. Das kommt aber meist, ehrlich gesagt, dann vor, wenn ich keine Lust dazu habe. Bei mir ist das definitiv keine Frage der Zeit,

sondern eine Frage der Lust: Ist mir heute nach Social Media oder nicht?

Ich glaube fest daran, dass sich jede Frau die Zeit auch freischaufeln könnte. Dann macht man halt in der Zeit nichts anderes. Ich versuche auch, alle Kommentare zu beantworten und auf die Diskussionen, die ich mit meinen Posts auslöse, einzugehen. Das ist schon zeitintensiv, es läuft bei mir aber tatsächlich nebenher.

Die Themenideen und Posts dann tatsächlich zu verfassen, das dauert bei mir in der Regel 10 bis 15 Minuten. Manchmal auch etwas länger, wie beispielsweise bei Themen wie Vereinbarkeit von Beruf und Familie. Da habe ich dann noch zwei- bis dreimal drübergelesen.

Ich gestalte meine Social-Media-Aktivitäten bisher alleine. Aber es steht auf meiner To-do-Liste, jemanden zu finden, der oder die mich redaktionell und auch bei der Recherche unterstützen kann. Ich glaube nämlich, ich könnte noch mehr erzählen und noch mehr schreiben, aber zwei- bis dreimal die Woche etwas zu posten, würde ich zeitlich niemals schaffen, und da hätte ich auch keine Lust zu.

Ich finde es schön, dass du das so offen sagst. Wer will, der kann. Das ist eine Aussage, die ich super gerne höre, denn ich glaube das auch und nehme den Zeitfaktor als Ausrede wahr. Es gibt aber auch noch eine andere Gruppe von Frauen, die behauptet felsenfest, Personal Branding sei nichts für sie, da es eine reine Selbstdarstellung sei und alle nur über sich selbst reden würden. Diese Frauen wollen ihre Arbeit für sich selbst sprechen lassen. Was würdest du diesen Frauen mit auf den Weg geben?

Ich würde ihnen mit auf den Weg geben, dass das auch absolut in Ordnung ist. In manchen Jobs ist es wirklich in Ordnung, nicht sichtbar sein zu wollen. Und wenn du lieber nur arbeiten möchtest, ist das völlig okay. Wenn du aber Einfluss haben und bestimmte Dinge erreichen willst, ist es ein riesengroßer Vorteil, sichtbar zu sein.

Warum ist Sichtbarkeit deiner Meinung nach für Frauen so wichtig?
Frauen sind viel zu wenig sichtbar. Das beziehe ich nicht nur auf Social Media, sondern auf alle möglichen Shortlists, die gemacht werden, beispielsweise um Beiräte zusammenzustellen. Frauen fehlt es an Netzwerken. Es fehlt ihnen an »Buddykultur«, die Männer untereinander einfach haben. Dadurch fehlt auch der Rang, wenn es darum geht, neue Positionen zu besetzen.

Auch wenn du in einem Konzern arbeitest, treffen sich die Männer zum Lunch mit anderen, um abzuschätzen, wen sie kennen müssen. Frauen arbeiten ganz perfekt vor sich hin und wollen ihre Arbeit für sich sprechen lassen.

Ich glaube, beides ist wichtig. Natürlich reicht es nicht nur aus, sichtbar zu sein, wenn deine Arbeitsweise zu wünschen übrig lässt. Aber Sichtbarkeit ist einfach ein Add-on, wenn du einen bestimmten Einfluss haben möchtest, wenn deine Meinung zu bestimmten Dingen gefragt sein soll. Wir Frauen neigen meist dazu, all die Dinge wie Buddykultur, Netzwerk und was uns weniger natürlich erscheint, zu meiden. Daher hilft es, wenn wir uns auch auf anderen Kanälen platzieren und sichtbar sind. LinkedIn ist da ein sehr guter Kanal, den wir Frauen noch viel mehr nutzen sollten.

Du bist nicht nur auf LinkedIn, sondern man findet dich auch in der traditionellen Presse. Was würdest du sagen, ist wichtiger?
Ich finde das total schwierig zu sagen. Das wird sich auch in den nächsten Jahren definitiv verändern. Für die traditionelle Presse haben wir eine großartige Unterstützung durch eine externe Beraterin, die uns hilft, in der Presse stattzufinden, indem sie die Medien anspricht und ihre Kontakte nutzt.

Ich bin wirklich immer wieder darüber erstaunt, wer alles zum Beispiel das *Handelsblatt* liest. Ich glaube, es gibt wirklich noch ein paar Medien, speziell auch Branchenzeitschriften, die in der Businesswelt mobil unterwegs und relevant sind. Und es gibt immer noch Menschen, die nicht auf LinkedIn unterwegs sind. Das dürfen wir auch nicht vergessen. Ich glaube, jetzt braucht es den Mix. Ich bin total gespannt, wie das in fünf Jahren aussieht.

Es gibt viele Redakteur:innen, die jetzt schon über LinkedIn nach Geschichten suchen. Zeitungen und Zeitschriften wurden schon so oft totgesagt, sind sie aber nicht. Ich finde es schön, wenn verschiedene Medien nebeneinander existieren.

Wie wichtig ist deine Sichtbarkeit für dein Unternehmen? Was hat dein Unternehmen davon?

Menschen fühlen sich zu Menschen hingezogen, nicht zu Unternehmen. Ich glaube, das ist erst einmal ganz wichtig. Gerade Familienunternehmen haben eine große Chance, Menschen sichtbar zu machen, die auch relativ lange bei dem Unternehmen bleiben. Mein Bruder und ich kümmern uns vor allem aus Employer-Branding-Gründen um das Thema Sichtbarkeit. Wir geben dem Unternehmen damit ein Gesicht und zeigen, wofür wir stehen, wofür unser Unternehmen steht. Und das hat großen Einfluss.

Wir merken das an den Bewerber:innenzahlen und daran, was die Bewerber:innen schon über uns wissen, bevor sie zu uns kommen. Wir sprechen mit den Bewerber:innen über unsere Unternehmensstruktur und wir erklären ihnen, was die Menschen bei uns erwartet oder auch nicht erwartet. Das hilft total beim gesamten Bewerbungsprozess.

Konzerne nutzen dies ja auch, indem sie CEOs oder bestimmte Personen aus anderen Positionen vorstellen. Ich glaube aber, dass gerade Familienunternehmen dabei große Vorteile haben, wenn sie von sich erzählen, weil sich viele Menschen da hingezogen fühlen – eben zu echten Familien.

Glaubst du, dass Unternehmen und Familienunternehmen, die zukünftig nicht auf Sichtbarkeit ihrer Führungskräfte und Mitarbeitenden setzen, Nachteile haben oder haben werden?

Absolut. Jedes Unternehmen ist wie eine Familie. Es ist ein großer Vorteil, dass wir transparent erzählen, wer wir sind. So wollen andere Menschen Teil unserer Familie werden.

Ich höre oft das Argument, dass viele Angst davor haben, mit falschen Inhalten kritische Kommentare zu erzielen. Bekommst du kritische Kommentare, und wenn ja, wie gehst du damit um?
Am Anfang habe ich mich noch geärgert, jetzt wundere ich mich manchmal nur noch. Es gab bisher noch nichts Dramatisches. Bei dem Thema der Vereinbarkeit gab es ein paar Kommentare, bei denen man denkt, das hätte man niemandem ins Gesicht gesagt. Aus einem Post kann niemand ableiten, ob ich eine schlechte Mutter bin oder nicht. Das dürfte mir eigentlich auch niemand so direkt sagen unter einem Post.

Ehrlich gesagt, ignoriere ich es aber mittlerweile einfach. Ich verschwende da auch keine weitere Minute. Ich habe mir irgendwann gesagt, ich rechtfertige gar nichts auf Social Media. Ich lasse es einfach unkommentiert, ich lösche es auch nicht und gebe solchen Kommentaren dadurch auch keine weitere Sichtbarkeit. Eine Diskussion kann ich immer führen – keine Frage. Aber beleidigende oder wertende Kommentare lasse ich einfach so stehen.

Was würdest du denn Frauen raten, die aus Angst davor, etwas Falsches zu sagen, den Schritt in die Sichtbarkeit meiden?
Immer, wenn du für eine Meinung eintrittst und dich positionierst, in welche Richtung auch immer, gibt es Leute, die das nicht so sehen. Sobald du auf Social Media eine Meinung platzierst oder auch in der Presse, dann ist klar, dass du auch Gegenwind bekommen kannst. Ich glaube, das gehört dazu.

Das ist aber auch Learning by Doing. Die Art und Weise, wie wir damit umgehen, können wir antrainieren. Wenn ich mich öffentlich platziere, dann sollte ich auch negative Reaktionen erwarten und lernen, damit umzugehen.

Wenn du zurückblickst, was ist für dich ein besonderes Learning, das du in deiner Sichtbarkeit mitgenommen hast?
Es gibt viele Highlights: Menschen, die ich über meine LinkedIn-Aktivitäten kennen gelernt habe, oder die Kontakte, die sich generell dadurch ergeben haben. Manchmal muss man die guten Kontakte durchaus suchen. Bei den vielen Messages, die

ich bekomme, komme ich oft gar nicht hinterher. Das sind 90 Prozent Dienstleister:innen-Anfragen, die für mich uninteressant sind, und es ist mitunter schwierig, die »wirklich Guten« herauszufiltern. Ich bekomme auch immer häufiger von unseren Kundinnen Nachrichten, das freut mich immer total.

Und ehrlich gesagt, finde ich Instagram megaspannend, auch als Kanal, in welchem mich unsere Mitarbeiter:innen aus den Fachmärkten – zu denen ich eher weniger Kontakt habe – auch mal direkt anschreiben. Das finde ich richtig cool. Du öffnest dadurch einen Kommunikationskanal, der abseits einer offiziellen E-Mail an eine Geschäftsführerin ist. Da öffnen sich Leute, die sich vielleicht sonst nicht getraut hätten, dich einfach so anzuschreiben. Da sind manchmal wahre Schätze drin.

How to: Von der Personal-Brand-DNA zum aussagekräftigen LinkedIn-Profil

Wir leben im goldenen Zeitalter des Internets. Der Aufbau einer Personal Brand war noch nie so einfach wie heute. Den eigenen Themen Sichtbarkeit zu verschaffen, kann heute wirklich jede:r. Und LinkedIn ist zweifelsohne die Business-Plattform Nummer eins, die du für die Etablierung deiner Personal Brand nutzen kannst. Du kannst natürlich – je nachdem, wer deine Zielgruppe ist – andere Kanäle für deine Personal-Branding-Aktivitäten auswählen. Wenn deine Themen und deine Zielgruppe beispielsweise im B2C-Bereich beheimatet sind, können Instagram oder Pinterest für dich sinnvoll sein. Wenn sich deine Zielgruppe im politischen Umfeld tummelt, kann Twitter eine smarte Ergänzung sein. Für Führungskräfte aus der Wirtschaft – ebenso für Unternehmer:innen – spielt klassische Pressearbeit auch heute eine sehr wichtige Rolle. Sie kann durchaus mehr Schlagkraft haben als Social-Media-Posts. Denn der Vorteil von Social Media, nämlich dass jeder dort Inhalte veröffentlichen kann, ist gleichzeitig auch der

Nachteil: Jeder kann Inhalte veröffentlichen. Dessen musst du dir einfach bewusst sein und es bei der Nutzung auch berücksichtigen.

Aber – und das ist eines meiner wichtigen Learnings besonders aus den vergangenen fünf bis sechs Jahren – für (fast) alle fachlichen Themen, die mit deiner alltäglichen Arbeit und deiner Branche zu tun haben, kannst du LinkedIn nutzen. Auch Konsument:innen, die klassisch als das »C« in B2C angesehen werden, sind Menschen, die auf LinkedIn aktiv sind. Wichtig ist, dass du hier den Business-Faktor in den Vordergrund stellst, nicht den Lifestyle oder den privaten Faktor. Wie du das im alltäglichen Umgang mit den Plattformen handhaben kannst, darüber spreche ich in den Kapiteln zu Connect, Comment und Content.

Xing lasse ich hier übrigens außen vor, denn während ich das Manuskript geschrieben habe, hat Xing einen Shift vorgenommen hin zu reinem Recruiting. Für Personal Branding eignet sich die Plattform daher zukünftig meiner Einschätzung nach noch weniger, als sie es bisher schon getan hat. Schauen wir uns also LinkedIn genauer an und wie du ein aussagekräftiges Profil erstellen kannst, was deine Personal-Brand-DNA adäquat widerspiegelt. Ich werde übrigens nicht von LinkedIn bezahlt – ich fokussiere mich rein aus beruflichen Gründen auf die Plattform, denn sie hat sich in den vergangenen Jahren schlichtweg als die beste Plattform für Sichtbarkeit bewiesen.

Lass mich dir an dieser Stelle folgende Frage stellen: Wann hast du dich das letzte Mal gegoogelt? Noch gar nicht? Dann tu das mal. Du wirst nämlich feststellen, dass die Social-Media-Profile – sofern du Social-Media-Kanäle wie LinkedIn, Xing oder Co. hast – unter den oberen Ergebnissen auf Google angezeigt werden. LinkedIn ist im beruflichen Kontext sicher die erste Plattform, die Menschen, die dich googeln, anklicken. Und dann geht alles sehr schnell: Eine wichtige Rolle spielt nämlich der erste Eindruck. Innerhalb weniger Sekunden entscheiden deine Profilbesucher:innen, ob sie dich kennen lernen und mit dir in den Austausch treten wollen. Die Herausforderung liegt darin, dein Profil so packend und interessant zu gestalten, dass Menschen unbedingt wissen wollen, wer du bist und was du machst.

Beim Schreiben einer Bewerbung investieren viele Menschen unglaublich viel Zeit in die Erstellung des Lebenslaufes, den am Ende nur eine Handvoll Menschen sieht. Das LinkedIn-Profil allerdings, das praktisch für die ganze Welt sichtbar ist, wird mitunter sehr stiefmütterlich behandelt. Um einen guten ersten Eindruck zu hinterlassen, solltest du dich einmal ausgiebig mit deinem Profil befassen. Sobald du deine Personal-Brand-DNA für dich definiert hast, ist es Zeit, deine Leidenschaft auf dein Profil zu transferieren.

Google dich bitte selbst einmal und räume dann auf, was du aufräumen kannst. Hast du vielleicht einen Twitter-Kanal, den du mal angelegt hast, weil es alle gemacht haben, aber dein letzter Tweet ist von 2017? Oder kann man auf Facebook dein Profil mit alten Partyfotos finden? Überlege, ob du diese Kanäle je wieder benutzen wirst. Wenn die Antwort auf diese Frage nein lautet, dann ist es an der Zeit, diese Kanäle zu löschen oder aber auf Privat zu stellen, sofern das möglich ist. Was dein LinkedIn-Profil angeht, so kann es sicher nicht schaden, dieses auf den aktuellen Stand zu bringen. Dass andere dich googeln, kannst du weder beeinflussen noch steuern, aber du kannst bedingt beeinflussen, was sie über dich finden.

Zähle innerlich bis fünf. Das ist nicht viel Zeit, um deine Profilbesucher:innen von dir zu überzeugen, oder? Verstehen deine Profilbesucher in dieser kurzen Zeit, um welches Thema es bei dir geht beziehungsweise was du machst und wofür du stehst? Mithilfe der folgenden zwölf Schritte kannst du dein Profil grundlegend überarbeiten – und Menschen von deiner Mission wissen lassen.

1. Personalisiere deine Profil-URL

Hast du dir jemals die URL deines LinkedIn-Profils angesehen? Falls nicht, dann solltest du das jetzt tun. Meine angepasste LinkedIn-URL lautet beispielsweise https://www.linkedin.com/in/christina-richter.

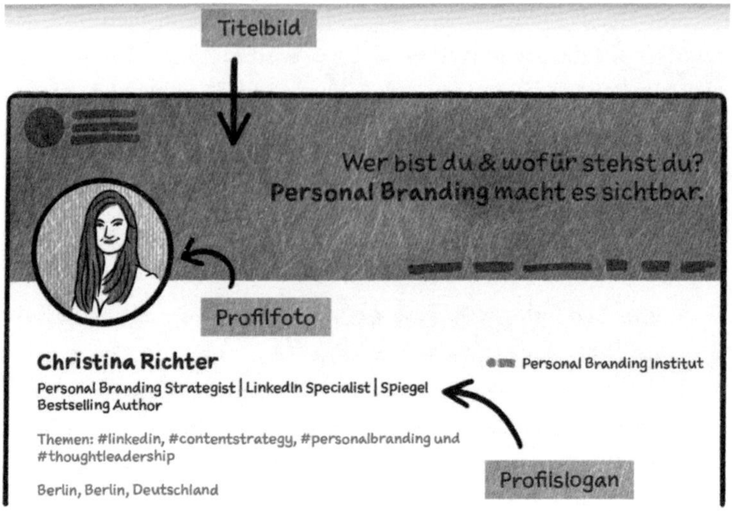

Abbildung 1: Der Einstieg ins LinkedIn-Profil entscheidet, ob Menschen überhaupt Interesse haben, weiter zu scrollen und mehr über die Person zu erfahren.

Diese sogenannte Vanity-URL kannst du in deinen Profil-Einstellungen anpassen. Solltest du allerdings einen sehr gängigen Namen haben, könnte diese Vanity-URL schon vergeben sein. Dann kannst du zum Beispiel mit Zahlen, deinem Fachthema oder sogar deinem Arbeitgeber oder deiner Firma arbeiten. Je prägnanter die URL ist, desto besser.

2. Verwende professionelle Fotos

Du willst als Fachfrau ernst genommen werden? Dann präsentiere dich seriös. Wenn du kein professionelles Foto von dir hast, lass Fotos von dir machen. Schnappschüsse vom letzten Urlaub, dein liebstes Instagram-Bild oder ein Foto mit deinem Haustier sind hier unpassend. Zu deiner Brand-Voice gehört auch die angemessene Auswahl deines Profilbildes.

3. Wähle ein aussagekräftiges Titelbild

Besonders für Selbstständige, Gründer:innen und Berater:innen bietet das Titelbild eine kostenfreie Werbefläche. Aber auch wenn du angestellt bist, ist es eine tolle Möglichkeit, deinen Profilbesuchern auf einen Blick zu zeigen, für welches Thema du stehst. Schenke deinem Profil mit einem optisch ansprechenden Hintergrundbild etwas mehr Persönlichkeit und inhaltliches Branding. LinkedIn rät dazu, ein Bild im Format PNG, JPG oder GIF mit einer Auflösung von 1400 × 425 zu verwenden.

Schau dir dazu auch gern die Profilbilder der Frauen an, die ich hier im Buch interviewt habe. Du wirst feststellen, dass sie alle ein Titelbild haben, das ihr Unternehmen oder ihr Thema in Bild oder Wort zeigt. Ein fehlendes Titelbild ist ein Zeichen dafür, dass du dich bislang nicht damit beschäftigt hast, wie du wahrgenommen werden willst.

4. Schreibe einen überzeugenden Profilslogan

Dein Profilslogan beschreibt, was du beruflich tust. Er erscheint neben deinem Namen, wenn du zum Beispiel kommentierst oder man dich sucht.

Im Idealfall ist deine Tagline so packend, dass Menschen mehr über dich erfahren wollen und dein Profil bewusst besuchen. Die Standard-Überschrift reicht aus, um über deine Tätigkeit zu informieren – du möchtest jedoch auch deine Eigenschaften und Besonderheiten vermitteln. Hier kommt wieder deine Personal-Brand-DNA zum Tragen. Du kannst bei deiner Tagline entweder mit Schlagworten arbeiten, die deine Personal Brand beschreiben, oder ein konkretes Angebot einbinden.

Ein Beispiel: Du bist Marketerin mit Fokus auf Social Media und Personal Branding.

→ Marketing | Social Media | Personal Branding

oder:

→ Ich unterstütze Selbstständige dabei, ihre Personal Brand zu definieren und über Social Media sichtbarer zu werden.

Gründerinnen oder Führungskräften rate ich immer dazu, diese Position in den Profilslogan einzubinden und dann um fachliche Keywords zu ergänzen. Wenn du nämlich eine Kontaktanfrage versendest, kann es einen Unterschied machen, ob du CEO oder Praktikantin bist.

Für alle Praktikantinnen und Berufseinsteigerinnen: Ihr könnt vielleicht nicht über eure Position die Aufmerksamkeit bestimmter Menschen erlangen, aber über gute Inhalte ist das sehr wohl möglich (dazu mehr in den Kapiteln »3. Comment« und »4. Content«).

5. Trage nicht zu dick auf

Es ist ein schmaler Grat zwischen der Präsentation deines USP und reiner Prahlerei. Wenn der Mehrwert, den du deiner Zielgruppe anbietest, klar definiert ist, hast du Schaumschlägerei gar nicht nötig. Diese Triggerwords solltest du in deiner Tagline lieber vermeiden:

- die beste …,
- außergewöhnlich,
- die führende, die Nummer 1,
- großartig,
- effizient,
- begabt oder äußerst begabt.

Es gibt noch viele mehr, aber ich denke, dir ist klar, was ich meine. Selbst wenn das eine oder andere Wort genau auf dich zutrifft (denn ich weiß, du gehörst du den Besten!), finde einen Weg, es charmanter auszudrücken. So wird dein Profil origineller und ansprechender.

6. Finde Keywords mit Bedeutung

Präzise Worte sind unglaublich wichtig, besonders wenn die Suche nach diesen Schlagworten einen großen Teil der Gleichung ausmacht. Die Verwendung der richtigen Keywords in deinem Profil macht den Unterschied aus zwischen Gefundenwerden und Unsichtbarsein. Auf meinem Profil tauchen die Wörter »Personal Branding« und »LinkedIn« immer wieder auf – ich möchte sehr plakativ und einfach zeigen, um welche Themen es bei mir geht.

7. Schreib ein richtig gutes »Über mich« aka die Info

Die Info oder das »Über mich« sollte mit deiner Tagline Hand in Hand gehen. Hier kannst du deine Fachkompetenz, deine Berufserfahrung, besondere Auszeichnungen und deine Vordenkerrolle hervorheben. Erzähle deinen Leser:innen, wer du bist, was du machst und wofür du stehst.

Dieser Teil fällt vielen Menschen schwer. Besonders beim ersten Schreiben ist es nicht einfach, kurz und knackig deine Personal-Brand-DNA zusammenzufassen. Aber es wird sich lohnen – ein richtig gutes »Über mich« kann den Unterschied machen.

Ob du in der Ich-Form oder in der dritten Person schreibst, bleibt schlussendlich dir überlassen. Besonders Executives und Führungspersonen verwenden oft die dritte Person. Persönlicher wirkst du in der Ich-Form, denn wenn du dich jemandem persönlich vorstellst, sprichst du ja auch nicht in der dritten Person von dir selbst.

Schaffe Fokus – dein »Über mich« ist nicht fertig, wenn du nichts mehr hinzufügen kannst, sondern wenn du nichts mehr weglassen kannst. Beachte dabei, dass ich als Profilbesucherin erst mal nur die ersten drei Zeilen lesen kann, bevor ich auf »mehr anzeigen« klicken muss – ich würde demzufolge mit einem Mini-Elevator-Pitch anfangen.

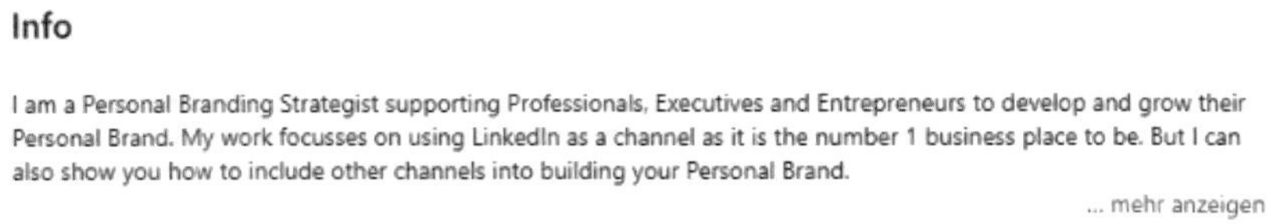
Info

I am a Personal Branding Strategist supporting Professionals, Executives and Entrepreneurs to develop and grow their Personal Brand. My work focusses on using LinkedIn as a channel as it is the number 1 business place to be. But I can also show you how to include other channels into building your Personal Brand.

... mehr anzeigen

Abbildung 2: Wenn der Mini-Elevator-Pitch nicht überzeugt, lesen viele Menschen gar nicht erst weiter. Nutze die sichtbaren drei Zeilen, um direkt dein Thema klar zu zeigen.

8. Nutze den Bereich »Im Fokus«

Visuelle Inhalte werden immer wichtiger und bleiben leichter in Erinnerung als Worte allein. Im Bereich »Vorgestellt« kannst du Medienberichte hochladen, wenn du beispielsweise Gastbeiträge in klassischen Medien geschrieben oder Interviews gegeben hast. Du kannst aber auch Präsentationen oder Videos einstellen, die du im Rahmen deiner Arbeit erstellt hast. Stell dir LinkedIn als eine Fachtagung vor, auf der du eine Präsentation halten sollst. Diese Präsentation kannst du im Bereich »Vorgestellt« dauerhaft verfügbar machen – und deiner Zielgruppe einen Eindruck deines Arbeitsstils geben.

Abbildung 3: Dieses Segment ist deine virtuelle Pinnwand für alles, was dir wichtig ist.

9. Füge deine Berufserfahrung, deine Ausbildung und dein Ehrenamt hinzu

Als ich mich 2006 auf LinkedIn angemeldet habe, habe ich meinen Lebenslauf abgetippt und mich mit Menschen vernetzt, die ich persönlich kannte. Das waren damals noch nicht sehr viele. Damals gab es auch noch nicht allzu viele Möglichkeiten, das Profil möglichst ausführlich und interaktiv zu gestalten. Moment, interaktiv? Das Profil ist doch statisch. Nicht wirklich, denn tatsächlich bietet dir das LinkedIn-Profil verschiedene Möglichkeiten, Menschen auf dich aufmerksam zu machen, die eigentlich gar nicht nach dir gesucht haben.

Hast du deine beruflichen Stationen oder deine Ehrenämter mit den Firmenseiten deiner (bisherigen) Arbeitgeber verknüpft? Ob du die Verknüpfung hergestellt hast, siehst du daran, dass du vor deiner Position jeweils das Firmenlogo oder das Logo der Initiative sehen kannst. Die Verknüpfung kannst du natürlich nur herstellen, wenn das jeweilige Unternehmen, die Uni oder Institution auch eine Firmenseite auf LinkedIn hat. Hast du die Verknüpfung hergestellt, kannst du auf das Logo klicken und gelangst so auf die jeweilige Firmenseite. Gleichzeitig bist du auf der Firmenseite unter der Rubrik »Menschen« zu finden. Viele Menschen surfen – entgegen allen Behauptungen – auf LinkedIn durch Content, aber auch durch Seiten von Unternehmen oder Universitäten. Und dann kann es passieren, dass sie dich bei deinem ehemaligen Arbeitgeber entdecken. »Ach schau mal, die XYZ, die saß doch mal neben mir bei dem Event – wir sind ja gar nicht vernetzt« oder »Ach, die XYZ habe ich ja seit der Uni nicht mehr gesehen – was macht die denn jetzt?«. Ein Klick auf dein Profil, dein Profil überzeugt und prompt hast du eine neue Kontaktanfrage. Und falls die Person eventuell gerade jemanden mit deinem Thema sucht – umso besser.

10. Füge neue Abschnitte hinzu

LinkedIn bietet verschiedene Abschnitte an, um deinem Profil mehr visuelle Attraktivität und inhaltliche Tiefe zu verleihen. Neben deiner Berufserfahrung, deren Aktualität und Vollständigkeit ein Grundpfeiler ist, kannst du Abschnitte über dein ehrenamtliches Engagement, Auszeichnungen, Patente, Studien, Herzensprojekte und vieles mehr hinzufügen.

Jeder dieser Abschnitte eröffnet dir neue Möglichkeiten, Verbindungen mit Menschen auf LinkedIn aufzubauen. Je ausführlicher du dein Profil anlegst, desto mehr Anknüpfungspunkte bietest du der LinkedIn-Community und vor allem deiner Zielgruppe.

11. Nutze den Abschnitt »Kenntnisse«

Wenn du gut ausgebildet bist und hohe Anerkennung genießt, wird dein LinkedIn-Profil attraktiver. Bei Suchanfragen tauchst du umso häufiger auf, je mehr bestätigte Kenntnisse du hast. Aber vor allem dient es deinen Profilbesucher:innen als Tool, dich besser einschätzen zu können.

Auch dieser Abschnitt bietet mehr Möglichkeiten, als zunächst ersichtlich ist. Solltest du noch keine Kenntnisse bestätigt bekommen haben, dann schau mal bei jemand anderem auf dem Profil, der schon Bestätigungen hat. Was du sehen wirst, ist, dass der Name und ein kleines Profilbild der Person, die die Kenntnisse bestätigt hat, auf dem Profil zu sehen sind. In diesem Abschnitt schafft LinkedIn eine Verbindung von einem Profil zu einem anderen. Im Grunde kannst du diesen Abschnitt auch nutzen, um dich auf dem Profil einer anderen Person sichtbar zu machen. Überlege also mal, wem aus deinem Netzwerk du eine Fähigkeit bestätigen kannst. Ganz strategisch gedacht öffnest du dir so vielleicht die Tür zu einem neuen Kontakt.

12. Schreibe Empfehlungen und frage Empfehlungen an

Dasselbe Prinzip, nur noch besser, steht auch hinter dem Abschnitt »Empfehlungen«. Du hast bislang keine oder nur wenige LinkedIn-Empfehlungen bekommen? In der Tat dauert es, bis jemand eine Empfehlung schreibt. Vor allem in Deutschland scheinen wir eher zurückhaltend mit öffentlichen Empfehlungen zu sein. Was kannst du also tun? Fragen! LinkedIn macht es dir super einfach, indem es einen Link »Bitte darum, empfohlen zu werden« bereitstellt. Wähle dazu bestimmte Personen aus. Sei selektiv. Und auch du hast die Möglichkeit, jemandem, mit dem du zusammengearbeitet hast, eine gute Empfehlung zu erstellen. Und wie bei den Kenntnissen verewigst du dich auch in diesem Abschnitt auf dem Profil einer anderen Person. Wem aus deinem Netzwerk – der vielleicht eine größere Reichweite hat als du und in dessen Netzwerk deine Zielgruppe ist – könntest du eine Empfehlung schreiben?

LinkedIn schafft allein schon über das Profil verschiedene Möglichkeiten, dass Menschen auf dich aufmerksam werden und mit dir in den Austausch treten wollen. Nutze diese Möglichkeiten. Ein vollständig ausgefülltes Profil mit einem öffentlich sichtbaren Profilfoto wird übrigens vom Algorithmus bis zu 9-mal häufiger ausgespielt als ein halbfertiges Profil. Vor allem macht das aber bei demjenigen, der dein Profil besucht, einen guten ersten Eindruck.

IM GESPRÄCH MIT MARIE-CHRISTINE OSTERMANN

Marie-Christine Ostermann leitet als geschäftsführende Gesellschafterin den Lebensmittelgroßhandel Rullko Großeinkauf GmbH & Co. KG in vierter Generation. Marie ist Mitglied im Aufsichtsrat der Fielmann AG und hat im Juni 2015 die Non-Profit-Organisation Startup Teens mitgegründet. Als ehemalige Bundesvorsitzende des Verbandes Die jungen Unternehmer und Mitglied des Präsidiums von Die Familienunternehmer e.V. war sie eine der meistgesehenen Talkshow-Gäste und viel zitierte Führungsfrau der deutschen Wirtschaft. Auf LinkedIn drehen sich Maries Inhalte um Unternehmensthemen und die Förderung von Jugendlichen mit Zukunft-Skills.

Was bedeutet für dich Sichtbarkeit?
Sichtbarkeit bedeutet für mich zum einen, dass ich meine Herzensthemen voranbringen und sie vor allem auch einfacher realisieren kann als ohne Sichtbarkeit. Sichtbarkeit hat für mich eine Hebelwirkung: Wenn ich sichtbar bin, kann ich vieles mit viel mehr Power mobilisieren.

Zum anderen empfinde ich Sichtbarkeit als Türöffner, Chancengeber. Es eröffnen sich mir Chancen, die ich ohne Sichtbarkeit niemals hätte, wie zum Beispiel, dass ich Mitglied im Aufsichtsrat bei Fielmann bin. Wäre ich nicht so sichtbar gewesen über meine Arbeit bei Die jungen Unternehmer, dann wäre der Aufsichtsratsvorsitzende von Fielmann sicher nie auf mich aufmerksam geworden.

Warum ist Sichtbarkeit vor allem für Frauen so wichtig und warum sollten Frauen sich auch um ihre eigene Sichtbarkeit bemühen?
Sichtbarkeit ist gerade bei Frauen so wichtig, weil wir darüber erreichen können, dass Frauen in verantwortungsvollen Positionen – Karrierefrauen, Frauen in Führung – als etwas Selbstverständliches wahrgenommen werden in Deutschland. Aktuell ist es leider noch nicht der Fall, dass viele Frauen mit ihrem Engagement sichtbar sind. Das Hauptproblem ist das traditionelle Denken in den Köpfen der Menschen in Deutschland. Deswegen ist es das Ziel, dass durch weibliche Sichtbarkeit Frauen in Führungspositionen viel selbstverständlicher und normaler werden.

Ich höre immer wieder von Frauen, auch von jenen in Führungspositionen, dass sie dem Thema Sichtbarkeit eher kritisch gegenüberstehen. Ganz oft höre ich dann auch, dass die Frauen nicht wollen, dass über sie geredet wird, sondern dass ihre Arbeit für sich selbst spricht. Was würdest du diesen Frauen sagen?
Ich finde, dass beides zusammengehört. Natürlich ist das, was man fachlich macht oder was man substanziell leistet in seinem Fachthema, wichtig und relevant. Aber ich bin die Person, die den Inhalt lebt oder macht. Wir leben nun einmal in einer Welt mit Menschen, und daher finde ich, dass beides gleich wichtig ist – sowohl die Arbeit als auch die Person, deren Persönlichkeit und die Art und Weise, wie die Person etwas macht. Ich bin der Mensch, und ich freue mich, wenn ich zusammen mit meiner Substanz, meiner Persönlichkeit und meinem Auftreten wahrgenommen werde.

Wenn man sich auf LinkedIn umschaut, dann wirkt es fast so, als wäre Sichtbarkeit und Personal Branding einzig und alleine auf LinkedIn möglich. Dem ist aber nicht so. Du hast, bevor du auf LinkedIn aktiv gewesen bist, schon sehr viel Sichtbarkeit in traditionellen Medien gehabt. Wenn du von deinem heutigen Stand aus überlegst, wie wichtig ist traditionelle Sichtbarkeit im Vergleich zu Social-Media-Sichtbarkeit?
Als ich erstmals große Sichtbarkeit bekommen habe, spielte Social Media nur eine untergeordnete Rolle. Damals waren die traditionellen Medien in der Businesswelt das Nonplusultra. Das hat sich schon geändert. Allerdings vertraue ich auch jetzt den traditionellen Medien noch mehr als Beiträgen, die ich auf Social Media lese. Denn ich weiß, dass der Journalismus und die Journalist:innen in der Regel sehr seriöse Arbeit machen und ihre Arbeit gelernt haben. Auf Social Media kann jeder ungefiltert Inhalte veröffentlichen, und es kann zudem sehr viel anonym verbreitet werden. Das Thema Fake News ist präsent. Gleichzeitig wird Social Media in dieser Welt einfach immer wichtiger, das muss man ganz klar sagen. Dennoch haben die traditionellen Medien, die ja auch mit der Zeit gehen und sich verändern und nicht mehr nur als Printausgabe erscheinen, wie es früher der Fall war, nach wie vor eine hohe Wichtigkeit. Ich denke, der Mix macht es interessant.

Du hast jahrelange Medienerfahrung. Angefangen mit den traditionellen Medien bis hin zu Social Media. Du hast Höhen und Tiefen erlebt. Du hast auch sehr viel Talkshow-Erfahrung, was nochmal eine andere Sichtbarkeit ist, als wenn man sich vorher überlegen kann, was man auf LinkedIn postet, oder im Vorfeld auf ein Interview Fragen zugeschickt bekommt. Wie gehst du mit Fragen um, die du nicht beantworten kannst oder willst?
Ich habe einige Medientrainings bekommen. Allerdings auch nicht zu viele, weil mir immer geraten wurde, dass es wichtig ist, authentisch und natürlich zu sein. Dennoch wurde mir stets Folgendes vermittelt: »Marie, es gibt keine Frage der Welt, auf die du gezwungen bist zu antworten oder genau das zu antworten, was die Gegenseite hören will. Du allein bestimmst, was du sagst.«

Wenn ich Medienauftritte habe, dann ist immer das Ziel, dass ich diejenigen Botschaften rüberbringe, die ich mir auch vorab vorgenommen habe.

Ich sage daher auch Talkshows oder Live-Interviews mit spontanen Fragen zu, die zuvor nicht abgesprochen wurden. Das ist mir im Endeffekt viel lieber, weil es spontaner läuft. Ich antworte dann intuitiv, habe mir aber vorher genau überlegt, was meine wichtigsten Botschaften sind – und ich beantworte Fragen dann auch genau so, dass ich diese Botschaften rüberbringe, ganz egal, welche Frage gestellt wurde. Ich antworte so, dass meine Message rüberkommt. Das kann man lernen.

Es gab nie eine Situation, in der ich vollkommen verzweifelt war und die Frage nicht beantworten konnte. Ich musste mir aber die nötige Schlagfertigkeit aneignen – und lernen durch Übung und Routine.

Und einen Rat kann ich definitiv jeder Anfängerin mit auf den Weg geben: Üben, üben, üben und mit »kleineren« Formaten anfangen. Ich bin anfangs in regionale Formate gegangen, bei denen ich wusste, mir sehen da nicht gleich drei Millionen, sondern vielleicht nur 250000 Zuschauer:innen zu. Ich war dann ruhiger und habe diese Formate genutzt, um zu üben, Sicherheit und Erfahrung zu sammeln. Es wurde dann von Mal zu Mal leichter.

Hast du irgendwann mal Anfragen abgesagt? Und was wäre für dich ein Grund, eine Presseanfrage oder ein Panel abzusagen?

Ja klar, ich habe auch Anfragen abgesagt. Ich habe mir bei jeder Anfrage genau überlegt: »Passt das zu mir, zu meinem Ich und zu meinen Zielen?« Ich hatte auch einen kompetenten Pressesprecher, und der Verband hatte natürlich auch viel Erfahrung.

Ich habe diverse Anfragen abgesagt, die mir nicht seriös erschienen. Bei manchen Sendern gab es manchmal sehr »krawallige« Formate, die wir durchaus abgesagt haben, was aber auch nicht schlimm ist. Man muss nicht zu allem Ja sagen.

Es gab auch Situationen, in denen ich das Gefühl hatte, es wird jetzt unseriös oder tendenziös, etwa wenn der oder die

Moderator:in besonders unangenehm wurde und ins Persönliche ging. Darauf wurde ich zwar trainiert und ich weiß auch, dass ich mich nicht verstellen muss, aber in diesen Situationen habe ich dann auch mal Grenzen aufgezeigt. Man muss in Gesprächen mit Journalist:innen selbstbewusst sein und wissen, was man will oder nicht will.

Ist das etwas, was man lernen kann?

Definitiv! Ich musste das ja auch lernen, weil ich als Jugendliche eine sehr schüchterne Person war. Ich weiß noch, als ich mit 13 oder 14 Jahren mit meinen Eltern in Irland war. Freunde meiner Eltern sagten damals: »Meine Güte, ist das Kind introvertiert, die sagt ja kein Wort von alleine.« Meine Eltern waren damals sehr schockiert. Ich glaube, ich war als Teenager die introvertierteste Person, die es gab. Ich hatte auch gar keine Freude daran, aus mir herauszugehen oder in den Mittelpunkt zu treten.

Bei Die jungen Unternehmer gab es aber etwas, das mich getriggert hat. Es hat mich total fasziniert, in einer Sendung zu sitzen und für das Unternehmertum meine Botschaften zu verbreiten oder auch aus meiner unternehmerischen Praxis zu erzählen, weil ich ja wusste, dass die meisten Menschen in Deutschland davon selten etwas Positives hören oder sehen. Das war mir wichtig. Und daher wollte ich gut sein in Interviews und auf der Bühne.

Es war ehrlicherweise auch eine Besonderheit, dass ich damals so viele Anfragen hatte. Ich gehe davon aus, dass einer der Gründe war, dass es 2009 kaum eine weibliche Unternehmerin gab, die in Talkshows ging, inhaltlich Substanz hatte und zudem noch telegen war. Ich nehme jetzt bewusst den Begriff in den Mund, weil es mit meiner Stimme und meinem Aussehen einfach fürs TV gut gepasst hat. Ich hatte sehr viele Anfragen und konnte erstens auswählen und zweitens wirklich erst einmal üben und mich vorbereiten.

Und ich kann mich noch sehr gut an meine ersten Auftritte erinnern: Ich wurde im November 2009 zur Bundesvorsitzenden von Die jungen Unternehmer gewählt, war auch schon davor in der einen oder anderen kleinen Talkshow und hatte dann im Februar oder März 2010 direkt den ersten großen Auftritt bei *Anne Will*, wo ja tatsächlich circa vier Millionen Menschen zuschauten. Ich hatte das Glück, dass ich mich in kleineren Formaten vorbereiten konnte. Das war wichtig. Wäre ich direkt zu *Anne Will* gegangen, wäre das nicht gut gewesen.

Im Sommer 2009 war ich schon einmal Zuschauergast bei *Maybrit Illner*. Ein Zuschauergast war jemand, der nur für ein Interview von fünf bis zehn Minuten eingebunden war und ansonsten im Publikum saß. Da war ich so nervös und aufgeregt, dass Maybrit Illner mich wahrscheinlich deswegen damals erst einmal nicht zeitnah wieder eingeladen hatte. Erst rund ein Jahr später, als ich deutlich souveräner im TV war, wurde ich wieder eingeladen und war insgesamt bis heute circa ein Dutzend Mal in der Sendung.

Man kann es wirklich lernen. Was man jedoch haben muss, ist der nötige Biss und ein dickes Fell. Eines der ersten Themen, mit denen ich damals meine TV-Runden bestritten habe, war die Rentengarantie. Wir haben damals vonseiten der jungen Unternehmer gesagt, dass das Rentensystem generationenungerecht ist, dass es reformiert werden muss, weil die junge Generation es aufgrund der demografischen Entwicklung in Zukunft nicht bezahlen kann und die Rentner:innen auch ihren Beitrag leisten müssen, damit die Rente in Zukunft überhaupt noch finanzierbar bleibt in diesem Land. Ich stand zu 100 Prozent hinter dieser Aussage, habe aber unfassbar viel Kritik bekommen. Ich habe böse Briefe bekommen von ganz seriösen Menschen, die stinksauer auf mich waren. Teilweise waren es auch Kund:innen von uns, deren Führungskräfte sehr negativ auf meine TV-Auftritte reagiert haben. Ich musste Leser:innenbriefe an die Zeitung schreiben und mich erklären. Es kam extrem viel Gegenwind und auch Führungskräfte bei Rullko haben mich gebeten, mir künftig andere Themen auszusuchen, über die ich spreche, um eventuellen Schaden von der Firma fernzuhalten.

Es war dann aber letztlich so, dass wir keine Kund:innen und auch keine Umsätze dadurch verloren haben und sich die Aufregung auch kurze Zeit später wieder gelegt hat. Die Leute haben sich an mich gewöhnt. Ich hatte ja auch gute Gründe, warum ich das kommuniziert hatte. Mir ist es immer wichtig, bei meinen Formulierungen respektvoll und sachlich zu sein, aber durchaus hart in der Sache. Unterm Strich hat sich das auch ausgezahlt.

Du hast seit einigen Jahren einen Stalker, bist aber dennoch sichtbar. Trotz all dieser negativen Erfahrungen, wären die Kritiker:innen und Trolle für dich ein Grund, um von der Bühne zu verschwinden?

Diese Erfahrung mit dem Stalker hat mich durchaus beeinflusst, wobei ich meine Entscheidung auch unabhängig vom Stalker so getroffen hätte. Ich musste mich ja entscheiden zwischen Familienunternehmerin und Berufspolitikerin. Beides gleichzeitig passte für mich nicht. Ich habe entschieden, keine politische Karriere anzustreben, sondern voll und ganz Unternehmerin zu bleiben. Diese Entscheidung hat der Stalker ein Stück mit beeinflusst, weil man als Politiker:in und öffentliche Person durch die Justiz schlecht bis gar nicht geschützt wird in diesem Land. Das ist meine Erfahrung mit diesem Thema.

Grundsätzlich perlen Kritik und Trolle im Internet an mir ab. Was ich allerdings in meinem Fall erstaunlich fand, war die Tatsache, dass ich mit Ausnahme des Stalkers kaum sexistische Angriffe erfahren habe. Die Leute haben mich nur sehr selten auf mein Äußeres reduziert, und ich wurde abgesehen vom Stalker ausgesprochen selten sexuell belästigt.

Natürlich habe ich immer polarisiert. Ich bin aber in der Regel nur für das kritisiert worden, was ich inhaltlich erzählt habe.

Was wäre dein Rat an zögernde Frauen, die eigentlich wissen, dass ihnen Sichtbarkeit in ihrer beruflichen Karriere weiterhelfen könnte, bisher aber nicht den Schritt gewagt haben, wirklich in die Sichtbarkeit zu gehen?

Ich würde ihnen raten, sich professionelle Unterstützung zu holen. Die erste Sichtbarkeit habe ich über die Regionalpresse in Hamm erzielt. Ich war 28 Jahre alt und bin bei Rullko als geschäftsführende Gesellschafterin eingestiegen. Über diese Unternehmensnachfolge hat die Presse viel berichtet. Ich bin dann auch selbst aktiv an die Presse herangetreten, zum Beispiel mit unseren Auszubildenden.

Wenn es an die bundesweite Sichtbarkeit geht, braucht man professionelle Unterstützung und ein Netzwerk von Menschen, die einem weiterhelfen können und mit denen man Erfahrungen teilen kann.

Recap: How to care

Wer bist du, was machst du und wofür stehst du? Für diese drei Fragen solltest du im ersten Schritt all deiner Personal-Branding-Aktivitäten eine Antwort finden. Außerdem solltest du für dich evaluieren, warum du sichtbar werden möchtest. Das Warum steht auch hier, wie bei fast allen Dingen im Leben, wie ein Schirm über allen weiteren Schritten. Sicher kennst du das auch: Wenn du nicht weißt, warum du etwas tust, vergeht dir irgendwann die Lust und die Motivation dafür – vor allem, wenn es mal nicht so gut läuft.

Als kleine Übung habe ich dir deine Keynote an die Hand gegeben: Was sind der Titel und Teaser für deine Keynote, und worüber sollen Menschen, die deine Keynote gehört haben, danach sprechen?

Dein LinkedIn-Profil spielt beim ersten digitalen Eindruck, den fremde Menschen von dir bekommen, eine ganz besondere Rolle. Ob und dass Menschen dich googeln, kannst du weder verhindern noch beeinflussen – das, was sie finden, wiederum schon. Zumindest wenn es deine eigenen Kanäle sind. Und im beruflichen Kontext ist LinkedIn zweifelsohne die Plattform, die sich die meisten Menschen ansehen werden. Sorge also dafür, dass dein Profil up to date und vollständig ist. Besonders wichtig sind der Einstieg ins Profil, das heißt dein Profilfoto, das Titelbild und der Profilslogan. Nur wenn diese drei Elemente mir in wenigen Sekunden klar vermitteln, wer du bist, was du machst und was dein Thema ist, befasse ich mich überhaupt weiter mit dir.

Mit Julia Küting, Dr. Anna Weber und Marie-Christine Ostermann habe ich dir in diesem Kapitel drei Frauen vorgestellt, die in mittelständischen Familienunternehmen tätig sind – Anna und Marie-Christine sogar in der Nachfolge. Interessanterweise höre ich im Zusammenhang mit unserem Mittelstand öfter den Begriff »Hidden Champions«. Das sind Unternehmen, die mit ihren Produkten Weltmarktführer in ihrem Segment sind, die aber hierzulande kaum jemand kennt. Umso erfreulicher ist es, dass immer mehr Familienunternehmer:innen das Potenzial von Personal Branding erkannt haben und in die Sichtbarkeit gehen.

2. CONNECT
Kontakte nutzen und erweitern

Mit deiner wohlüberlegten Personal-Brand-DNA hast du nun eine solide Grundlage, um in die Sichtbarkeit zu treten. Doch auch die bestdurchdachte Personal Brand ist auf ein starkes Netzwerk angewiesen. Du brauchst Menschen, die dich und deine Message kennen, unterstützen und deinen Namen im richtigen Moment zur Sprache bringen. Sobald dein Netzwerk eine gewisse Größe hat, vervielfachen sich die Synergien wie von allein. Sowohl online als auch offline gibt es smarte Wege, den Kreis deiner Verbündeten zu erweitern und zu pflegen. Netzwerken soll für beide Seiten attraktiv sein und Spaß machen.

Alte Männer im Dreiteiler, die mit Whiskey und Zigarre im Kaminzimmer beisammensitzen. Burschenschaften, die während des Studiums lebenslange Verbindungen entstehen lassen. Visitenkarten, die pro forma nach einer kurzen Bekanntschaft beim Espresso zwischendurch ausgetauscht werden. Kontakte zu knüpfen, scheint im männlichen Teil der Geschäftswelt kein Problem zu sein – eher eine Selbstverständlichkeit.

Frauen wurden hingegen leider jahrzehntelang (wenn nicht jahrhundertelang) aus dem Business rausgehalten. Das Ergebnis sind Effekte wie die »Gläserne Decke«. Diese Metapher beschreibt das Phänomen, dass Angehörige bestimmter Minderheiten und auch Frauen seltener in Führungspositionen aufsteigen – als wäre eine gläserne Decke zwischen ihrer jetzigen und der nächsthöheren Position eingezogen. Männer sind oftmals viel engmaschiger vernetzt als Frauen und haben weniger Hemmungen, sich und ihre Expertise ins Gespräch zu bringen. Obwohl die Zahl weiblicher Führungskräfte in den letzten

Jahren gestiegen ist, sind die Auswirkungen männlicher Netzwerke umso mehr zu spüren, je höher man in der Unternehmenshierarchie geht. Salopp gesagt: Ein Mann wird immer einen anderen Mann kennen, der ihm bei seiner aktuellen Herausforderung helfen kann.

Die Lösung liegt auf der Hand, oder? Ein starkes Netzwerk ist kein »Nice to have«, kein »Ja, das kann ich mal machen, wenn ich Zeit habe« – es ist buchstäblich die Grundlage für den Erfolg deiner Mission. Du erinnerst dich: Deine Personal Brand ist das, was Menschen über dich sagen, wenn du nicht im Raum bist. Es ist egal, wie gut du bist – wenn dein Name in einer Diskussion über dein Thema nicht fällt, wird die nächste Chance für ein Projekt, einen Vortrag oder Austausch an jemand anderen vergeben. Was ich in meinen Beratungen immer wieder von meinen Kundinnen höre, ist: »Ich möchte meine Arbeit für mich sprechen lassen.« Das zeugt von höflicher Zurückhaltung, die viele Vorteile schafft – allerdings für die anderen. Wenn du für dein Thema brennst, dann entfache das Feuer auch in anderen.

Die Vorteile eines belastbaren Netzwerks sind weitreichend. Dass du ganz grundlegend davon abhängig bist, dass Menschen deine Mission kennen, habe ich bereits ausgeführt. Ein weiterer großer Faktor ist, dass du nicht alles können und wissen kannst. Aber du kannst für jedes Anliegen jemanden in deinem Netzwerk haben, der oder die es lösen kann oder wiederum jemanden kennt, der dich bei deinem Anliegen unterstützen kann. Um kleinere (und auch größere) Gefallen zu bitten, beruht letztlich auf Geben und Nehmen. Du bist gut in dem, was du machst. Folglich werden die Menschen auch auf dich zurückkommen, wenn du ihnen mal weiterhelfen kannst. »Du hattest mir doch letzten Monat von dem Problem XY erzählt, wie hast du es gelöst? Ich habe gerade ein ähnliches Problem«, »Mein Content findet zurzeit irgendwie weniger Anklang, kannst du mal meine letzten Posts durchscrollen und mir Feedback geben?«, »Deine Business-Fotos sind Klasse! Kannst du mir die Nummer deiner Fotografin geben?«.

Neben kleinen Gefälligkeiten kommen aber vor allem die ganz großen Chancen oft über dein Netzwerk zu dir. Es ist super, wenn man in Bezug auf dein Thema über Suchmaschinen schnell bei dir landet. Das zeigt, dass du deine Personal Brand gut platziert hast. Aber: Menschen vertrauen Menschen mehr als Google. Eine persönliche Empfehlung ist Gold wert. Dein Netzwerk kann also dafür sorgen, dass Aufträge, Kooperationen, Vorträge und so weiter zu dir kommen.

Warum eigentlich nicht?

Mir fällt in Gesprächen vor allem mit Frauen auf – und zwar unabhängig von Alter, Branche oder Position –, dass viele von ihnen Argumente dafür haben, warum sie nicht sichtbar sein oder nicht netzwerken sollten. Und das Interessante ist, dass sie immer dieselben Argumente nutzen, oftmals nur mit anderen Worten. Nun bin ich keine Psychologin, würde aber behaupten, dass die Ursachen, die zu diesen Begründungen führen, einen ähnlichen oder denselben Ursprung haben. Ich möchte daher kurz darüber sprechen, was meiner Erfahrung nach dazu führt, dass Frauen Sichtbarkeit gegenüber zurückhaltend sind. In meiner Wahrnehmung sind es die folgenden drei Aspekte.

»Ich will mich nicht verkaufen«

Obwohl ein starkes Netzwerk essenzielle Vorteile bietet, scheint allein das Wort »verkaufen« bei vielen Ablehnung oder zumindest Widerstand zu triggern. Aber warum eigentlich? Ein Glaubenssatz, den ich in Beratungen immer wieder höre, ist die Angst, »(sich) verkaufen zu müssen«. In einen Raum voller Fremder zu gehen und aus der Kalten heraus zu erklären, warum man die Beste ist: Das ist *nicht* das, was ich mit Netzwerken meine.

Vielleicht braucht es ein wenig Reframing, um dich zu überzeugen, dass (neue) Kontakte richtig Spaß machen können. Was ist denn eigentlich ein *Netzwerk*? Stell dir einen sternenklaren Himmel vor. Vor deinem geistigen Auge verbinden sich zwei Sterne mit einer Linie, dann drei, vier oder zehn weitere. Statt nur in Reihe, entstehen auch untereinander Verbindungen. Ein scheinbar weit entfernter Stern, vielleicht sogar der Polarstern, rückt plötzlich in greifbare Nähe für einen Stern, der eben noch allein vor sich hin leuchtete. Nach und nach bildet sich ein Netz, das sich über den ganzen Himmel spannt. Behalte dieses Bild im Hinterkopf.

Netzwerken ist keine Kaltakquise, sondern ein Netz, das du aus ganz verschiedenen Gründen aufbaust. Support, Austausch, Interesse an neuen Themen, fachlicher Input, Up-to-date-Bleiben, Branchenkenntnis, Motivation – die Liste ist endlos. Verkauf steht auch darauf, aber nicht ganz oben. Darum besinne dich auf deine Personal-Brand-DNA: Wofür brennst du? Was ist deine Mission? Und dann gehe raus und erzähle Menschen davon. Ergebnisoffen, wenn es sich für dich zunächst besser anfühlt. Schau mal, wie weit du allein damit kommst, von deiner Passion zu erzählen. Das Ganze mit einem Ziel zu verknüpfen, kannst du immer noch üben.

Gibt es vielleicht Menschen, die dich wahnsinnig inspirieren, aber die dir unerreichbar erscheinen? Denke an das Netz aus Sternen – du kommst dem Polarstern über gute Kontakte immer näher. Dank der digitalen Möglichkeiten ist das leichter geworden als je zuvor.

Impostor-Syndrom

In dem wissenschaftlichen Artikel »The imposter phenomenon in high achieving women« führten die Psychologinnen Pauline R. Clance und Suzanne A. Imes 1978 erstmals den Begriff Impostor-Syndrom ein. Er beschreibt die innere Überzeugung erfolgreicher Frauen, dass ihre Leistungen und ihre Intelligenz von anderen überschätzt würden. Oftmals geht das mit der Angst einher, dass früher oder später auffallen könnte, dass sie eigentlich nur Hochstaplerinnen seien, die sich ihren Erfolg durch Zufälle und Täuschung erschlichen haben.

Die Angaben, wie viele Frauen tatsächlich vom Impostor-Syndrom betroffen sind, variieren. Mir fallen sofort Gespräche ein, die sich genau um diese Problematik drehen: »Irgendwann wird auffallen, dass ich gar nicht so gut bin!« Frage zehn Frauen in deinem Umfeld, ob sie das Impostor-Syndrom aus der eigenen Vergangenheit oder Gegenwart kennen, und du wirst mit hoher Wahrscheinlichkeit mehr als fünfmal ein klares Ja hören.

Kennst du es selbst? Wenn du im tiefsten Inneren überzeugt davon bist, dass deine Expertise eigentlich nur fake ist, dann wird es echt schwer, rauszugehen und zu netzwerken. Aber weißt du was? Das Impostor-Syndrom ist verkappter Perfektionismus, und Perfektionismus ist eine Form der Selbstsabotage. Um dem entgegenzuwirken, schäle den Kern deiner Personal Brand heraus (wie im ersten Kapitel beschrieben). Die Kombination deiner Themen, Skills, Erfahrungen und Eigenschaften ist einzigartig. Irgendwer weiß immer mehr oder kann die eine Sache noch besser. Sieh es so: Du wirst in deiner Sichtbarkeit Menschen finden, von denen du lernen kannst, und du wirst Menschen finden, die von dir lernen können. Expertise ist ein Prozess – genau wie Personal Branding.

Glaubenssätze und Erziehung

»Was soll ich anziehen, und was soll ich kochen?« Stellvertretend für eine ganze Generation stellte Dr. Oetker diese Frage in einer Werbung der 1950er Jahre ganz selbstverständlich als die Hauptsorge einer Frau dar. Die Frau will einen Mann heiraten, die Kinder hüten, sich um den Haushalt kümmern und die Welt mit Wärme, Fürsorglichkeit und Selbstlosigkeit beschenken. Wir haben es vielen mutigen Frauen vor uns zu verdanken, dass an diesem Frauenbild kräftig gerüttelt wurde. Und wir selbst tragen Verantwortung, an Veränderungen mitzuwirken, wenn wir mit der heutigen Rolle der Frau nicht einverstanden sind.

Doch die weiblichen Herausforderungen kommen nicht immer so offensichtlich wie das antiquierte Frauenbild der 1950er Jahre daher. Viele innere Widerstände sind subtil in unserem Unterbewusstsein angelegt. Was hast du in deinem Heranwachsen über Weiblichkeit gelernt? Wie dürfen und müssen wir sein? In Bezug auf die eigene Sichtbarkeit und Personal Brand kommen viele Frauen ins Gespräch mit sich selbst. Hast du gelernt, dass du dich höflich, angepasst und zurückhaltend benehmen sollst? Möchtest du lieber nicht auffallen? Es fällt dir schwer, für die eigenen Bedürfnisse aufzustehen?

Netzwerken wird zum Kraftakt, wenn du unbewusst glaubst, dass du dich in Zurückhaltung üben sollst. Durchsuche deine eigene Biografie und Erziehung nach Glaubenssätzen über Frauen. Welche davon sind in deinem Denken und Handeln verankert und behindern deine heutigen Ambitionen und Ziele? Schreibe sie auf und überprüfe, ob du sie vertreten möchtest. Wenn dem nicht so ist, finde einen Weg, sie aufzulösen.

Deine inneren Widerstände navigieren dich ziemlich direkt zu den Glaubenssätzen, die ein Update benötigen. Du willst zwar sichtbar werden, aber nur so, dass es allen gefällt und du niemandem auf die Füße trittst? Eine Personal Brand – ja gern! – aber nur so, dass du als Expertin immer unfehlbar bleibst? Du willst ein starkes Netzwerk aufbauen, aber niemandem erzählen müssen, worin du besonders gut bist? Grab tiefer nach den Ursprüngen dieser Ansichten. Außerdem: Als erfolgreiche Frau in die Sichtbarkeit zu gehen, ist ein Akt der gesellschaftlichen Veränderung.

Du wünschst Mädchen und jungen Frauen mehr weibliche Vorbilder? Werde selbst zu einem! Jede Frau kann Vorbild für andere Frauen sein. Und je sichtbarer du bist, desto mehr Frauen kannst du inspirieren und motivieren, in deine Fußstapfen zu treten. An dieser Stelle möchte ich gern betonen, dass Sichtbarkeit nicht gleich die große Weltbühne sein muss. Jede Frau darf Sichtbarkeit so für sich nutzen, wie es für sie und ihre Ziele passt. Aber – und auch das kann ich immer nur wiederholen – sich fleißig hinter seiner Arbeit zu »verstecken«, ist kein Weg, um Steine ins Rollen zu bringen.

IM GESPRÄCH MIT ANNAHITA ESMAILZADEH

Annahita Esmailzadeh ist als Head of Customer Success bei Microsoft für die Bereiche Travel, Transport, Utilities & Energy zuständig. Zuvor verantwortete sie als Head of Innovation den Innovationsbereich für das SAP Labs in München. Als LinkedIn-Influencerin im DACH-Raum setzt Annahita ihre Reichweite auf LinkedIn, aber auch in den traditionellen Medien ein, um für mehr Diversität in der Wirtschaft zu plädieren sowie gegen soziale Ungleichheit und jegliche Form von Diskriminierung einzutreten. Sie regt mit ihren Inhalten stets zum Nachdenken und Diskutieren an. Mit rund 100 000 Follower:innen gehört Annahita zu den sichtbarsten Frauen auf LinkedIn im DACH-Raum.

Was bedeutet für dich Sichtbarkeit?
Sichtbarkeit ist für mich tatsächlich etwas sehr Individuelles. Auch das Bedürfnis nach Sichtbarkeit ist sehr individuell, je nachdem, welches Ziel der- oder diejenige damit verfolgt. Ist das Ziel, ein Produkt oder ein Unternehmen zu präsentieren und dafür Mittelsmann oder -frau zu werden, oder ist das Ziel, eine Vision/Werte/Botschaft zu transportieren und dieser eine Sichtbarkeit zu geben? Von der Absicht und der Zielsetzung hängt für mich dann auch die Definition von Sichtbarkeit ab.

Was hat dich dazu bewogen, sichtbar zu sein?
Ich hatte nie die Absicht, eine Personal Brand zu erschaffen. Und ich hätte auch nie gedacht, dass ich irgendwann mal LinkedIn-Influencerin sein werde und zu den bekanntesten Gesichtern auf LinkedIn gehöre.

Es war eher so, dass ich LinkedIn als Plattform spannend fand und meine Botschaften, Gedanken und meine Herzensthemen nach außen tragen wollte. Für mich war es zweitrangig, wie viele Menschen ich erreiche. Ich wollte erst einmal nur teilen, was ich zu sagen hatte. Und dann hat das Ganze seinen Lauf genommen.

Wie entscheidest du, welche Themen du nach draußen trägst? Entscheidest du spontan oder planst du längerfristig?
Ich plane gar nicht. Ich entscheide intuitiv. Ich glaube, das merkt man auch, wenn man meinen Content liest: Vieles wird motiviert oder inspiriert vom Alltag. Es ist aber schon so, dass meine Themen gewisse Grundpfeiler haben, auf denen sie stehen.

Es sind Themen rund um Leadership, alles rund um die neue Arbeitswelt – also New Work –, Social Impact und alles, was damit zu tun hat, auch Diversität und Inklusion. 90 Prozent meiner Beiträge kann man diesen Themenfeldern zuordnen, aber ich spreche auch zu aktuellen Themen, die mich bewegen und zu denen ich eine Meinung habe. Das kann dann auch mal über die Themenfelder, die ich eben beschrieben habe, hinausgehen.

Du löst mit deinen Themen Diskussionen aus. Diskussionen kosten (mitunter viel) Zeit. Je sichtbarer du wirst, desto größer werden auch die Aufmerksamkeit und damit die Diskussionen, Kommentare, Personal Messages. Wie gehst du damit zeitlich um?
Ich mache LinkedIn neben meinem Hauptjob, das heißt, ich schreibe meine Beiträge außerhalb meiner Arbeitszeit, zum Beispiel abends oder am Wochenende. Und ich schreibe immer nur, wenn mir danach ist. Wer mir länger folgt, weiß, dass es auch mal ein paar Wochen gibt, in denen ich gar nichts poste. Ich rechtfertige mich auch grundsätzlich nicht dafür. Wenn mir nicht danach ist, gibt es von mir auch keinen Content, weil ich nicht dafür oder davon lebe und deswegen auch nicht darauf angewiesen bin. Und ich setze mich auch nicht unter Druck.

Der Zeitaufwand ist natürlich nicht zu unterschätzen. Ich poste im Schnitt zweimal die Woche. Mir ist es dabei unglaublich wichtig, nicht nur Content zu produzieren und zu teilen, sondern auch mit meiner Community zu kommunizieren. Besonders, weil ich selbst dabei auch unglaublich viel lerne.

Ich habe zum Beispiel kürzlich einen Podcast geteilt, wo die Aussage von mir veröffentlicht wurde, dass meiner Meinung nach gute Führungskräfte immer empathisch sein müssen. Einer meiner Follower hat mich dann gechallenged in den Kommentaren. Er teilte meine Meinung nicht mit der Begründung, dass beispielsweise Menschen aus dem autistischen Spektrum keine Empathie im klassischen Sinne empfinden, aber auf Basis eines stabilen Wertesystems agieren können und demnach trotzdem gute Führungskräfte sind. Das war ein Kommentar, den ich für mich und für meinen Horizont unfassbar wertvoll fand und wo ich wirklich mit einem Impuls aus dieser Diskussion herausgegangen bin. Ich habe an diesem Kommentar erkannt, dass ich bei dieser Aussage nicht aus meiner eigenen Bubble heraus gedacht habe. Mir geht es bei meinen Aktivitäten auf LinkedIn auch nicht darum, dass ich immer mehr Reichweite und Follower:innen gewinne. Mir geht es darum, selbst zu lernen und mit meiner Community zu interagieren.

Menschen, die meine Beiträge lesen und sich die Zeit nehmen zu kommentieren, verdienen zudem eine entgegengebrachte Wertschätzung. Und das wird ab einer gewissen Sichtbarkeit immer schwerer. Meine Beiträge haben circa zwei Millionen Ansichten die Woche. Ich habe Hunderte, manchmal Tausende Kommentare pro Woche. Ich kann nicht mehr jeden Kommentar beantworten, das geht zeitlich nicht. Dafür müsste ich eine Person einstellen – Vollzeit. Ich kann auch nicht alle privaten Nachrichten beantworten, selbst wenn ich das gerne machen würde. Das heißt, ich mache so viel, wie ich kann beziehungsweise wie ich in mein Arbeits- und Privatleben einbringen kann.

Wie haushaltest du mit deinem Energielevel?

Ich finde, im Miteinander – sowohl in als auch außerhalb der virtuellen Welt – gibt es immer Menschen, die uns Energie geben, und welche, die uns Energie nehmen. Ich erhalte auf LinkedIn so viele Nachrichten oder Kommentare, die mir unfassbar viel Inspiration und Motivation geben. Wenn mir jemand schreibt, dass ich ihn aufgemuntert und er durch mich den Mut gefunden hat, die Entscheidung zu treffen, seinen toxischen Vorgesetzten zu verlassen – das gibt mir sehr viel Kraft.

Aber mit Sichtbarkeit kommt auch immer Hass. Man kann es nicht anders sagen. Hass ist zwar ein großes Wort, aber es schlägt einem viel Abneigung entgegen, toxische Kommentare, persönliche Kommentare mit Anfeindungen. Und da bin ich nicht vor gefeit.

Ich habe ein relativ dickes Fell entwickelt, und ich habe selber auch eine ganz harte Vorgehensweise, wie ich damit umgehe. Wenn ein Kommentar oder eine Nachricht kritisch ist, aber respektvoll, diskutiere ich mit der Person. Wenn der Kommentar oder die persönliche Nachricht persönlich gegen mich geht, beleidigend ist und respektlos, lösche ich diesen Kommentar und blocke diese Person.

In der Anfangszeit habe ich mit Hatern noch ewig rumdiskutiert. Dann habe ich den Kommentar immer wieder gelesen und mich gefragt, was ich den Leuten getan habe. Aber der Punkt ist, du hast den Leuten nichts getan. Menschen suchen sich oftmals in der virtuellen Welt ein Ventil, und du bist dann das Ventil, weil du aus irgendwelchen Gründen etwas in dieser Person triggerst. Das hat (fast) nie mit dir zu tun, sondern dass der Mensch aus irgendeinem Grund mit sich selbst nicht zurechtkommt.

Siehst du einen positiven Effekt deiner Sichtbarkeit oder Aktivität auf deine Karriere?

Ganz grundsätzlich finde ich, dass Sichtbarkeit mit vielen Vorteilen einhergeht. Viele Türen öffnen sich, man bekommt Zugang zu Menschen, die man in der Offline-Welt nicht kennen gelernt hätte.

Es gibt allerdings hierzulande viele Menschen, die Influencer:innen und auch sozialen Medien gegenüber negativ eingestellt sind, es allgemein als Zeitverschwendung abtun und es mit einem Geltungsdrang in Verbindung bringen, der ebenfalls stark negativ assoziiert wird. Mit diesen Menschen, die eine so negative Assoziation zu sichtbaren Menschen und sozialen Medien haben, kann es mitunter herausfordernd sein, in den Austausch zu kommen.

Aber grundsätzlich denke ich, dass die Vorzüge von Sichtbarkeit ganz allgemein und besonders im beruflichen Kontext überwiegen.

Wir haben in gewissen Branchen zu wenig weibliche Vorbilder. Würdest du zustimmen, dass jede Frau im beruflichen Kontext Vorbild für andere sein kann und zumindest über das Thema Sichtbarkeit nachzudenken hat?
Mir widerstrebt ehrlicherweise der Gedanke, Menschen Dinge vorzuschreiben. Dass wir weibliche Vorbilder brauchen, da bin ich bei dir. Wo ich nicht zustimmen würde, ist, dass Frauen oder Menschen generell eine gewisse Pflicht haben, weil es andere ihnen sonst nicht nachtun würden. Dem würde ich widersprechen, weil es charakterliche Unterschiede gibt.

Es gibt extrovertierte Menschen, die auf einer Bühne aufblühen, und es gibt introvertierte Menschen, die super gut sind in ihrem Fach und die auf eine andere Art und Weise Vorbilder sein können. Zum Beispiel in kleineren Netzwerk-Runden oder in kleinen Workshop-Formaten oder auch im Mentoring oder Coaching Vorbilder sein können, sich aber nicht zwangsläufig auf die Bühne stellen müssen.

Ich bin der Meinung, dass die Ursache dessen, dass sich viele Frauen vor Sichtbarkeit scheuen, die gesellschaftliche Prägung ist, nicht zu widersprechen. Frauen sind oftmals so sozialisiert, dass sie Bescheidenheit als Tugend ansehen. Eine Frau fühlt sich meistens – ich spreche nicht für alle – unwohl, wenn sie in einer Gehaltsverhandlung ganz klar ihre Vorstellungen präsentiert, auf eine sehr selbstbewusste Art und Weise. Oder wenn sie sich auf eine Bühne stellt und sehr selbstbewusst ihre Leistungen präsentiert.

Frauen sind oftmals dazu konditioniert worden, eher angepasst zu sein und nicht aufzufallen oder anzuecken. Weil dieselben Attribute bei einer Frau – Selbstbewusstsein, Durchsetzungsvermögen – ganz anders gewertet werden, als wenn sie von einem Mann an den Tag gelegt werden. Ein Mann, der zum Beispiel bei einem Meeting Tacheles redet und einem anderen ins Wort fällt, ganz selbstbewusst seine Meinung rüberbringt, wird als durchsetzungsstark assoziiert. Eine Frau hingegen im gleichen Zuge ist zickig oder »mit der ist nicht gut Kirschen essen«. *Das* muss sich ändern.

Interessanterweise kommen derartige Vorwürfe oft von Männern – das merke ich auch an meinen Aktivitäten auf LinkedIn. Ein Vorwurf, der mir immer und immer wieder entgegenschlägt, ist, warum ich denn ständig Bilder von mir teile, warum ich mich ständig zeigen muss. Und dieser Vorwurf kommt meist von Männern. Das Interessante dabei ist: Es gibt superviele Männer, die auch sehr aktiv sind bei LinkedIn und immer ein Foto von sich posten, und da lese ich nie so einen Kommentar.

Stichwort Selbstdarstellung: Es gibt sehr viele Frauen, die sich mit ihrer Personal Brand überhaupt nicht auseinandersetzen, weil sie ihre Arbeit »für sich sprechen lassen wollen«. Was würdest du diesen Frauen sagen?

Ich werde oft gefragt, ob ich persönlich Menschen empfehlen würde, sichtbar auf sozialen Netzwerken oder auch ganz explizit auf LinkedIn zu werden. Meine Antwort? Das ist eine ganz persönliche Entscheidung, die jeder für sich selbst treffen muss. Ich folge auch nicht dem Credo, dass man definitiv sichtbar sein muss. Und für viele Menschen ist das ehrlicherweise auch nichts, für viele Menschen sind soziale Netzwerke sogar toxisch, zum Beispiel weil sie eben nicht das nötige dicke Fell haben. Deswegen gehöre ich nicht zu den Verfechterinnen, die sagen, Personal Branding sei ein absolutes Muss.

Aber ich bin auch keine Unterstützerin der Annahme mancher Frauen, die wahnsinnig tolle Arbeit leisten, dann aber nicht über ihre Arbeit reden und hoffen, dass diese gesehen wird und sie eine Beförderung bekommen. Das passiert in Ausnahmefällen – die meisten dieser Frauen bleiben unbemerkt. Unsichtbar.

Ich persönlich habe das Credo: Tue Gutes und rede darüber, weil man damit anderen Menschen Mut macht, Vorbilder schafft und anderen Menschen zeigt, dass sie es genauso schaffen können. Sichtbarkeit auf sozialen Medien muss nicht zwanghaft etwas mit arroganter Selbstdarstellung zu tun haben. Sichtbarkeit auf sozialen Medien kann auch sein, dass man für seine Werte, seine Botschaften einsteht. Dass man Mut macht und Menschen eine Stimme gibt, die nicht so visibel sind, und dass man Themen Visibilität gibt, die Visibilität verdienen. Deswegen finde ich diese pauschale Degradierung, diese pauschale Verurteilung von Aktivität auf sozialen Medien nicht weit genug gedacht. Wenn wir nicht über Personal Branding sprechen, sondern über den Begriff Reputation, dann wird dies interessanterweise ganz anders wahrgenommen.

Ich persönlich glaube, dass ein kleines bisschen Sichtbarkeit noch keiner Frau geschadet hat. Wie sichtbar, das muss jede Frau selbst entscheiden.

Und eine Anmerkung möchte ich an dieser Stelle machen: Sichtbarkeit ist nicht auf soziale Medien beschränkt, auch Personal Branding nicht. Personal Branding ist nicht gleich LinkedIn. Der Gedanke scheint sich aber irgendwie in den Köpfen der Menschen etabliert zu haben. Personal Branding kann im Unternehmen stattfinden, in oder außerhalb der eigenen Branche, und zwar über Veranstaltungen und die klassische Pressearbeit.

Für wen möchtest du Vorbild sein?

Ich möchte für keine bestimmte Zielgruppe ein Vorbild sein. Ich versuche bewusst, Männer und Frauen gleichermaßen mit meinen Beiträgen anzusprechen und alle Menschen zu inkludieren und abzuholen mit meinen Themen. Jeder, der inspiriert oder motiviert wird durch meine Worte, über den freue ich mich.

Wäre Unsichtbarkeit für dich wieder eine Option?

Trotz der Schattenseiten, die mit der Sichtbarkeit einhergehen, und trotz der vielen negativen, beleidigenden Kommentare, die ich bekomme, überwiegen für mich massivst die Vorzüge. Ich bekomme jeden Tag so viele Nachrichten von Menschen, die mir zeigen, dass sich das Ganze lohnt. Aktuell würde ich sagen: »Nein, das ist keine Option.«

How to: Dein Netzwerk aufbauen

Am Anfang deines bewussten Networkings steht eine Bestandsaufnahme. Welche Menschen stehen dir hier und heute schon mit Rat und Tat zur Seite? Was machen deine Freund:innen und Familienmitglieder beruflich? Mit wem stehst du in deinem Unternehmen in gutem Kontakt? Gibt es ehemalige Kolleg:innen, Führungskräfte oder andere Geschäftspartner:innen, die du in positiver Erinnerung hast? Fällt dir ein tolles Gespräch der letzten Wochen ein, das du zu einem Kontakt machen könntest? Oft stellen Anfängerinnen dann fest, dass sie gar nicht allein dastehen. (Re-)Aktiviere bestehende Beziehungen online und offline.

Komischerweise fällt es den meisten sehr leicht, im Freundeskreis um Hilfe oder Rat zu bitten. Bei welchem Handyanbieter bist du? Wie habt ihr einen Platz in der begehrten Kita bekommen? Kannst du meine Pflanzen gießen, wenn ich im Urlaub bin? Vielleicht liegt es daran, dass wir in unseren gefestigten Freundschaften wissen, dass sie auf einem Geben und Nehmen beruhen. Behalte diesen Gedanken im Hinterkopf. Ein gutes Netzwerk funktioniert nämlich genauso. Sei dir selbst bewusst, welchen Mehrwert du geben kannst. Wenn Menschen dein Thema kennen und du Wissen und Erfahrungen mit warmer Hand teilst, kannst du auf deine Kontakte zurückgreifen, sobald du selbst mal etwas brauchst.

Ein Missverständnis über Netzwerkaufbau ist, dass der Umfang der Kontakte ausschlaggebend ist. Es geht vielmehr darum, ein belastbares Netzwerk zu schaffen. Auch hier ist der Vergleich zum Freundeskreis hilfreich: Möchtest du möglichst viele Bekanntschaften und Partyfreund:innen haben oder lieber weniger, doch dafür verlässliche Freund:innen? Natürlich wählen wir unseren Freundeskreis nicht bewusst danach aus, welchen Vorteil wir aus Menschen ziehen können. Und doch: Unbewusst wählen wir Menschen, die uns guttun, mit denen wir auf einer Wellenlänge sind, die unsere Werte, Interessen und Perspektiven teilen oder zumindest verstehen. Das trifft gewissermaßen auch auf dein Businessnetzwerk zu. Du möchtest mit Menschen in Kontakt treten, mit denen du thematische Überschneidungen teilst. Auch hier kommt deine Personal-Brand-DNA ins Spiel. Wer gehört zu deiner Zielgruppe? Wen oder was brauchst du heute oder in Zukunft, um für dein Thema laut zu werden? Wer inspiriert dich?

Ich habe einige Tipps zusammengetragen, die dir den Schrecken vorm Networking nehmen, den Einstieg smooth machen und dir langfristige Beziehungen ermöglichen.

Sei authentisch und zielorientiert

Deine Personal-Brand-DNA weist dir den Weg. Stell dir vor, dass dein privates Ich ein Kreis mit vielen Eigenschaften, Skills und Erfahrungen ist. Dein Business-Ich befindet sich innerhalb dieses Kreises. Es umfasst sicherlich nicht alle Faktoren deines privaten Ichs und verteilt die Wertigkeiten unterschiedlich – aber du erfindest keine neue Rolle, die du spielen musst. Deine Personal Brand ist ein Teil von dir, der einen bestimmten Fokus setzt und die dazu hilfreichen Aspekte deines Ichs betont. Mit etwas Übung wird deine Brand-Voice zu deiner zweiten Muttersprache. Sieh Networking als Möglichkeit, interessante Menschen kennen zu lernen. Authentisches Interesse am Gegenüber ist der erfolgreichste Weg, um selbst authentisch und interessant zu wirken. Selbst ein:e unangenehme:r Gesprächspartner:in wird dich nicht in Verlegenheit bringen, wenn du genau weißt, wofür du stehst.

»Du machst es dir aber einfach!« – »Ja, klar! Was denn sonst?«

Wenn du in einem technisch geprägten Umfeld aktiv bist, versuchst du nicht, zuerst Bill Gates kennen zu lernen. Egal womit du gerade anfängst, der Beginn sollte immer so niedrigschwellig wie möglich sein. Widerstände kommen von allein, lege dir die Steine nicht selbst in den Weg. Was heißt das fürs Networking? Wenn du aktuell Hemmungen hast, Menschen von dir und deinem Thema zu erzählen, überlege, wo es dir am leichtesten fallen wird. Was ist bei deiner Bestandsaufnahme rausgekommen? Vernetze dich zuerst mit denen, die dich sowieso schon kennen. Verschicke Kontaktanfragen bei LinkedIn und sprich deine sympathische Kollegin in der Teeküche auf ihr aktuelles Projekt an. Wenn du dich in deiner Personal Brand wohlfühlst, weite die Maßnahmen aus.

Viele Unternehmen bieten spätestens seit der Covid-Pandemie digitale Vernetzungsmöglichkeiten an. Vielleicht kannst du bei einem »Never lunch alone«-Treffen oder einer Online-Kaffeepause intern jemand Neues kennen lernen. Oder im monatlichen Newsletter (den du bisher vielleicht eher sporadisch gelesen hast) gibt es den Hinweis auf einen Infoabend, der dich in Kontakt mit anderen Kolleg:innen bringen könnte, die du bisher nicht kanntest.

Was gibt es extern? Fast jede Nische hat Vereine oder Verbände, in denen du aktiv werden könntest. Möglicherweise fühlst du dich für den Einstieg bei einem Frauen-Netzwerk-Abend wohler? Genauso habe ich übrigens angefangen, mein berufliches Netzwerk aufzubauen. Ich bin zu Netzwerkabenden verschiedener Frauennetzwerke gegangen – und habe mich selbst zwei oder drei Netzwerken aktiv angeschlossen. Und es gibt eine große Auswahl an Netzwerken, beispielsweise PANDA, herCAREER, Verband Deutscher Unternehmerinnen und Frauen in die Aufsichtsräte e. V., um nur ein paar zu nennen. Auch hier musst du das Rad nicht neu erfinden: Frag einfach mal in deinem schon bestehenden Netzwerk, was andere Frauen so machen, um zu netzwerken.

Wie du ein Gespräch beginnst

Eine große Hemmschwelle, von der viele Frauen in meinen Workshops erzählen, ist der Einstieg in Gespräche. Mach nichts, was dich selbst nerven würde. Wir alle kennen die Nachrichten von wildfremden Personen auf LinkedIn, die auf Druck versuchen, Nähe oder Verkauf zu erzeugen. Das ist nicht unbedingt der Stil, der deine Brand-Voice prägen sollte, oder? Statt generischer Anschreiben per Strg+C überlege genau, warum du die Person in deinem Netzwerk haben möchtest. Und dann fasse genau diesen Grund in Worte. Findest du die Person inspirierend und denkst, dass sie dich auf deinem Weg bestärken könnte? Dann schreib genau das. Dich hat ein bestimmter Post so richtig begeistert? Das ist doch ein super Einstieg. Hast du einen tollen Vortrag von jemandem gehört, oder eine Kollegin hat dir ein flammendes Plädoyer auf jemanden gehalten? Auch hier: Schreib davon!

Im analogen Kontakt sind die Tricks denkbar einfach: Der Hotspot für erste Gespräche, wie damals auf WG-Partys, ist die Küche. An der Kaffeemaschine quatscht es sich am unbeschwertesten. »Warum bist du heute hier?«, »Welcher Vortrag hat dir bisher am besten gefallen?«, »Worauf freust du dich?«. Meistens ist dein Gegenüber selbst dankbar, wenn der Gesprächseinstieg easy going verläuft und du nicht mit dem harten Business-Talk startest. Mal ganz davon abgesehen, dass der oder die andere vielleicht dankbar ist, dass du den ersten Schritt machst, weil er oder sie selbst nicht sicher ist, wie man am besten ins Gespräch kommt.

Du möchtest im ersten Schritt Interesse entfachen und Vertrauen aufbauen. Am besten erinnern wir uns an das, was wir mit einer Emotion verbinden. Niemand wird sich in drei Tagen noch an dein Thema entsinnen, wenn du aalglatt und unpersönlich durch das Gespräch navigierst.

Manchmal ist der Gesprächsbeginn sogar noch einfacher. Du hast inzwischen schon dreimal die Frau mit dem tollen gelben Blazer oder dieser wahnsinnig originellen Kette gesehen? There you go – wer hört nicht gern ein Kompliment? Aber bitte nur ein ehrliches, das von Herzen kommt. Manche Gespräche entstehen situativ. Darum geh mit offenen Augen durch den Raum. Jemand steht bei einem großen Event hilflos auf dem Gang und studiert den Raumplan? »Kann ich Ihnen weiterhelfen? Ich fand den Lageplan letztes Jahr auch erst sehr verwirrend. Aber inzwischen kenne ich mich ganz gut aus.« Authentizität ist Trumpf.

Qualität statt Quantität

Der Grundsatz »Weniger ist mehr« trifft sowohl auf die Wahl deiner Kontakte als auch auf die Wahl der Veranstaltungen zu. Dein Netzwerk ist kein zufälliges Produkt. Überlege dir genau, ob dein Gegenüber zu deinen Werten, Zielen und Sichtweisen passt. Es geht nicht darum, jedes Gespräch strategisch durchzuplanen und sich nicht mehr treiben zu lassen. Du hast jedoch selbst den besten Radar, ob jemand so gar nicht zu dir passt – finde einen höflichen Weg, dich aus solchen Gesprächen zu verabschieden. Ähnlich steht es um Einladungen zu Networking-Events. In den sozialen Medien könntest du den lieben langen Tag Besuche zu unterschiedlichen Netzwerk-Treffen zusagen. Du bist schließlich nicht die Einzige, die Kontakte sucht. Je sichtbarer du wirst, desto interessanter wirst du selbst als Kontakt. Bleib deiner Personal-Brand-DNA treu und besuche nur jene Treffen, auf die du wirklich Lust hast und die tatsächlich Potenziale in sich bergen.

Mach dein Netzwerk bunt

Ein Netzwerk voller Menschen, die genauso sind wie du? Das könnte auf Dauer langweilig werden. Natürlich soll es eine Schnittmenge zwischen dir und deinem Gegenüber geben. Die besten Synergien entstehen jedoch, wenn Menschen sich ergänzen. Suche neue Perspektiven, Erfahrungen, Skills und Backgrounds und bleibe aufmerksam. Du lernst immer dann, wenn du etwas Neues, Fremdes oder Ungeahntes hörst. So bleibst du dynamisch und öffnest deinen Blick für andere Lösungsansätze. Außerdem wirst du dich nie an einem Ort festtreten, wenn du immer wieder neuen Input zulässt.

Die großen Fische

Wir haben wohl alle eine Handvoll Vorbilder, die mehr oder weniger erreichbar zu sein scheinen. Das Schöne am aktiven Netzwerken ist, dass sie nicht unerreichbar bleiben werden. Entweder führt dich die Dichte deiner wachsenden Kontakte näher an die Menschen, die dich am meisten inspirieren, oder du suchst selbst Möglichkeiten, deine Idole zu treffen. Konferenzen, Messen und Branchen-Summits sind die direkte Verbindung. Alles, was du oft brauchst, ist ein bisschen Mut.

Besuche den Vortrag der Person, die du unbedingt kennen lernen willst, und notiere dir beim Zuhören einige Statements, mit denen du besonders resonierst oder bei denen du unbedingt in den Diskurs treten möchtest. Positioniere dich nach Ende des Talks neben der Bühne. Dort stehen wahrscheinlich schon ein paar andere Leute, die das gleiche Ziel haben wie du – den Speaker oder die Speakerin für einen kurzen Austausch erwischen. Wecke Interesse mithilfe deiner Notizen, und versuche kurz und prägnant deine Stellung zu beziehen.

Du wirst nicht immer den Wow-Effekt erzeugen können, zumal große Branchenstimmen es gewohnt sind, auf Veranstaltungen hochfrequentiert angesprochen zu werden. Und doch – wenn du es schaffst, einen kurzen Moment des Kontakts zu kreieren und vielleicht sogar deine Visitenkarte zu überreichen, besteht eine hohe Wahrscheinlichkeit, dass die spätere, digitale Vernetzung erfolgreich verläuft. Mit einem kurzen Verweis auf euer Kennenlernen erinnert sich dein Vorbild bestimmt an dich.

»Über zwei Ecken« – gegenseitiges Vernetzen

Die einfachste und zugleich eine sehr effektive Methode des Vernetzens ist gegenseitiges Vernetzen. Frage die Kontakte deines bestehenden Netzwerks um Hilfe. Wer kennt wen? Ganz klassisch. Besonders Frauen scheuen sich davor, andere um einen Gefallen zu bitten. Meines Erachtens nach ist das völlig unbegründet. Es gibt nichts Schöneres als Support aus den eigenen Reihen. »Ich suche eine Grafikerin. Du hast von deiner so geschwärmt. Kannst du uns bitte mal connecten?« *As easy as it gets.*

IM GESPRÄCH MIT NATALYA NEPOMNYASHCHA

Natalya Nepomnyashcha ist die Gründerin und Geschäftsführerin von Netzwerk Chancen, einer gemeinnützigen und überparteilichen Plattform, die sich als ehrenamtliche Initiative deutschlandweit für die Chancengleichheit von Kindern, Jugendlichen und jungen Erwachsenen aus finanzschwachen oder nicht akademischen Familien einsetzt. Als Assistant Director bei Ernst & Young (EY) etabliert sie nachhaltige Beziehungen und Kooperationen mit Organisationen wie NGOs, Think Tanks und Wirtschaftsverbänden. Natalya ist LinkedIn-Influencer und besticht durch ihre persönliche Geschichte in Print, Online und TV.

Inwiefern trägt deine Sichtbarkeit dazu bei, dass die Themen soziale Herkunft/sozialer Aufstieg mehr Beachtung in der Gesellschaft – und auch in der Wirtschaft – finden?

Über Social Media sowie Pressearbeit haben wir als Netzwerk Chancen seit 2018 Druck auf die Wirtschaft ausgeübt, soziale Herkunft als Diversity-Dimension anzuerkennen. Dies geschah mit starken Botschaften wie etwa: »Auch Thomas Müller kann zu Diversity beitragen, wenn er bei einer alleinerziehenden, arbeitslosen Mutter aufgewachsen ist.«

2021 war es dann so weit, die Charta der Vielfalt hat die soziale Herkunft als 7. Dimension aufgenommen. Seitdem interessieren sich viel mehr Unternehmen für das Thema und setzen Maßnahmen um, die soziale Diversität fördern. Ich bin überzeugt: Ohne den öffentlichen Druck von Netzwerk Chancen wäre das nicht passiert.

Wie wichtig ist es deiner Meinung nach, in der heutigen Welt als Führungskraft einen digitalen Fußabdruck zu hinterlassen?
Ich denke, dies sollte kein »Muss« sein. Nicht alle Menschen fühlen sich mit der Öffentlichkeit wohl, das ist absolut okay. Man kann auch eine tolle Führungskraft sein, ohne einen digitalen Fußabdruck zu hinterlassen.

Wie hast du angefangen, sichtbar zu werden?
Ich habe Posts bei LinkedIn verfasst. Meistens über mein Großwerden in Hartz IV, über den schwierigen Bildungsaufstieg und ungleiche Chancen. Dies hat bei mehr und mehr Menschen Anklang gefunden, meine Reichweite stieg. Ich denke, in meinem Fall kam die Reichweite auch, da ich die Erste war, die das Thema sozialer Aufstieg und vor allem soziale Diversität bei LinkedIn angesprochen hat.

Hattest du anfangs Herausforderungen? Wenn ja, welche?
Ich hatte nie vorgehabt, Influencerin zu werden, insofern fand ich das anfangs nicht schlimm, wenig Reichweite zu haben. Ich habe einfach gepostet, was mir auf dem Herzen lag, und stets mit den Menschen interagiert, die darunter kommentiert haben. Diese Community ist irgendwann angewachsen. Dadurch kam die Herausforderung, dass ein paar Menschen mich unter meinen Posts angreifen. Hier antworte ich meistens nicht oder versuche, sachlich darauf zu reagieren.

Warum ist Sichtbarkeit besonders für Frauen so wichtig?
Viele Frauen trauen sich oft nicht, ihre Erfolge und Errungenschaften öffentlich zu machen. LinkedIn ist eine super Möglichkeit, dies zu tun. Dies hat meist nichts mit Angeben zu tun. Wir sollten uns selbst mehr feiern, auch, um andere zu inspirieren.

Wie gehst du mit kritischen Kommentaren um?
Wenn sie konstruktiv sind, denke ich darüber nach. Oft sind sie auch unter der Gürtellinie, die ignoriere ich.

Merkst du einen Unterscheid in der Wahrnehmung, seit du »LinkedIn Top Voice« geworden bist?
Ja, auf jeden Fall. Dies hat mir Kraft gegeben, weiterzumachen und weiterhin über mein vermeintlich nischiges Thema zu schreiben. Und es sind viel mehr Menschen auf mich aufmerksam geworden, die mir nun folgen.

Was ist dein Rat für Frauen, die anfangen wollen, sichtbarer zu werden, aber nicht wissen, wie sie anfangen sollen?
Überlegt euch, wer eure Zielgruppen sein könnten und was ihr ihnen mitteilen wollt. Außerdem wäre es gut, einen USP zu haben – ein Thema oder einen Blickwinkel, über das oder den niemand sonst schreibt.

How to: Dein Netzwerk pflegen

Nachdem du deinen ersten Schrecken gegenüber dem Networking nun (hoffentlich) verloren hast und in die Vollen gehen kannst, bleibt eine Frage im Raum: Kontakte aufbauen ist ja schön und gut, aber wie pflege ich sie alle? Ab einem bestimmten Netzwerkumfang wird es tatsächlich unmöglich, allen Kontakten eine monatliche Nachricht zu senden oder mal eben anzurufen. Aber auch hier gibt es einfache Tricks, um im Gedächtnis zu bleiben und einen guten Kontakt aufrechtzuerhalten.

Kommentare verfassen

Auf LinkedIn – wie auch auf jeder anderen Social-Media-Plattform – kannst du aktiv am Diskurs teilnehmen. Das hat mehrere Vorteile. Zum einen kannst du Erfahrungen teilen, deine Meinung vertreten und deine Expertise beweisen. Das zahlt ganz nebenbei auf deine

Personal Brand ein. Zum anderen zeigst du Präsenz und sendest eine wichtige Botschaft: »Ich sehe dich. Deine Themen sind mir wichtig. Ich unterstütze deine Mission. Ich habe Wissen, das ich gern teile.« So liest die betreffende Person regelmäßig deinen Namen und mit ihr auch ihre Follower:innen. Im Kapitel »3. Comment« widmen wir uns diesem Thema intensiv.

Kurzer Wink

Wie oft fühlen wir uns im Alltag an bestimmte Menschen erinnert? Ständig! Lass es sie wissen: »Ich habe gerade diesen wahnsinnig spannenden Artikel über XY gelesen. Hier ist der Link – vielleicht magst du mal reinlesen. Wie geht es dir? Wir haben uns lang nicht gesehen.« So oder so ähnlich lässt du deine Kontakte wissen, dass du sie wertschätzt, regelmäßig an sie denkst und sie gedanklich mit ihrem Fachgebiet in Zusammenhang bringst. Dieses Prinzip funktioniert genauso gut für spontane Vernetzungsideen. »Ich habe gerade mit XY über dein Thema gesprochen. Sie war sehr interessiert, und ich denke, dass ihr euch mal austauschen solltet. Hast du Lust? Dann connecte ich euch gern mal.«

Shout-out

Ein weiterer unkomplizierter Weg, Menschen aus deinem Netzwerk zu treffen, ist ein sogenannter Shout-out. Du bist ein paar Tage geschäftlich in München und hast Zeit für ein entspanntes Lunch-Date. Frage dein Netzwerk, wer Zeit und Lust auf ein Treffen hat. Entweder schreibst du einige Leute persönlich an oder du verfasst einen Post, in dem du deine Münchener Community aktivierst. Vielleicht lernst du auf diese Weise sogar jemand Neues kennen, der dir bisher nur still folgt oder dir aus Kommentaren bekannt ist. Et voilà – ein neuer Kontakt!

IM GESPRÄCH MIT MINA SAIDZE

Mina Saidze ist Data Lead, Tech Evangelist und Gründerin. Sie arbeitet derzeit als Lead Data Analytics bei der Axel Springer SE und lehrt als Tech Evangelist an der FreeTech Axel Springer Academy for Journalism and Technology. Mit Inclusive Tech gründete sie Europas erste Beratungs- und Lobbyorganisation für Diversity in Tech und KI-Ethik. Das Wirtschaftsmagazin *Forbes* hat Mina in der berühmten »Forbes 30 Under 30«-Liste für die Kategorie »Tech in DACH« aufgenommen, und auf LinkedIn ist sie als LinkedIn-Influencerin mit dem Ziel aktiv, Technologie, Big Data und KI für alle zu demokratisieren und zugänglich zu machen.

Was bedeutet Sichtbarkeit für dich?
Sichtbarkeit bedeutet für mich vor allem Emanzipation – das Aufbrechen alter Strukturen und Hierarchien – und eine Stimme zu haben. Besonders, wenn man nicht darum gebeten wird, sich an einen Tisch zu setzen.

Wie hast du deine Stimme gefunden?
Für mich war die Pandemie der Wendepunkt in meinem Leben. Im März 2020 habe ich mich aus dem Hamsterrad befreit: täglich ins Office fahren, meine Arbeit erledigen und wieder nach Hause kommen. Dieser Rhythmus wurde durchbrochen. Draußen herrschte Chaos und genau darum konnte ich endlich zur Ruhe finden.

Ich nahm mir die Zeit, in die Introspektive zu gehen und festzustellen, was mich persönlich – auch außerhalb des Jobs – erfüllt. Ich weiß nicht, ob ich heute da stehen würde, wo ich bin, wenn die Pandemie nicht gekommen wäre. Diese Selbstfindung war für mich ein ganz wichtiger Prozess: Sich nicht nur mit dem Arbeitgeber und dem Mitarbeitendenverhältnis zu identifizieren, sondern auch darüber hinaus eine gewisse Autonomie zu wahren.

Was waren deine ersten Schritte in die Sichtbarkeit?

Zunächst einmal habe ich mir die Frage gestellt, mit welchen Themen ich mich positionieren möchte. Das war sehr schnell klar für mich: Big Data und Künstliche Intelligenz, weil ich dort meine fachliche Expertise habe und mittlerweile auf Führungsebene in dem Thema arbeite. Das zweite Thema ist eine persönliche Herzensangelegenheit: Diversity, insbesondere in der Tech-Industrie, und die Findung der Symbiose zwischen diesen Themen.

Außerdem liegt ein Metathema über alledem: die Demokratie. Wie können wir selbst gesellschaftliche Teilhabe verwirklichen und Verantwortung dafür tragen, dass Künstliche Intelligenz, Big Data und Technologie für alle zugänglich wird?

Im nächsten Schritt habe ich festgestellt, dass das Medium, mit dem ich mich am wohlsten fühle, das Schreiben ist. Ich habe in der Vergangenheit auch journalistische Stationen absolviert. Beispielsweise habe ich einen Gastbeitrag für ein Magazin geschrieben und diesen zuvor selbst in der Redaktion gepitcht. Dabei ging es um meine persönliche Biografie. Was habe ich als Kind von Migranten über Tech gelernt? Eine Hommage an meine Eltern.

Es war mir zudem wichtig, den richtigen Kanal für mich zu finden. Was mich an LinkedIn gereizt hat, ist einfach, dass dort so viel Potenzial vorhanden ist. Man kann organisch wachsen, und die Plattform ist nicht allein von der visuellen Ästhetik bestimmt, sondern vielmehr vom qualitativen Wert des Contents. LinkedIn hat einen klaren professionellen Charakter. Dort tummelt sich meine Audience – von Young Professionals über Studierende bis hin zu Entscheidungsträger:innen aus Politik, Wirtschaft, Medien und Gesellschaft.

Aus diesen drei Schritten – Themenfindung, Identifikation der Kanäle und Positionierung des Contents – entsteht eine Art Dominoeffekt. Man fängt mit einem Gastbeitrag an, dann kommt ein Podcast dazu und als Nächstes vielleicht eine Möglichkeit, als Speakerin auf die Bühne zu gehen. Eine Gelegenheit führt zur nächsten. Es entsteht ein kommunikativer Effekt, den man zu Beginn gar nicht abschätzen kann.

Es ist wohl ein europäisches Phänomen – vor allem in Deutschland, dem Land der Ingenieurkunst: »Ich kann etwas nur kommunizieren, wenn es final/perfekt ist.« In Amerika ist es ganz anders. Sie nehmen Leute mit auf die Reise des Prozesses. Vor allem für junge Menschen ist es so wichtig, sich ein Sprachrohr zu schaffen. Wenn sie es nicht selbst machen, wird auch niemand anderes das für sie tun. Menschen, die kein Vitamin B haben und nicht aus einem finanziell starken Elternhaus kommen, sind davon abhängig, eine eigene Stimme und Identität zu haben.

Du stößt deine Themen immer wieder an, ob durch Gastbeiträge, Podcasts oder deinen Content auf LinkedIn. Hat deine Sichtbarkeit dazu geführt, dass mehr über deine Themen geredet wird?
Definitiv. Ich sehe mich auch als Pionierin in dem Thema. So sehe ich, wenn große Unternehmen auf Veranstaltungen »Inclusive Tech« hypen oder meine Tags und Wordings kopieren. Das passiert ziemlich oft. Ich würde schon sagen, dass ich eine der Ersten im deutschsprachigen Raum gewesen bin, die sich mit Diversity in Tech und KI-Ethik klar positioniert hat. Vorher war es ein recht nischiges Thema, das immer mehr Einzug in den Mainstream gefunden hat.

Ich war beispielsweise an einer Anfrage an die Parteien des Bundestags beteiligt, in der wir eine Stellungnahme dazu gefordert haben, wie wir vom Buzzword-Bingo wegkommen. »Diversity in Tech« wird ja immer gern für Employer Branding und Corporate Social Responsibility genutzt. Aber es geht weniger darum, praktikablere Maßnahmen umzusetzen, wie beispielsweise inklusive Tech-Teams aufzubauen oder Bias in Algorithmen zu verhindern. Wie kann ich Technologien entwickeln, die eben nicht bestimmte Menschengruppen ausschließen? Der erste Schritt ist immer Awareness, der zweite Education – diese bieten wir an, indem ich Vorträge für Stiftungen, Vereine und

Unternehmen halte. Der nächste Schritt ist, dass die Unternehmen die Best Practices intern nachhaltig umsetzen.

Wie viel Wirkung haben deine Auszeichnungen nach außen?
Die »Forbes 30 Under 30« und »LinkedIn Top Voices« besitzen internationalen Auszeichnungscharakter. Der »Emotion Award« ist eher relevant in Deutschland, und es war eine Ehre, dass die Laudatio von Dorothee Bär gehalten wurde. Für viele fühlt es sich immer so an, als würden solche Auszeichnungen aus dem Nichts kommen. Viele vergessen oder wissen nicht, dass ich auch, bevor ich im Tech-Bereich tätig war, einen Background in den Medien als auch in der Politik hatte. Ich habe nur eben einen Weg gefunden, meine unterschiedlichen Talente miteinander zu kombinieren. Das merkt man leider auch beim Networking. Plötzlich sind Leute an einem interessiert, nur weil man diese Auszeichnungen bekommen hat. Man wird plötzlich ernster genommen oder zu wichtigen Anlässen eingeladen. Ich glaube, in einem eher privilegierten oder elitären Kreis macht es einen Unterschied in der Wahrnehmung. Aber es gibt ja auch Menschen, die sich nicht in dieser Bubble befinden und die einen genauso wie zuvor behandeln.

Ich finde es schade, dass unsere Gesellschaft so auf Prestige und Auszeichnung getrimmt ist. Es gibt auch sehr viele »hidden talents«, die sichtbarer werden sollten. Ich sehe da eine Verantwortung bei mir als junge Migrantin, noch weitere junge Menschen wie mich nach vorne zu bringen. Die *Forbes*-Redaktion kam auch auf mich zu, weil sie gerne mehr Underdogs wie mich auf der Liste hätte – nicht nur bio-deutsche Start-up-Millionäre. Ich habe daraufhin mehrere Underdogs empfohlen, die exzellente Arbeit leisten und diese Sichtbarkeit verdienen.

Kein Licht ohne Schatten – wie gehst du mit kritischen Kommentaren und generell mit Kritik um?
Das war für mich ein Lernprozess. Ich war am Anfang extrem überfordert. Bei einem Artikel gab es auch Hass-Kommentare. Bei einem anderen Gastbeitrag, der eine relativ große Reichweite hatte, gab es Kommentare von Männern, die sehr, sehr

unschöne grenzüberschreitende Sachen geschrieben und mir sogar mit Gewalt gedroht haben. Einige musste ich sogar blocken. Später kam noch eine andere Ebene dazu, sodass ich beschlossen habe, die Kommentare gar nicht mehr zu lesen.

Bei einem Speaking-Gig gab es jemanden, der den Chat mit hasserfüllten Kommentaren flutete. Ich musste da souverän reagieren. Mittlerweile ergreife ich Maßnahmen. Inzwischen vereinbare ich vorher, dass Kommentare auch deaktiviert werden können oder erst gelesen und dann freigeschaltet werden. Ich glaube, das ist extrem wichtig. Klar, bestimmte kritische Kommentare bleiben stehen, um darüber in die Diskussion zu gehen. Wenn sie jedoch grenzüberschreitend sind, hinsichtlich des Aussehens, der Herkunft … dann lösche ich sie, blockiere den oder die Autor:in und melde das Profil. Zudem informiere ich Veranstalter vorab über meine Erfahrungen und bitte zum Beispiel bei digitalen Events um eine Registrierung vorab, damit sich nicht jede:r anonym einloggen kann.

Was ist dein wichtigstes Learning aus deiner Zeit als sichtbare Frau?

Die Schattenseiten der Sichtbarkeit sollten thematisiert werden. Wir leben in einer Zeit der Polarisierung – es wird ein Narrativ der jungen Frau versus den alten weißen Mann aufgezeigt. Das muss nicht sein.

In meinen Augen ist Sichtbarkeit am Ende des Tages Selfcare, um persönliche Prioritäten zu setzen, die eigene Agenda zu bestimmen und den richtigen Themen Gewicht zu verleihen. Und das ist vollkommen unabhängig davon, wer dein:e Chef:in ist und wer deine Freund:innen sind.

Recap: How to connect

Berufliche Beziehungen und Netzwerke werden außerhalb der eigentlichen Arbeitszeit geschaffen. Gleichzeitig haben genau diese Netzwerke einen mitunter großen Einfluss auf die Arbeitswelt. Ich hatte es eingangs schon skizziert. Im Kaminzimmer, beim Mittagessen oder spontanen Kaffee, bei Veranstaltungen: Das sind die Umgebungen, die Männer seit jeher nutzen, um sich zu vernetzen und auszutauschen. Wir Frauen haben da einiges an Nachholbedarf.

Nutze bestehende Netzwerke oder aber, wenn es in deinem Fachbereich kein Netzwerk gibt, schaffe eines. Verena Pausder sagte dazu in dem Interview sehr schön: »Wartet nicht, dass jemand euch in sein oder ihr Netzwerk einlädt, sondern gründet euer eigenes. Wenn ich zu wenig Gründer:innen um mich herum hatte, habe ich diese wenigen eingeladen und zusammen mit ihnen überlegt, wie wir mehr werden. Wenn ich in einer neuen Stadt spannende Leute kennen lernen wollte, habe ich angefangen, mit den drei Menschen, die ich kannte, einmal im Monat ins Restaurant zu gehen – in der Hoffnung, dass wir mehr werden. Wenn ihr noch nicht am großen Tisch sitzt, baut eure eigenen Tische und scharrt nicht an der Tür der anderen. Wenn kein Tisch im Hauptsaal frei ist, nehmen wir eben erst mal den im Nebenraum und üben Selbstbewusstsein. Mehr machen, weniger meckern.« *Das* ist genau das Mindset, von dem wir mehr brauchen.

Ich habe dir ein paar Einstiege in Gespräche an die Hand gegeben. »Auf welchen Vortrag freust du dich heute am meisten?« oder »Warum bist du heute hier?« sind die zwei Sätze, die mir auf Veranstaltungen – meist an der Kaffeemaschine – schon die besten Gespräche beschert haben. Eines sei abschließend zum Kapitel noch gesagt: (Fast) alle Menschen, die auf Veranstaltungen gehen sind mit dem Ziel dort, Menschen zu treffen oder kennen zu lernen. Nutze das aus, um dich bekannt(er) zu machen.

In diesem Kapitel habe ich dir Annahita Esmailzadeh, Natalya Nepomnyashcha und Mina Saidze vorgestellt. Drei Frauen, die Meisterinnen des Netzwerkens sind – sowohl digital als auch offline. Sie haben sehr früh verstanden, dass Netzwerke wichtig sind, um ein Thema zu pushen, und wie sehr Sichtbarkeit auf Social Media und in den klassischen Medien helfen kann, diese Sichtbarkeit um ein Vielfaches zu multiplizieren.

3. COMMENT
In den Diskurs treten

Der Schritt vom Herausarbeiten der Kernwerte deiner Personal Brand zur tatsächlichen Übersetzung in die Praxis passiert nicht von allein und nicht über Nacht. Oftmals stellt sich die Frage: »Wie überzeuge ich die Leute denn nun von meiner Expertise?« Das Feuer des Neuanfangs, ein überarbeitetes Profil und fünf Kontaktanfragen machen noch keine Thought-Leaderin. Der einfachste Weg in die Aufmerksamkeit der Menschen geht nicht über aufwendig recherchierte Posts. Überleg doch mal, was du im analogen Leben unternehmen würdest, um in Erinnerung zu bleiben. Du würdest mit den Menschen in Interaktion treten. Dazu würdest du dir Themen suchen, in denen du dich sicher und kompetent fühlst, und du würdest offen und wertschätzend auf die Leute zugehen. Um genau diese Interaktion geht es online auch. Menschen folgen Menschen. Sagen wir es mal so: Wenn Empfehlungen und Networking die direkte Einladung auf dein Profil sind, dann sind Interaktionen die Brotkrumen, mit denen du die Fährte zu dir legst. Oder anders gesagt: Interaktion ist die harte Währung.

Hast du mal darüber nachgedacht, wie sich dein Alltag verändern würde, wenn LinkedIn ein fester (und erfolgreicher) Bestandteil davon wäre? Viele meiner Kundinnen machen sich Sorgen, dass das Erstellen neuer Posts ihre Zeit rauben wird und sie in einen Zwang der ständigen Ideensuche geraten. Aber wenn alle nur Posts erstellen, wer liest sie dann? Wer kommentiert und diskutiert sie? Es ist nicht so, dass die einen posten und die anderen reagieren. Es ist ein dynamisches Miteinander aus Senden und Empfangen.

Natürlich möchte ich dir helfen, den Algorithmus hinter LinkedIn zu verstehen und optimal für dich zu nutzen. Ich möchte dich aber auch ermuntern, immer wieder den Vergleich zum analogen Leben zu ziehen. Denn tatsächlich ist der Algorithmus in vielen Fällen sozialer und interaktiver angelegt, als wir uns selbst im Netz verhalten. Wir verfallen in den Glauben, digital denken zu müssen, und vergessen dabei, dass wir trotzdem mit Menschen kommunizieren.

Du willst den Algorithmus austricksen, um schnell viel Sichtbarkeit zu erlangen? Das ist keine gute Idee. Wir wollen keine laufenden Litfaßsäulen sein, und wir wollen uns auch nicht mit eben solchen austauschen. Wer permanent versucht, die eigenen Themen zu platzieren, ohne jemals auf das Publikum und Netzwerk einzugehen, wird immer an eine Grenze stoßen. Sowohl bei den Follower:innen als auch beim Algorithmus. Der beste Rat ist immer, deine intrinsisch motivierte Begeisterung mit anderen Menschen zu teilen und Freude im Austausch zu finden.

Kommentare sind auch Content

Um es ganz klar zu sagen: Ohne Kommentare, Verlinkungen und Likes verschwindet jeder Post in der Versenkung. Inhalte ohne Engagement machen ein soziales Medium zu einem Nachrichtenkanal. Wenn du willst, dass Menschen auf dein Profil kommen, sich für dein Thema interessieren und an Diskussionen unter deinen Beiträgen teilnehmen, dann gib ihnen einen guten Grund dafür. Suche dir Kontakte mit thematischen Anknüpfungspunkten und mache unter ihren Beiträgen auf dich aufmerksam. Zeige, wie viel Wissen und Erfahrung du in deinem Gebiet hast. Gehe in den Austausch und lass dich auf interessante Diskussionen ein. Du zeigst damit eine große Wertschätzung für den oder die Verfasser:in des Posts oder des Kommentars.

Andere Meinungen ernst zu nehmen und dich intensiv mit ihnen auseinanderzusetzen, hinterlässt immer einen positiven Fußabdruck – selbst wenn die Meinungen auseinandergehen. Nach einem gehaltvollen Austausch in einer Kommentarspalte laufen regelmäßig einige Kontaktanfragen ein. Die Dynamik der Interaktion entsteht nicht nur im Dialog der Kommentierenden, sondern wirkt sich auch auf die stille Leserschaft aus. Du kommunizierst in öffentlichen Diskussionen nie nur mit den aktiv Schreibenden – denke die Lesenden immer mit. Sie sind es auch, die beim Scrollen deinen Namen lesen (und vielleicht behalten) und deinen Wortbeitrag mit Reaktionen wie Like, Love, Support et cetera an Relevanz gewinnen lassen. Mit kontinuierlichem Engagement kannst du deine Personal Brand enorm stärken, noch bevor du einen einzigen eigenen Post kreiert hast. Sobald du anfängst, selbst zu posten, stehen die Chancen gut, dass sich schnell viele Menschen dafür interessieren, weil sie dich schon kennen. Wie gesagt: Es ist ein Geben und Nehmen.

Eine Anmerkung möchte ich an dieser Stelle noch machen. Ich werde oft nach KPIs gefragt oder danach, wie ich die Statistiken, die LinkedIn uns zur Verfügung stellt, auswerte. Das kannst du natürlich nur machen, wenn du selbst Inhalte postest. Ohne Posts keine Stats. Das Spannende allerdings ist, dass du durch Interaktion die Basis für den Erfolg oder Misserfolg deiner eigenen Inhalte legen kannst. Meine eigenen Posts funktionieren immer besser, wenn ich parallel aktiv bei anderen Menschen kommentiere. Und ich habe in den vergangenen Jahren immer wieder Menschen kennen gelernt, die super sichtbar auf LinkedIn sind, noch bevor sie selbst regelmäßig posten.

Den richtigen Ton treffen

Auch analog macht der Stil deiner Interaktion den Unterschied. Eine Veranstaltung mit wichtigen Branchenvertreter:innen birgt die Chance, neue Kontakte zu knüpfen und dich als ebenbürtige Expertin zu etablieren. Damit haben wir uns im Networking-Kapitel ausführlich beschäftigt. Während nicht aus jedem Gespräch ein neuer Kontakt wird, sorgt doch jeder Austausch dafür, dass man sich an dich erinnert. Vielleicht quatschst du dich auf einer Konferenz an der Kaffeemaschine mit jemandem fest und fällst anderen im Raum durch deine Ausführungen positiv auf. Dabei geht es nicht darum, ein laufendes Lexikon deines Themas zu sein. Du musst nicht versuchen, besonders eloquent oder interessant zu wirken. Die Grundlage für ein gehaltvolles Fachgespräch ist, dass du auch als Fachperson sprichst. Wann du als Privat- oder Fachperson auftrittst und wo die Grenze zwischen *persönlich* und *privat* liegt, besprechen wir im nächsten Kapitel.

Wenn dir spontane Fachgespräche schwerfallen, beschäftige dich nochmal intensiver mit deiner Brand-Voice. Sie kann dir helfen, adäquat aufzutreten. Mit welchem Thema möchte ich in Verbindung gebracht werden? In welcher gedanklichen Haltung trete ich Menschen gegenüber? In welchem sprachlichen Stil spreche ich? Welche rhetorischen Notausgänge kann ich mir aneignen?

IM GESPRÄCH MIT MAGDALENA ROGL

Als Teil der Generation Y ist Magdalena Rogl seit über 15 Jahren in der Online-Welt unterwegs. Im Jahr 2016 wechselte sie aus der Medienbranche in die Unternehmenskommunikation von Microsoft Deutschland. Ihr kontinuierliches Engagement für Gleichberechtigung, Inklusion und Vielfalt wurde 2021 als Diversity & Inclusion Lead zu ihrer Hauptaufgabe im Unternehmen. Für ihren außergewöhnlichen Karriereweg von der Kinderpflegerin in die Digitalbranche wurde Magdalena unter anderem mit dem Digital Female Leader Award und als eine der »25 Frauen, die unsere Wirtschaft revolutionieren« ausgezeichnet. Magdalena ist Wertebotschafterin für die gemeinnützige Bildungsinitiative GermanDream und Rolemodel bei BayFid, das Nachwuchsförderungsprogramm des Bayerischen Staatsministeriums für Digitales.

Was bedeutet für dich Sichtbarkeit?
Für mich bedeutet Sichtbarkeit – und die Bedeutung hat sich im Laufe der Zeit verändert –, dass es auch wichtig ist, für mich selbst sichtbar zu sein. Denn nur, wenn ich mich selbst so sehe, wie ich bin, kann ich das Selbstbewusstsein entwickeln, eine authentische Sichtbarkeit nach außen zu erzeugen.

Glaubst du, dass Sichtbarkeit für Frauen wichtiger ist als für Männer?
Ich glaube, wir haben Sichtbarkeit unterschiedlich gelernt und sind unterschiedlich durch die Gesellschaft sozialisiert. Ich bin gelernte Kinderpflegerin und erinnere mich zurück: Jungs dürfen immer gerne laut sein, und bei den Mädchen geht es schon ganz früh darum, dass sie lieb sind. Davon abgesehen, dass eine binäre Geschlechtseinteilung nicht gut für die Entwicklung ist, schränkt uns diese Sozialisierung alle ein, und ich glaube, diese Sozialisierung führt dazu, dass wir teilweise verlernt haben, sichtbar zu sein und mit Selbstüberzeugung aufzutreten. Aber ich glaube auch, dass wir alle – ganz egal, welches Geschlecht wir haben – Sichtbarkeit brauchen und die Fähigkeit in uns tragen.

Warum hilft es Frauen, das Impostor-Syndrom zu überwinden und in die Sichtbarkeit zu gehen?
Es ist interessant zu sehen, dass bei Männern viel häufiger das Gegenteil, nämlich der Dunning-Kruger-Effekt, auftritt. Und ich glaube, auch das ist eine ganz starke Sozialisierung. Wir lernen früh zu kokettieren, wenn wir Komplimente kriegen.

Ich denke, es ist wichtig zu unterscheiden, was in uns selbst ist und was von außen wirkt. Sich als Hochstaplerin zu fühlen, verstärkt sich, wenn ich in meinem Umfeld keine Menschen sehe, die so sind wie ich. Dadurch entsteht das Gefühl, dass ich hier falsch bin. Ich habe das ganz stark erlebt, als ich meinen Quereinstieg hatte: »Hier ist ja niemand, der kein Abitur und nicht studiert hat, also muss ich hier falsch sein.« Interessanterweise ist es dann auch viel schwieriger für People of Color: Je mehr Diversitätsaspekte man abbildet, desto höher ist das Risiko für das Impostor-Syndrom. Einfach weil man weniger Menschen um sich herum sieht, die so sind, wie man selbst. Mehr

Diversität führt also zu weniger Impostor-Syndrom. Sichtbarkeit kann unser Selbstbewusstsein so stark betonen, dass wir dem Impostor-Syndrom entgegenwirken. Auf der anderen Seite kann eine starke Sichtbarkeit auch Angst machen, wenn man auf Bühnen stehen und sich in Runden beweisen muss. Je höher man kommt, desto größer kann die Höhenangst werden.

In vielen Themen- und Fachbereichen haben wir zu wenig sichtbare Frauen, die Vorbild für andere Frauen sein können. Würdest du sagen, dass eigentlich jede Frau eine innere Verantwortung mit sich bringt, Vorbild für andere Frauen zu sein?
Ich denke, in allererster Linie haben wir eine Verantwortung für uns selbst: Wer bin ich? Wer möchte ich sein? Ich finde beim Thema Vorbilder immer ganz wichtig, dass wir uns nicht zu stark nach außen konzentrieren. Man muss auch für sich selbst zum Vorbild werden. Natürlich bringt jede Form von Privilegien eine Verantwortung mit sich. Und ich finde, es ist auch ein Privileg, wenn man etwas gefunden hat, das einen total begeistert. Und dann hat man, meiner Meinung nach, die Verantwortung, damit auch in die Sichtbarkeit zu gehen. Es muss ja nicht immer die große Bühne sein. Nicht alle Menschen sind so extrovertiert. Aber Sichtbarkeit kann ja auch bedeuten, dass ich jemanden an die Hand nehme und sage: »Hey, ich will dich auch begeistern und dir was weitergeben.«

Wer sichtbar wird, muss sich früher oder später auch mit anderen Meinungen oder Pöbler:innen auseinandersetzen. Viele Frauen hält genau das davon ab, überhaupt auf Plattformen wie LinkedIn zu gehen. Wie gehst du mit Kritik unter der Gürtellinie um?
Ich habe tatsächlich noch nie einen Shitstorm erlebt. Natürlich gibt es Menschen, die mir Paroli bieten. Und das finde ich ganz wichtig, denn darum geht es ja auch. Das ist sozialer Austausch. Im besten Fall kommen wir so aus unseren Filter-Bubbles raus und setzen uns mit Menschen auseinander, die eine andere Meinung haben. Es ist wichtig, sich dafür zu öffnen, dass es Menschen mit anderer Meinung gibt und dass dies nicht per se etwas Negatives ist. Es hat mich oft bereichert, und ich habe spannende Diskussionen geführt. Es ist immer

wieder interessant, Perspektiven von Menschen einzunehmen, auch wenn ich diese nicht teile. Das hat viel mit Empathie zu tun.

Dass der Shitstorm bisher immer an mir vorbeigegangen ist, liegt sicher auch an der Art meiner Posts. Die waren immer sehr persönlich und nie geplant oder berechnend. Es ging immer um etwas, was mich gerade beschäftigt hat. Ich versuche immer, all meine Mitarbeitenden zu motivieren, auf LinkedIn aktiv zu werden. Gerade letzte Woche hat meine Mitarbeiterin einen ganz tollen Artikel über ihre Learnings gepostet, und ich war ganz happy darüber. Sie hatte auch Angst und ich sagte: »Überleg doch mal, wen du alles inspirieren könntest!« Und da sind wir wieder bei dem Thema Sichtbarkeit. Wir sollten nicht nur darüber nachdenken, was alles Schlimmes passieren könnte, sondern auch, was Gutes passieren könnte. Ich persönlich habe überwiegend nur Gutes erlebt.

Glaubst du, dass deine Sichtbarkeit dir berufliche Türen geöffnet hat, die dir sonst verschlossen geblieben wären?

Definitiv! Und das war für mich ja einer der Gründe, warum ich so aktiv auf Social Media wurde. Nicht das Ziel, Karriere zu machen, sondern um als Quereinsteigerin von anderen zu lernen. Und deswegen habe ich angefangen, mich zu vernetzen. »Wie habt ihr es gemacht? Wie funktioniert xy bei euch?« Ich habe sehr früh bei *Focus Online* Social Media gemacht, als es ganz neu nach Deutschland kam. Da war es wichtig, voneinander zu lernen, weil keiner eine Ahnung hatte, wie das alles funktioniert. Dadurch hatte ich sehr früh ein großes Netzwerk. Und ganz klar: Meinen Job bei Microsoft hätte ich sonst nicht. Anna-Lena Müller, die mittlerweile eine sehr enge Freundin von mir ist, habe ich damals über Twitter kennen gelernt – vor sieben, acht Jahren. Zwei Jahre später, als wir schon befreundet waren, fragte Anna-Lena mich, ob ich mir vorstellen könnte, auch bei Microsoft zu arbeiten. Erstens hätte ich mich selbst nie bei Microsoft beworben und vermutlich hätte ich auch nicht so große Chancen gehabt. Durch diese persönliche Connection habe ich einen Fuß in die Tür bekommen.

Du bist angestellt: Stimmst du deine Inhalte mit deinem Arbeitgeber ab? Hast du jemals um Erlaubnis fragen müssen? Wie wird deine Sichtbarkeit im Unternehmen wahrgenommen?

Ich glaube, es liegt in meinem Naturell – ich frage selten um Erlaubnis. Ich bitte eher um Entschuldigung, wenn mal was schiefgelaufen ist. Aber auch das ist in all den Jahren eigentlich nie passiert. Ich finde es wichtig, sich gut damit auseinanderzusetzen, was man posten will und darf. Natürlich darf man keine Firmeninterna posten, nicht zu politisch werden, nicht über Wettbewerber sprechen und so weiter. Das sind wohl die Grundregeln der Kommunikation, auf die man sich besinnen sollte. Was ich in den Jahren mal abgestimmt habe, war eine Kooperation. Normalerweise mache ich keine beworbenen Inhalte. Aber damals ist Samsung auf mich zugekommen – die ja auch ein großer Microsoft-Partner sind – und wollte mich mit einem Device ausstatten, über das ich etwas schreiben sollte. Das habe ich damals abgestimmt, weil es ein Firmenthema war.

Grundsätzlich ist Microsoft sehr offen und war eines der ersten Unternehmen, das sehr stark nach außen gegangen ist und seine Mitarbeitenden als Markenbotschafter:innen haben wollte. Deshalb haben sie mich von Anfang an unterstützt und waren sehr programmatisch. Es zählte quasi zu meinem Aufgabengebiet. Es lag in der Natur der Sache, dass ich ein positives Vorbild bin. Aber natürlich gibt es in jedem Unternehmen Menschen, die die Sichtbarkeit anderer kritisch beäugen und vielleicht zu stark als Selbstmarketing wahrnehmen. Vielleicht spielt auch Neid eine Rolle, aber damit lernt man zu leben.

Was ist deine Botschaft an Frauen, die total für ihr Thema brennen und es aus verschiedenen Gründen nicht sichtbar machen wollen?

Es ist wichtig, sich selbst zu reflektieren und zu hinterfragen: »Wovor habe ich eigentlich Angst? Was hält mich davon ab?« Was immer hilft, ist, sich gegenseitig an die Hand zu nehmen. Ich versuche beispielsweise, meinen Mentees eine Deadline zu setzen, weil viele zwar posten wollen, aber nicht wissen, was. Es hilft, wenn man jemanden hat, mit dem man eine Art Verbindlichkeit eingeht und sich gegenseitig supporten kann. Aber auch hier: Nicht jeder Mensch muss auf Social Media sichtbar sein. Vor allem nicht auf allen Plattformen. Man muss gut überlegen: »Wo fühle ich mich wohl? Was passt zu mir? Worauf habe ich Lust?« Bei mir war es am Anfang wichtig, alles zu beobachten und erst einmal viel zuzuhören – sowieso eine goldene Regel der Kommunikation. Es hilft auch, erst einmal viel zu lesen und zu interagieren, zu kommentieren und zu liken, bevor man selbst anfängt, etwas zu posten. Bei Social Media und jeder anderen Form der Kommunikation geht es nicht nur darum, selbst zu sprechen, sondern vor allem darum, zuzuhören und miteinander zu sprechen.

How to: Smart und nachhaltig interagieren (1/2)

Das Scrollen durch den Feed unseres favorisierten sozialen Mediums hat dem Zeitunglesen den Rang abgelaufen. Doch das Grundprinzip bleibt das gleiche. Wir überfliegen Beiträge, lesen den einen bis zum Ende und brechen den anderen ab. Manche Posts sind informativ und interessant, andere Posts regen uns regelrecht auf – im positiven oder negativen Sinne. Manchmal scrollen wir einfach weiter, manchmal lassen wir einen Like da, und manchmal können wir nicht anders, als unseren Senf dazuzugeben. Der größte Unterschied zum herkömmlichen Printmagazin ist, dass wir unseren Senf tatsächlich dazugeben dürfen.

Interaktion auf den sozialen Medien, das bedeutet Kommunikation 1:n (also eins zu unzählige). Im Vergleich repräsentiert das Netzwerken den 1:1-Austausch. Dein Kommentar hingegen kann potenziell von jedem Mitglied der Plattform gelesen werden. Manche Kommentare gehen genauso viral wie populäre Beiträge. Zudem wählt die LinkedIn-Redaktion täglich Beiträge aus, um sie zu featuren, und sie wählt zusätzlich Kommentare aus, die zum Thema passen und die sie als relevant betrachtet. Das heißt, dass auch ein Kommentar von dir von der Redaktion als passend zu einem Thema ausgewählt werden könnte – ein wirklich spannender Multiplikator für dich und deine Sichtbarkeit.

Tatsächlich hast du in der Kommentarspalte einer sehr bekannten Person unter Umständen eine viel größere Sichtbarkeit als unter deinen eigenen Beiträgen. Darum unterschätze niemals die Power wohlgewählter (und positionierter) Kommentare. Damit du im Infinite-Scroll nicht verloren gehst, gibt es einige entscheidende Handlungsstrategien.

Aufwand eingrenzen und Routinen schaffen

Der digitale Austausch darf nicht den halben Tag kosten. Ganz im Gegenteil, täglich 15 bis 20 Minuten konzentrierte Interaktion sind ausreichend. Aber man beachte: täglich. Jeder, aber wirklich jeder Algorithmus lebt nämlich von Wiederholungen. Du willst einer künstlichen Intelligenz beibringen, dass du relevant bist. Egal, ob du Daumen und Herzchen verteilst, Kommentare schreibst oder später selbst postest – tu es regelmäßig. Und bei der Interaktion bedeutet »regelmäßig« am besten täglich. Lege eine tägliche Dauer fest und finde heraus, wie viele qualitativ hochwertige Kommentare du in dieser Zeit verfassen kannst. Setze Quantität jedoch nie vor Qualität. Manchmal wird dich ein einziger Kommentar 20 Minuten kosten, aber der wird dann auch richtig gut sein. Und natürlich gilt wie immer: Übung macht die Meisterin.

Friends and Family

Auch beim Thema Interaktion ist dein engstes Umfeld dein erster Anlaufpunkt. Das engere Netzwerk ist ein guter Ort, um dich im Meinungsaustausch zu üben. Hier kannst du deinen Stil ausprobieren und herausfinden, womit du dich wohlfühlst. Du kannst dich auch mal im Ton vergreifen und spüren, wie es sich anfühlt, ohne größere Konsequenzen fürchten zu müssen. Hier kannst du dir auch Feedback einholen und prüfen, ob deine Brand-Voice mit deiner Personal Brand deckungsgleich ist. Vielleicht merkst du, dass du zu förmlich eingestiegen bist und dich etwas entspannen kannst. Vielleicht spiegelt eine

Kollegin dir aber auch, dass du etwas zu flapsig rüberkommst. Feedback anhören und Feedback annehmen ist nicht das Gleiche. Prüfe selbst, welchen Kritikpunkten du dich widmen möchtest.

Brand-Voice und persönliche Haltung

Die Sprache deiner Personal Brand muss zu deiner zweiten Muttersprache werden. Wenn es dir schwerfällt, in dein fachliches Ich zu switchen, wirst du professionellen Austausch immer wieder vermeiden. Diesen Widerstand überwindest du nur, wenn dir deine Positionierung, deine Personal-Brand-DNA, in Fleisch und Blut übergegangen ist, du deine Brand-Voice fließend beherrschst und du ein paarmal aktiv über deinen Schatten springst. Achte darauf, dass sich jeder Kommentar, jedes fachliche Gespräch mit den Werten und Zielen deiner Personenmarke deckt. Kommunizierst du einheitlich zu dem, was deine Personal Brand ausmacht? Wo unterscheidet sich deine private Sprechart von der öffentlichen? Wie kannst du es dir selbst erleichtern, in dein Personal-Brand-Ich zu kommen? Möglicherweise gibt es noch Punkte, die zu weit von deiner Persönlichkeit entfernt und darum nicht authentisch sind. Feile so lange an deiner Personal Brand und ihrer Stimme, bis du mit einem Augenzwinkern umdenken kannst.

Find your peers

Sprich nicht in den luftleeren Raum. Zielloses Scrollen birgt die Gefahr, jeden Tag neu anzufangen. Am besten betreibst du mit deiner Interaktionsroutine Netzwerkpflege und Wissens-/Erfahrungsaustausch gleichzeitig. Neben Personen, mit denen du auf direktem Wege vernetzt bist, ist es essenziell, dass du Personen folgst, die für dein Thema relevant sind und die eine hohe Sichtbarkeit haben. Es gibt für jeden Bereich Top-Voices und LinkedIn-Influencer (und falls nicht: Herzlichen Glückwunsch, dein Thema scheint geradezu auf dich zu warten!) Für Trendthemen wie New Work oder Diversity wirst du schnell Vertreter:innen finden. Doch auch weniger besetzte Themen, wie Pharmazie oder klassische Industrie, haben mittlerweile eine Community auf LinkedIn. Halte außerdem im Alltag aktiv die Augen offen. Fernsehinterviews, Zeitungsartikel, wissenschaftliche Publikationen, Namen, die in Gesprächen mit Kolleg:innen fallen – schreib dir Namen auf und tippe sie später in das Suchfeld ein.

Und wie findest du sonst deine Gleichgesinnten? Tja, dieser Tipp wird schnöde: Suchen, bis die Zeile brennt. Welche Personen und Unternehmen interessieren dich aus fachlicher Sicht? Mit wem hast du eine Schnittmenge? Dabei kann es um den eigentlichen Job oder die Branche gehen, aber auch um Werte, Visionen, Sichtweisen oder Herzensthemen. Wessen Zielgruppe bietet dir interessante Diskussionspartner:innen? Werde kreativ – die Suchzeile ist geduldig und die Suchfilter werden dir ein ganzes Stück Arbeit abnehmen. Bei Themen und Branchen mit wenigen Repräsentant:innen kannst du überlegen, welche angrenzenden Bereiche es gibt.

Nehmen wir mal an, du arbeitest in der Pharmabranche, einem verhältnismäßig wenig besetzten Thema auf LinkedIn. Nachdem du alle konkreten Personen gesucht hast, gehst du auf die Suche nach neuen Namen. Du beginnst damit, Schlagworte einzugeben. Nichts ist zu simpel: pharmacy, pharmaceutical, medicine. Dann fängst du an zu filtern, in diesem Fall nach Hashtags und Beiträgen. Außerdem kannst du zum Beispiel festlegen, dass du nur deutschsprachige Beiträge sehen möchtest. So grenzt du deine Ergebnisse sukzessive ein, bis du Namen vor dir siehst, deren Profile du auf Kompatibilität prüfen kannst. In den letzten Aktivitäten kannst du nicht nur ihre Posts sehen, sondern auch, auf welche Beiträge sie zuletzt mit Kommentaren oder Reaktionen wie Like geantwortet haben.

Wenn dir ein Profil passend erscheint, lohnt es sich zu schauen, mit welchen Menschen sich der- oder diejenige austauscht. Folge ihnen und schau dir ein paar Tage oder Wochen an, welche Inhalte mit ihnen in deinen Feed gespült werden. Wenn es nicht passt, entfolge ihnen. Falls du auf diese Weise keine passenden Menschen findest, versuche, deine Schlagworte auf angrenzende Bereiche auszuweiten. Du kennst deine Branche am besten: Welche anderen Gewerke sind eng mit deinem verwoben? Wer profitiert von deiner Arbeit, von wem profitierst du? Wem folgen Menschen, die deine Inhalte interessieren werden?

Mit fünf bis 20 sichtbaren Menschen – je nach Verfügbarkeit in deinem Bereich – solltest du gut aufgestellt sein, um deinen täglichen Feed noch überblicken zu können.

Kuratiere deinen Feed

Wenn wir über den Algorithmus sprechen, klingt es oft, als wäre er ein ungnädiges Wesen. Klar, wir sind abhängig vom Algorithmus, wenn wir Sichtbarkeit erlangen wollen. Aber vergiss niemals, dass der Algorithmus auch von dir abhängig ist. Genau genommen ist alles, was wir auf LinkedIn sehen, ein Spiegelbild unseres Nutzungsverhaltens. Aktuell ärgert es viele Mitglieder, dass die Inhalte immer privater werden und LinkedIn somit seinen Businessfokus verliert. Dazu gibt es eine klare Lösung: Bestimme selbst, welche Inhalte du siehst, und entziehe qualitativ minderwertigen oder deines Erachtens nach unpassenden Inhalten deine Aufmerksamkeit.

Wenn ich dir folge, werden mir nicht nur deine eigenen Posts in meinen Feed gespült, sondern auch all jene, die du kommentierst oder auf die du mit Reaktionen wie Like oder Support antwortest. Wenn du diese Inhalte als gut und passend befindest, kannst du ihnen mehr Sichtbarkeit schenken, indem du auch mit Kommentaren oder Reaktionen antwortest und sie so in die Feeds deines Netzwerks weitergibst. Wenn dich meine Inhalte nicht interessieren (zum Beispiel, weil sie nicht auf dein Thema einzahlen, sie zu privat sind oder ich wahllos überall kommentiere), kannst du mir entfolgen und bekommst ab sofort nichts mehr von mir angezeigt.

Übrigens: Wenn wir als direkter Kontakt vernetzt sind, folgen wir einander automatisch. Wenn du mir nun entfolgst, sind wir weiterhin vernetzt, ich sehe weiterhin deinen Content in meinem Feed, aber du siehst meinen Content nicht in deinem Feed.

Teile deine Perspektive

Die erste Diskussion im Sozialkundeunterricht der achten Klasse, die erste Meinungsverschiedenheit in einem wichtigen Meeting, das erste Mal Widerworte gegen Onkel Werners politische Ergüsse auf der Familienfeier – eine Meinung zu haben und diese öffentlich zu vertreten, ist nichts für Drückeberger:innen. Es ist etwas für Mutige – Menschen wie dich. Denn auf den sozialen Netzwerken geht es um persönliche Ansichten. Klar, Fakten und Informationen sind die Basis. Aber um im Gedächtnis zu bleiben, um herauszustechen und um komplexe Zusammenhänge einfach zu erklären, braucht es gutes Storytelling. Du willst deine Fakten mit Emotionen umweben, mit Personality. Also brauchst du deine persönlichen Ansichten, Erfahrungen und Meinungen unbedingt. Außerdem kann dir diese niemand absprechen, sie bieten also auch für Einsteiger:innen einen guten Interaktionsansatz.

IM GESPRÄCH MIT MIRIAM WOHLFARTH

Miriam Wohlfarth ist als Gründerin von Ratepay und Banxware eine der ersten deutschen weiblichen Fintech-Gründerinnen. Sie hat rund 22 Jahre Erfahrung im Online-Payment und gestaltet aktiv die Entwicklungen in der Payment-Industrie mit. Miriam ist Mitglied des Digital Finance Forum des Bundesministeriums der Finanzen, Mitglied des Beirates Junge Digitale Wirtschaft des BMWi, Gesellschafterin bei Startup Teens, Aufsichtsrätin bei der Talentsconnect AG, der Mercedes-Benz Mobility AG und der freenet AG. Außerdem ist sie Partnerin von Payment & Banking, einem führenden Fintech-Blog in Deutschland. Als passionierte Gründerin setzt sich Miriam durch ihr Engagement in verschiedenen Initiativen für das Start-up-Ökosystem, die Kooperation zwischen Wirtschaft und Politik sowie für die digitale Bildung ein.

Was bedeutet Sichtbarkeit für dich?
Wenn man dich nicht sehen kann, fragt man dich auch nicht. Ein Beispiel aus der Praxis: Auf einem Event sprach mich ein junger Mann, 19 Jahre alt, an, der extra wegen mir gekommen war. Er studierte BWL im zweiten Semester und fand die FinTech-Szene total interessant. Das ist Sichtbarkeit für mich. Wenn ich merke, dass mich Menschen auf mein Thema ansprechen und meine Meinung haben wollen.

Je sichtbarer du wirst, desto mehr wirst du gefragt, etwas zu tun, irgendwo zu sprechen und deine Meinung abzugeben. Die Frage ist immer, welches Ziel man verfolgt. Ich bin nicht aus Kalkül auf Social Media gegangen. Ich habe nicht an meine Sichtbarkeit oder Personal Brand gedacht. Ich wollte mein Unternehmen nach vorne bringen. Und alles andere hat sich ergeben.

Warum ist Sichtbarkeit und Personal Branding besonders für Frauen ein wichtiges Thema?
Ich glaube, dass es das Selbstbewusstsein stärkt. Du merkst, dass man dir zuhört und auf deinen Rat, dein Wissen Wert gelegt wird. Es hat mir auch geholfen, meine Bühnenangst zu verlieren. Dank Personal Branding kannst du lernen, vor einer Audience zu sprechen, ohne dich dafür auf eine Bühne stellen zu müssen. Je mehr du das machst, desto weniger komisch kommst du dir vor, dich irgendwo hinzustellen und zu sprechen. Ich bin mit all dem sehr gewachsen.

Es ging anfänglich also nicht per se um dich als Person. Warum hast du trotzdem mit Personal Branding angefangen?
Eigentlich ist es *on the go* passiert. Ich habe irgendwann realisiert, dass ich Follower:innen habe. Bis dato hatte ich LinkedIn eigentlich nur zur Kontaktverwaltung genutzt, aber nie aktiv

etwas gepostet. Auf einmal stand da eine Zahl und ich dachte: »Wo kommt die denn her?« Und seitdem nutze ich LinkedIn bewusster für mich. Und heute mache ich mir natürlich mehr Gedanken darüber als früher – ich gehe es strategischer an.

Sichtbarkeit bedeutet nicht nur Social Media. Du bist auch in den klassischen Medien vertreten. Wie wichtig war die Pressearbeit für dich?
Als ich Ratepay 2009 gegründet habe, dachte ich, man müsste auf jeden Fall Pressearbeit machen. Wir haben mit verschiedenen Agenturen zusammengearbeitet. Ohne Erfolg. Wenn wir eine Pressemitteilung herausgebracht haben, hat das niemanden interessiert. Als das Diversity-Thema in der Finanz- und Digitalbranche stärker wahrgenommen wurde, nahm man Frauen plötzlich ganz anders wahr. 2015 wurde ich dann gefragt, ob ich bei einem großen Finanzgipfel in Frankfurt bei einem Talk mitmachen möchte. Ich hatte total Angst, wusste aber, dass ich es machen muss.

Dort unterhielt ich mich mit einer Journalistin, die meinte, dass ich als Frau in der Branche interessant sei. Ich fand mich selbst gar nicht so interessant, aber sie öffnete mir die Augen. Es erschien dann ein kleiner Artikel über mich in der *Süddeutschen Zeitung*, der hieß »Die Ratenfrau«. Kurz danach wollte die *Frankfurter Allgemeine Zeitung* ein großes Porträt mit mir machen, und das veränderte alles. Ich hatte nicht mal Pressefotos, aber es kamen Fotografen und am Ende wurde eine ganze Seite daraus: »Die Kreditgeberin«.

Plötzlich bekam ich ständig Anfragen von Journalist:innen. Die drei Fs – Female, Founder und Fintech – fügten sich zusammen. Ich sagte zu meinem Kollegen: »Weißt du was, Jesper, wir sind gar keine langweilige Bezahlinfrastruktur. Wir sind ein Fin-Tech mit Female Founder!« Dann sagte ich in einem Interview das erste Mal: »Wir sind ein Fin-Tech aus Berlin«, und dann ging es so richtig los.

Ich mache hartes Business, kein Lifestyle-Produkt. Es geht um Regulatorik, Finanzen, komplexe Technologie und Künstliche Intelligenz. Und als mehr oder weniger einzige Frau war ich das Objekt der Begierde für viele Journalist:innen. Darum wollte ich nicht als Fin-Tech-Quotenfrau gesehen werden, sondern für mein Thema. Am Anfang habe ich mich sehr unwohl damit gefühlt. Heute stelle ich mich vor tausend Leute, und es macht mir gar nichts aus. Und heute werde ich als fester Kopf dieser Branche betrachtet.

Aus Angst, etwas Falsches zu sagen, lehnen viele Frauen Anfragen ab. Was möchtest du diesen Frauen raten?
Man kann nur lernen, indem man rausgeht und es immer wieder macht. Man muss sich selbst treu bleiben und etwas zu den Themen sagen, von denen man Ahnung hat. Um sich abzusichern, ist es immer gut, ein paar Aussagen im Kopf zu haben, zu denen man steht. Trotzdem muss man Mut zur Lücke haben und sich einfach trauen.

Die meisten Leute tun nur so, als ob sie alles wüssten. Wenn man da mal nachfragt, merkt man, dass sie es auch nicht verstanden haben. Und darum dachte ich, ich muss gar nicht sonderlich schlau daherreden, sondern einfach nur sagen, was ich denke, und dabei sein, wie ich bin.

Was machst du, wenn du für ein Thema angefragt wirst, das dir nicht liegt?
Es ist wichtig, ein konkretes Thema zu haben, in dem man sich wohlfühlt. Ich kann mich jederzeit auf eine Bühne setzen und über diverse Fin-Tech- und Finanzthemen sprechen. Ohne große Vorbereitung. Wenn es um Unternehmensfinanzierung gehen soll, ist es mir lieber, wenn mein Kollege übernimmt.

Letztes Jahr wurde ich für ein Thema angefragt, zu dem ich wirklich nichts sagen wollte – da habe ich genau so geantwortet.

War dein Weg in die Sichtbarkeit für dich ein Game-Changer?
Auf jeden Fall! Mir stehen heute ganz andere Türen offen. Meine Karriere hätte vor 20 Jahren in dieser Form gar nicht stattfinden können. Ich verstehe nicht, warum so viele darauf verzichten.

How to: Smart und nachhaltig interagieren (2/2)

»Kann ich das so schreiben?«

Da haben wir sie wieder, die Unsicherheit gegenüber der eigenen Kompetenz. Online-Kommentare haben zwar viel mehr potenzielle Leser:innen, als du im direkten Kontakt Zuhörer:innen hättest, aber du hast einen großen Vorteil: Ruhe. Du kannst deine Worte ganz gezielt wählen, sie nochmal lesen und gegebenenfalls ändern. Wenn du Angst hast, dich angreifbar zu machen, dann fokussiere dich in deinen Aussagen auf deine eigenen Eindrücke und Beobachtungen. Statt allgemeine Fakten und Wahrheiten auftischen zu wollen oder den/die andere:n mit Studien aus der Reserve zu locken, bleibe mit deinen Worten bei dir:

- »Ich nehme in meiner täglichen Arbeit XY wahr.«
- »Meiner Erfahrung nach …«
- »So wie ich es erlebe …«
- »Ich habe Bedenken, dass …«
- »Ich habe das Gefühl, dass …«

Diese Art der Formulierung macht einen großen Unterschied, denn man kann sie dir nicht absprechen. Lies dazu ebenfalls den folgenden Abschnitt »Gewaltfreie Kommunikation«. Es hilft auch, grundsätzlich zu signalisieren, dass du dich austauschen und nicht streiten willst. Selbst wenn du eine konträre Wahrnehmung zu deiner/deinem Vorredner:in hast, bietet dein eigener Eindruck wenig Angriffsfläche. Und falls doch: Schließe deinen Kommentar mit einer Frage, in der du einlädst, deine Wahrnehmung zu korrigieren oder zu ergänzen.

Ursprünglicher Kommentar

»Die 4-Tage-Woche war bei uns ein absoluter Flop. Die, die schon vorher am meisten geschafft haben, sind weiterhin die

Leidtragenden. Die Faulen lehnen sich zurück. Ich denke nicht, dass das Konzept die Testphase überlebt.«

Deine Antwort

»Uns ging es ähnlich – mit der Einführung der 4-Tage-Woche wurde sehr sichtbar, wer die Leistungsträger:innen unseres Unternehmens sind und wer nicht. Trotzdem nehme ich klare Vorteile wahr: Die Stimmung in den Teams ist entspannter, die Kaffeepausen werden nicht mehr unnötig ausgedehnt, und der Krankenstand ist schon jetzt sichtbar geringer. Welche positiven Auswirkungen haben Sie wahrgenommen?«

Gewaltfreie Kommunikation

Die gewaltfreie Kommunikation (GFK) nach Marshall Rosenberg ist eine der bekanntesten und zugleich sehr praxiserprobten Kommunikations- und Konfliktlöseprozesse. Es lohnt sich, sie intensiver zu studieren und in deine Alltagssprache zu integrieren. Für die Kommunikation in den sozialen Medien möchte ich dir einige Ansätze skizzieren, die einen großen Unterschied in der Wirkung deiner Aussagen ausmachen:

- Kultiviere eine wertschätzende Haltung dir selbst und anderen gegenüber – auch wenn ihr unterschiedlicher Meinung seid.
- Konflikte sind unvermeidbar. In einem konstruktiven Miteinander fördern sie jedoch Wachstum.
- Strebe ein Win-win an.
- Stell Fragen und höre wirklich zu.
- Vermeide Schuldzuweisungen, Interpretationen und den erhobenen Zeigefinger.
- Vermeide die Etiketten »Ich bin …«, »Du bist …«.
- Formuliere Ich- statt Du-Botschaften.
- Versuchst du Recht zu haben, oder bist du bereit, dich zu irren?

- Sprich, um gehört zu werden, nicht um zu sprechen.
- Du darfst Gefühle und Bedürfnisse haben, ohne sie versachlichen zu müssen. Vermische sie nicht mit deinen faktischen Argumenten.
- Prüfe, ob du (un-)bewusst manipulierst (zum Beispiel durch Anklagen, Ratschläge, ungefragte Hilfe, Vergleiche, Warnungen, Generalisierungen, Witze, Forderungen, voreilige Lösungsangebote und so weiter).

Rhetorische Notausgänge

Manchmal fühlt man sich durch sein Gegenüber in die Ecke gedrängt, von der Situation überfordert oder schlichtweg unwohl im Gespräch. Ob digital oder analog: Du musst (und kannst) nicht alles wissen. »Fake it till you make it« greift zu kurz. Zweifle nicht gleich an deiner Kompetenz, nur weil jemand mehr Wissen zu einem Thema hat. Gehe transparent mit deinen Wissenslücken um, aber bleib standhaft, wenn du treffende Argumente hast:

- Du warst im Unrecht oder hast neue Fakten dazugelernt: »Das finde ich sehr spannend, es war mir gar nicht bewusst. Danke für den Input, da habe ich wirklich etwas dazugelernt.«
- Das Gespräch entwickelt sich in eine Richtung, in der du dich nicht auskennst oder sicher fühlst: Your time to learn! Formuliere Fragen, zeige Interesse, stelle sicher, dass du neues Wissen mitnimmst.
- Jemand fordert dich zu einem geistigen Duell in deinem Fachgebiet heraus? Wenn du weißt, dass du sichere Fakten hast: Shoot! Manchmal macht ein kleiner Schlagabtausch großen Spaß, solange er sachlich und wertschätzend bleibt. Sollten Kommentare »unter die Gürtellinie« gehen, habe ich eine klare Empfehlung für dich: Löschen und die Person melden oder blockieren (oder beides). Sogenannte Trolle wollen Unfrieden stiften – das hat nichts mit dir zu tun, du hast einfach nur Pech gehabt, dass es dich erwischt. Biete diesen Menschen keine Bühne und antworte nicht auf ihre Kommentare. Löschen, melden und blockieren ist das Beste, was du tun kannst, um sie mundtot zu machen.

Wertvolle Kommentare

Das Ziel guter Interaktion ist, dass sie dynamisch bleibt. Ein gutes Gespräch lebt davon, dass alle Parteien zu Wort kommen, ihre Meinung wertungsfrei diskutiert wird und man Raum für neue Themen öffnet. Denke daran, wenn du Kommentare verfasst. Du möchtest deine:n Gesprächspartner:in anregen, auf deine Sicht zu reagieren und einen neuen Impuls mitzunehmen und mitzugeben. Deinen Kommentar zu lesen, soll eine Bereicherung sein und keine Beschäftigungstherapie. Auf diese Weise hinterlässt du Fußspuren, die auch für alle anderen Lesenden interessant sind. Ein schlichtes »Danke nochmal für's Teilen« oder »Sehe ich genauso« beendet den Austausch jedoch an Ort und Stelle.

IM GESPRÄCH MIT LUNIA HARA

Lunia Hara ist Director im Bereich Projektmanagement beim digitalen Dienstanbieter Diconium. Sie ist Expertin für die Themen Diversity, empathische Führung und digitale Transformation, zu denen sie auf ihrem LinkedIn-Kanal sowie in der traditionellen Presse spricht. Lunia schreibt Gastbeiträge in *Der Spiegel* und wurde für ihre Impulse und Diskussionsansätze als »LinkedIn Top Voice« ausgezeichnet.

Was bedeutet Sichtbarkeit für dich?
Sichtbarkeit bedeutet für mich, die Chance zu haben, meine Gedanken zu mir wichtigen Themen einer größeren Gruppe zugänglich zu machen.

Was sind deine Themen?

Ein Thema ist empathische Führung. Ich möchte andere Führungskräfte dazu motivieren und inspirieren, ihre Art der Führung zu überdenken und sich vielleicht auch langfristig für die empathische Führung zu entscheiden. Denn ich glaube, dass dies die richtige Form ist, um mit Mitarbeitenden und den aktuellen Herausforderungen umzugehen. Außerdem zahlt es auf die Themen Diversität und Kulturwandel ein.

Kanntest du dein Thema, bevor du in die Sichtbarkeit gegangen bist? Oder hast du es währenddessen gefunden?

Ich wusste schon vorher, worüber ich sprechen will. Ich hatte ein klares Anliegen. Ich habe immer viel Feedback bekommen für meine Arbeitsweise und wie ich mein Team führe. Ich selbst hätte mir gewünscht, so eine Führungskraft wie mich zu haben. Ich habe mich mit vielen Leuten ausgetauscht und dachte irgendwann, ich könnte anderen Leuten ja erzählen, wie ich arbeite. Nach etwa zwei Jahren hatte ich ein Erlebnis: Ich wurde auf einem Führungskräfte-Event aufgefordert, einen Talk von fünf Minuten zu halten. Mein Talk ging in die Richtung: »Sei du selbst, dann kannst du die Führungskraft werden, die das gesamte Potenzial ausschöpfen kann.« Der eigentlich Auslöser, sichtbar zu werden, war tatsächlich *Black Lives Matter*. Es gab viel in den Schlagzeilen. Ich bin nicht zu Demos gegangen und war nicht auf Social Media aktiv. Ich fragte mich, was eigentlich mein persönlicher Beitrag zu dieser ganzen Sache ist, und habe dann meine Themen kombiniert. Als ich den ersten Artikel angefangen habe, war mir vor allem der Dialog und Praxisbezug wichtig. Es ging darum, wie Führungskräfte People of Color besser unterstützen können. Mein Anspruch ist, Lösungsansätze anzubieten und praxisbezogen zu sein und meinen Follower:innen einen Mehrwert zu bieten.

Denkst du, dass deine Sichtbarkeit Dialog auslöst? Bekommst du Feedback?

Ja. Zum einen merke ich auf LinkedIn selbst, dass man Gleichgesinnte findet. Und es gibt viele, die einfach dankbar sind, dass jemand ähnliche Gedanken offen anspricht. Ich bin nach vorne gegangen, habe darüber gesprochen, dass wir Empathie in der Führungsarbeit brauchen, und viele haben mir zugestimmt. Das ist die eine Seite. Die andere Seite ist das Interesse von den Medien, seien es Podcasts oder andere Kanäle, die mir ihre Reichweite geben, in dem sie mit mir über meine Themen sprechen wollen. Dass ich für den *Spiegel* eine Kolumne schreiben darf, bestätigt mir, dass mein Thema Substanz und Relevanz hat. Mein Ziel ist es, Führungskräfte zu motivieren und zu inspirieren und ihnen praktische Ratschläge an die Hand zu geben. Aber gleichzeitig ist es meine Aufgabe, Menschen, die keine Führungskräfte sind, zu informieren, zu ermutigen und zu befähigen: Das ist es, was euch zusteht, was ihr erwarten könnt und was ihr nicht länger hinnehmen müsst. Ich treffe sowohl online als auch persönlich Menschen, die mir dankbar sind, dass ich diese Themen aufzeige.

Glaubst du, dass deine Sichtbarkeit deine Karriere fördert?
Definitiv – weil das Netzwerk sich schnell vergrößert. Man kommt in Kontakt mit Menschen, die man sonst nicht kennen gelernt hätte oder bei denen man gar nicht wüsste, wie man sie überhaupt kontaktieren soll. Plötzlich kontaktieren die Menschen dich. Und dieses Netzwerk kannst du auch für dich nutzen. Ich habe einige Personen in meinen Kontakten, mit denen ich zuvor nie vernetzt war. Managing Directors zum Beispiel, bei denen ich weiß: Wenn ich die vorher als Lunia Hara angeschrieben hätte, wäre eine höfliche Absage zurückgekommen – wenn überhaupt. Heute sähe das anders aus. Insofern hat die eigene Sichtbarkeit definitiv Einfluss auf die Karriere. Und die Sichtbarkeit im Unternehmen verändert sich auch. Du musst nicht mehr direkt an einem Tisch sitzen, um deine Themen zu platzieren. Auch wenn du nicht direkt an einem Tisch mitsitzen darfst, kannst du deine Themen bei LinkedIn präsentieren und kannst sicher sein, dass das Management mitliest.

Was rätst du Frauen, die Angst vor der Sichtbarkeit haben?
Ich entscheide selbst, in welchem Maß ich sichtbar werde und welche Informationen ich von mir teile. Was ich immer wieder festgestellt habe, ist, dass Personal Branding ein Megaboost für die persönliche Entwicklung ist. Du bist gezwungen, permanent deine eigene Komfortzone zu überwinden, besonders am Anfang. Menschen, die sagen, dass sie das alles nicht können oder wollen, müssen sich eigentlich bewusst machen, dass sie in ihrer Komfortzone bleiben und möglicherweise Angst haben, da herauszutreten. Du wirst dich dann aber auch nicht viel weiterentwickeln. Natürlich kannst du dich fachlich weiterentwickeln, aber du wirst nicht diesen Entwicklungssprung in der Persönlichkeit machen.

Nach außen sieht es so aus, als wäre es für mich selbstverständlich, Bilder von mir zu posten und mich zu zeigen. Aber für mich war das auch eine Überwindung. Ich musste mir das auch wirklich vornehmen und lernen. Bevor ich richtig angefangen habe, gab es vielleicht fünf Bilder von mir auf Instagram. Ich habe auch nie Werbung für mein Unternehmen auf LinkedIn gepostet, es sei denn, da war gerade ein Event oder wir haben Personal gesucht. Und bei anderen Personen kommentiert habe ich erst recht nicht: »Oh mein Gott, das hätten ja andere Leute sehen können, und das gefällt den Leuten vielleicht nicht!« Es ist eine reine Überwindung, aber man wächst damit.

Ich erzähle gerne von meinem ersten Instagram-Live, was ich da für eine Angst vor hatte. Ich konnte mich den ganzen Tag nicht richtig auf meine Arbeit konzentrieren, weil ich total nervös war. Als ob man gesagt hätte: »Lunia! Superbowl-Halbzeit, deine Show!« Hinterher habe ich mich dann gefragt, warum ich überhaupt Angst davor hatte. Und jetzt kannst du sagen: »Wir gehen in zehn Minuten auf Instagram live« und ich sage dir: »Klar, machen wir.« Und das Tolle ist, dass du dann auch schnell Feedback kriegst auf das, was du tust. Manchmal hast du keine Idee, machst einfach schnell was und gefühlt schreien alle: »Wow!« An anderen Beiträgen feilst du tagelang, und es kommt fast keine Reaktion. Das muss man halt einfach hinnehmen. Es hilft, wenn man ein Thema hat, von dem andere erfahren sollen. Wenn es dir selber wichtig ist, kann es dir egal sein, ob zehn Leute sagen: »Das ist Bullshit.« Wenn ich etwas in die Welt rausschicke, hat jede:r das Recht, es zu interpretieren. Aber es macht meine Arbeit nicht schlechter, wenn jemand eine andere Interpretation davon hat oder etwas komplett anderes herausliest, als ich gemeint habe. Eigentlich ist es nur eine Stimme im eigenen Kopf. Man darf sich nicht zu sehr mit dem Außen beschäftigen, sondern eher mit sich selbst. Wie gehe ich mit meiner Angst um? Sobald du das schaffst, findest du viel schneller wieder zu dir selbst. Fokus auf mich, Angst ist okay, aber ich möchte diese Angst überwinden, und deswegen mache ich jetzt den Schritt nach vorne.

Kannst du dich noch daran erinnern, wie lange du an deinem ersten Artikel gefeilt hast?
Ich hatte diverse Schleifen und habe auch Leute drübergucken lassen. Bei LinkedIn schreibe ich alles selbst und lass nichts mehr gegenlesen, weil das viel zu aufwendig ist. Du kannst nicht darauf aufbauen, dass deine Freund:innen deinen Content überprüfen. Ich empfinde das als Zumutung und wenn du einen Profi dafür bezahlen willst, kostet das halt viel Geld. Und es ist auch nicht nötig, weil man immer besser wird, je öfter man es macht. Was mir geholfen hat, ist, auch manchmal Abstriche zu machen. Ich bin keine Journalistin, ich bin keine Autorin. Es geht nicht darum, wie toll ich schreiben kann, sondern was meine Botschaft ist und ob sie ankommt.

Viele Frauen machen sich darüber Gedanken, wie Personal Branding im Kollegium ankommt. Was hat dein Unternehmen gesagt, als du angefangen hast, sichtbar zu werden?
Ich habe nicht um Erlaubnis gefragt und mein Unternehmen nicht involviert. Kann ich auch nur empfehlen. Meinen ersten Artikel zu *Black Lives Matter* habe ich damals meinen Vorgesetzten geschickt. Ich habe aber nicht um Erlaubnis gefragt, sondern mich vergewissert, ob etwas darin ist, was für unser Unternehmen kritisch ist. Ich war damals noch neu in der Firma. Es war okay, und auch die Kolleg:innen fanden es gut. Ich

gehöre eher zu den zurückhaltenden Menschen. Ich habe meine eigenen Beiträge intern nie gepostet. Anderen würde ich aber zu Beginn dazu raten. In der Anfangszeit kann es helfen, Likes und Reichweite zu bekommen. Manchmal haben Kolleg:innen intern Beiträge von mir geteilt. Vielleicht war ich einfach zu vorsichtig: Ich will mich nicht profilieren, will keinen Neid erwecken oder Leuten das Gefühl geben, sie müssten mich unterstützen. Aber natürlich wird man im Unternehmen auch sichtbarer. Oft kriege ich es nicht mit, weil die Leute es mir gar nicht mitteilen. Aber wenn ich in einem Meeting bin und mich vorstellen möchte, dann heißt es: »Wir kennen dich schon durch LinkedIn.« Es gibt auch Kolleg:innen, die sich zwischendurch melden und sagen, dass sie toll finden, was ich mache. Alles, was außerhalb des Unternehmens passiert, passiert auch intern.

Warum ist Sichtbarkeit besonders für Frauen wichtig?
Frauen haben dadurch die Möglichkeit, auf Themen aufmerksam zu machen, die vielleicht sonst im Unternehmen oder in den Medien nicht stattfinden. Diese Themen können über solche Plattformen platziert werden und damit auch aufzeigen, dass sie Relevanz haben und mediale Aufmerksamkeit kriegen.

Was war dein größtes Learning auf dem Weg in die Sichtbarkeit?
Wie gesagt: Du bekommst einen enormen Boost in unterschiedlichsten Bereichen. Und ich habe gelernt, dass es möglich ist, sich selbst zu definieren. Ich sage auch, dass ein Großteil der Probleme, die wir als Menschen haben, keine persönlichen Probleme sind. Wir empfinden es aber so und sprechen nicht darüber, weil wir uns nur im eigenen Kopf damit beschäftigen. Sobald wir uns öffnen, stellen wir fest: Ich bin gar nicht allein mit diesem Thema und dadurch ist es gar kein persönliches Problem. Ich habe das mal getestet in einer Working-Out-Loud-Gruppe. Dort habe ich über meine Unsicherheit – gerade am Anfang – einen Post gemacht und aufgezeigt, wie lange ich gebraucht habe, diesen Post zu verfassen. Ich habe die Un-

sicherheit beschrieben, die damit einherging, und habe öffentlich gemacht, dass dieser Post mich jetzt Stunden gekostet hat. Es war unglaublich, wie viele andere Frauen meinten, ihnen ginge es genauso. Und ich dachte vorher, ich wäre die Einzige, die nicht klarkommt, und habe mich gefragt, wie die anderen es machen, die jeden Tag so viel posten. Deswegen: Hör auf, dich selbst zu geißeln. Es gehört zum Prozess dazu. Wir sollten uns bei solchen Dingen mehr öffnen. So finden wir heraus, dass nicht nur wir, sondern auch andere das gleiche Problem haben. Und das macht es normal.

Recap: How to comment

Die wichtigste Botschaft aus diesem Kapitel? Kommentare sind die »harte Währung« auf LinkedIn. Sie schaffen Diskurs. Sie bringen dich in den Austausch mit anderen Menschen. Mach dir also nicht ausschließlich Gedanken darüber, wie du mit eigenen Inhalten sichtbar wirst und Menschen auf dich aufmerksam machen kannst. Investiere lieber Zeit in Interaktion – so kannst du deine Expertise in Häppchen zeigen und dir schon erste Sichtbarkeit aufbauen. Gleichzeitig verschaffst du den Menschen, bei denen du kommentierst, mehr Aufmerksamkeit, da du ihnen die Tür zu deinem Netzwerk öffnest. Achte dabei aber auch darauf, was du mit deinem Netzwerk teilen möchtest. Mit Kommentaren (und sogar schon mit Likes) kannst du dein Netzwerk entweder zuspammen mit Belanglosigkeiten oder deinen Kontakten Mehrwert liefern, indem du sie auf interessante Inhalte und inspirierende Menschen aufmerksam machst.

Genauso – über Kommentare von anderen – bin ich ursprünglich auf zwei der drei Frauen in diesem Kapitel aufmerksam geworden. Magdalena Rogl fiel mir schon vor

Jahren als eine der wenigen aktiven Frauen auf LinkedIn auf – jemand aus meinem Netzwerk hatte einen ihrer Posts kommentiert. Ihren Post hätte ich sonst vielleicht nie gesehen. Ähnlich verhielt es sich mit Lunia Hara. Auch auf sie wurde ich durch einen beziehungsweise mehrere Kommentare aus meinem Netzwerk aufmerksam. Einzig Miriam Wohlfarth kannte ich aus der Presse. Aber auch sie ist aktiv auf LinkedIn und verlinkt regelmäßig andere Menschen in ihren Posts. So werde ich regelmäßig auf Menschen aufmerksam gemacht, die ich sonst vielleicht nicht »kennen lernen« würde.

4. CONTENT
Mit Inhalten überzeugen

Dein Profil ist ein statischer Faktor im dynamischen System LinkedIn. Es bietet eine gute und wichtige Grundlage. Aber um sichtbar zu werden, musst du selbst dynamisch werden. Mit den Ansätzen *Connect* und *Comment* tust du genau das. Doch bis jetzt finden andere Mitglieder dich nur, wenn sie nach einem bestimmten Schlagwort suchen, das du in deinem Profil eingebunden hast, oder wenn sie bei jemand anderem einen deiner Kommentare lesen. Nun ist es Zeit, dein Schaufenster zu füllen. Jetzt geht's um Content. In die Sichtbarkeit zu kommen, ist das eine, die Position einer Thought-Leaderin zu erlangen, das andere. Du lernst nun, wie du deine Mission in eigene Beiträge übersetzt. Du verbindest deine Personal-Brand-DNA aktiv mit deinem Knowhow, persönlichen (nicht privaten) Learnings und aktuellen Ereignissen. Content ist dein Vehikel in die Sichtbarkeit.

Die bisherige Reihenfolge der Schritte zu deiner Personal Brand sind nicht zufällig. Du brauchst ein klares Fundament, um Menschen von deiner Mission zu überzeugen. Die Zeit, die du hast, um Aufmerksamkeit zu erregen, ist extrem kurz. Mit einer eindeutigen Personal-Brand-DNA hast du den Kopf frei, um über die knackige Gestaltung deiner Posts nachzudenken. Hast du schon mal versucht, einen Satz in einer Fremdsprache zu formulieren, in der du nur wenige Worte kennst? Je weniger Vokabeln dir dabei zur Verfügung stehen, desto einfacher musst du deine Aussage gestalten. Vielleicht greifst du mehr auf Gestik und Mimik zurück. Vielleicht musst du Unwesentliches weglassen. Doch wenn du ganz genau weißt, was deine Aussage sein soll, und sie dir wichtig ist, wirst du die passende Übersetzung finden.

Was ich dir sagen will? Wer eine messerscharfe Message hat, findet immer einen Weg, diese zu kommunizieren. Wer jedoch alles und nichts sagen will, wird im Gespräch untergehen.

Genau so funktionieren deine Beiträge – vom Großen ins Kleine, deine Personal-Brand-DNA ist dein Trichter. Mit einer klaren Positionierung hast du eine klare Mission. Innerhalb dieser Mission verbreitest du Botschaften, die immer einen Anknüpfungspunkt zur Mission haben. Du kannst dich für hundert andere Themen interessieren – ohne einen Anknüpfungspunkt zu deiner Mission bleiben sie außerhalb deines Contents. Mit diesem Filter, den dein Personal-Brand-Ich wie eine Brille trägt, gehst du auf Themensuche. Die Übersetzung in einen Post ist dann nur noch reines Handwerk – denn was du sagen willst, steht längst fest. (Und das Handwerk bringe ich dir bei.)

Eine starke Personal Brand macht nicht das eigentliche Produkt oder Unternehmen zum Fokus ihrer Inhalte. Zum einen sind viele Menschen nicht an werblichen Inhalten interessiert und zum anderen machst du dich abhängig. Selbstständige promoten also beispielsweise nicht ihre tatsächliche Dienstleistung oder das eigentliche Produkt, und Arbeitnehmer:innen promoten nicht am laufenden Band das Unternehmen, für das sie tätig sind. Wer seine Expertise im eigenen Feld besonders herausstellt, wird die Menschen ganz automatisch auf die eigentliche Tätigkeit aufmerksam machen. Eine zu enge Bindung an Produkt und Unternehmen kann eine Personal Brand schnell unauthentisch wirken lassen. Wir haben sehr feine Rezeptoren für Werbung, und besonders auf einem Businessnetzwerk wollen wir uns austauschen und nicht mit Angeboten beschossen werden. Schaffe also Inhalte, die stark genug sind, um Vertrauen aufzubauen.

»Was mache ich denn schon Interessantes?«

Wenn es um die Erstellung von relevantem Content geht, höre ich oft einen bestimmten Satz: »Ich sitze doch den ganzen Tag nur am Rechner – was mache *ich* denn Interessantes?« Diese Einstellung ist eine Sackgasse, die jeden Tag mit dem Feierabend endet. Es ist Zeit für einen Mind-Shift.

Du sitzt doch sicherlich nicht den ganzen Tag vorm schwarzen Bildschirm, oder? Was ist es, womit du dich ganz konkret beschäftigst? Machst du vielleicht jeden Tag das Gleiche? Wenn ja, warum eigentlich? Bist du für eine redundante Tätigkeit verantwortlich, die nicht technisch abgebildet werden kann – die keine Maschine übernehmen kann? Das ist interessant, sprich drüber, warum das so ist. Vielleicht könnte ein großer Teil deiner Arbeit von einer Künstlichen Intelligenz oder Maschine übernommen werden und du hättest Zeit, dich anderen, vielleicht sogar wichtigeren Aufgaben zu widmen. Interessant, sprich drüber, warum das so ist. Vielleicht führst du tagtäglich Diskussionen mit Kund:innen oder Kolleg:innen? Egal, ob du die Diskussionen als nervig oder anregend empfindest – Themen, die in deiner täglichen Arbeit aufkommen, werden auf jeden Fall auch andere Menschen in deiner Branche interessieren. Ich persönlich greife in meinem Content regelmäßig Fragen auf, die meine Kundinnen mir stellen. Ich gehe immer davon aus, dass, wenn eine Frau mir eine Frage stellt, es sicher mindestens eine weitere interessiert. Vielleicht wartet eine ganze Personengruppe nur darauf, dass endlich jemand dieses eine Thema aufgreift. Das könntest du sein, aber du *musst* darüber sprechen.

One in a million

Es kann natürlich auch andersherum sein: Du kennst deine Themen genau, aber findest, dass sowieso schon genug Menschen darüber sprechen. »Es braucht nun wirklich nicht *noch eine*, die über XY spricht.« Ich sage: Doch, braucht es. Deine Stimme, deine Meinung, deine Perspektive, deine Geschichten, dein Erzählstil, dein Know-how, deine Vision – genau *dein* Standpunkt ist wichtig und es wert, gesehen zu werden. Es mag aufwändiger sein, in einem populären Gebiet Gehör zu finden. Doch es ist nie umsonst. Behalte immer im Hinterkopf: Es ist genug für alle da!

Raum für Kreativität

Für mich ist das Teilen von eigenen Inhalten einer der schönsten Anteile des Personal Brandings. Es gibt mir die Möglichkeit, mein Wissen, neue Erfahrungen, Alltagsgedankenblitze, Events, neue Trends – ja, die ganze Palette meines beruflichen Daseins – in meiner eigenen Sprache und meinem eigenen Stil zugänglich zu machen. Während viele am Anfang den Eindruck haben, sie hätten gar nicht so recht etwas zu erzählen, habe ich eher den Eindruck, dass ich gar nicht so viel posten kann, wie ich Ideen habe. Ich bin überzeugt, dass man diese gedankliche, kreative Freiheit lernen kann. Ein Teil ist reines Handwerk und Know-how, ein Teil ist das Lösen der Handbremse in deinem Kopf.

IM GESPRÄCH MIT TINA MÜLLER

Zum Zeitpunkt des Gesprächs war Tina Müller Vorsitzende der Geschäftsführung (CEO) der Douglas GmbH. Mit mehr als 20 Jahren Erfahrung in der Kosmetikbranche und als leidenschaftliche Innovatorin schuf sie Europas führende Beauty-Plattform mit neuen und disruptiven digitalen Technologien. Tina ist eine der bekanntesten und sichtbarsten Führungskräfte Deutschlands, und sie nutzt sowohl LinkedIn als auch traditionelle Medien, um ihre Themen rund um Beauty, Leadership, aber auch Gender-Equality zu kommunizieren. Mit über 200000 Followern ist sie die sichtbarste Führungsfrau auf LinkedIn im DACH-Raum.

Was bedeutet für dich Sichtbarkeit?
Sichtbarkeit bedeutet für mich in erster Linie, Themen, die mir am Herzen liegen, zu kommunizieren und zu transportieren.

Was sind für dich die größten Chancen, die du mit deiner Sichtbarkeit erlebst?
Die größten Chancen sehe ich darin, die Themen, die uns hier im Unternehmen bewegen und die mich in meiner Rolle als CEO dieses Unternehmens im Alltag beschäftigen, zu kommunizieren. Und auch Hintergründe zu schildern, warum wir was tun, an was wir glauben, welches Wertesystem dahintersteckt. Immer mit dem Ziel, bei den verschiedenen Stakeholdern, die sich extern befinden, einen guten Eindruck zu machen.

Wenn ich mir auf LinkedIn deinen Themenmix ansehe, dann fällt auf, dass du Führungsthemen, Frauenthemen, aber auch Unternehmens- und Mitarbeiterthemen sowie Beauty-Themen und Gesellschaftsthemen aufgreifst. Die Themen sind sehr vielseitig und sprechen unterschiedliche Stakeholder an. Bekommst du auch mal negative Rückmeldungen zu diesem Mix?
Tatsächlich gibt es wenig Rückmeldungen, dass Themen bei mir in gewisser Art stören oder nicht angebracht sind. An erster Stelle stehen immer der Sinn und Zweck des Unternehmens Douglas. Dabei dreht es sich in erster Linie um zwei Kernthemen:

Erstens, Beauty und Gesundheit – also alles, was wir verkaufen und anbieten. Und zweitens, die permanente Weiterentwicklung und Transformation unseres Unternehmens. Daraus wiederum wachsen weitere Themenfelder wie zum Beispiel: Welche Rolle spielt Nachhaltigkeit für Douglas? Wie läuft der Eintritt in einen neuen Geschäftsbereich, zum Beispiel den Online-Apothekenmarkt. Dann dreht sich viel um die Digitalisierung: Wie hat sich das E-Commerce-Geschäft entwickelt, wie haben wir das digitalisiert, welche Herausforderungen haben wir, und welchen Einfluss haben wir auf die Filialen? Die Essenz des Geschäftes steht dabei immer im Vordergrund.

Und dann gibt es ein paar Themen, die mir persönlich als Führungskraft am Herzen liegen, zum Beispiel Frauen in Führungspositionen. Solange wir keine Gender-Equality auf Führungsebene haben, lasse ich auch nicht locker. Das sehe ich als meine Verantwortung.

Aber ich gehe nicht in Themen rein, die mit meiner jetzigen Position und meinem Unternehmen gar nichts zu tun haben. Das entfernteste Thema ist vielleicht, wenn ich Investments in Start-ups tätige. Das kommt auch, aber wirklich nur ganz am Rand, vor und hat auch nicht die Häufigkeit, die meine Core-Themen haben.

Eine wichtige Ergänzung zum Themenmix: Ich vermeide auf LinkedIn kategorisch private Themen, denn ich finde, dass die auf einem Business-Channel nur etwas zu suchen haben, wenn es eine Verbindung zum Geschäft gibt. Natürlich können Führungsthemen dazu führen, dass man auch mal schreibt, wie man die Balance zwischen Privat und Business findet. Das finde ich noch okay. Aber ich schreibe nicht, wenn ich einen netten Ausflug an den Strand gemacht habe. Das hat für mich keine Relevanz fürs Business.

Bekommst du intern von Mitarbeiter:innen Feedback zu deinen Aktivitäten?

Ja, aber das meiste Feedback passiert wirklich auch direkt über den Kanal, das heißt, Mitarbeiter:innen schreiben mir oft direkt auf LinkedIn Kommentare. Es kommt eher selten vor, dass jemand auf dem Flur auf mich zukommt und sagt, dass er diesen oder jenen Post gesehen hat und ihn gut oder doof fand.

Wie findest du Themen? Planst du lange im Voraus?

Ich glaube, das muss sehr organisch kommen. Denn eigentlich sind meine Themen genau das, was wir hier im Geschäftsalltag tun, nur einmal ausformuliert. Wir suchen nicht nach Themen für die Kanäle, sondern wir haben verschiedene Themen und daraus wählen wir aus, was für die Community interessant ist. Und das machen wir im Wochenrhythmus. Wir besprechen einmal pro Woche, was interessante Themen aus dem Douglas-Alltag sind, und erstellen daraus einen Wochenplan. Wenn zwischendrin mal irgendwas ad hoc passiert, sind wir natürlich flexibel und streuen das jeweilige Thema dann ein. Es ist auch immer eine Kombination aus dem Douglas-Kanal und meinem Kanal, die wir auf LinkedIn bespielen.

In unserem Kommunikationsteam gibt es eine Person, die unter anderem meine und die Douglas-LinkedIn-Kanäle betreut. Für alle anderen Kanäle, auf denen wir beispielsweise rein über Kosmetikprodukte sprechen, ist das Marketingteam zuständig.

Du hast also Unterstützung bei deiner LinkedIn-Kommunikation?
Ja. Und das kommuniziere ich auch ganz offen. Ich habe in meiner CEO-Rolle sehr wenig Zeit, und daher brauche ich Unterstützung bei meiner Kommunikation. Ich sage, was ich für Themen kommunizieren möchte, und einmal pro Woche entscheiden wir wie gesagt im Team die Themen für die jeweilige Woche. Die Erstellung des Contents wird dann vom Team gemacht. Es gibt aber – und ich glaube, das ist wichtig, damit es auch authentisch bleibt – *keinen* Post, den ich nicht vorher gelesen und nicht auch noch einmal selbst überarbeitet habe, wenn ich das Gefühl habe, da spreche nicht ich. Auch schreibe ich Posts regelmäßig selbst. Das ist mir sehr wichtig.

Wie hast du deine Sichtbarkeit aufgebaut? Hast du dich auf einen bestimmten Kanal fokussiert?
Ich habe sehr viele Follower auf LinkedIn. Das ist allerdings auch das Ergebnis der »Vor-LinkedIn-Zeit«. Sichtbarkeit kommt ja nicht nur über Social Media, sondern auch über klassische Medien, also über die Wirtschaftspresse. Und ich bin schon relativ lange in Positionen, in denen ich für das Unternehmen spreche, und so hat sich meine Sichtbarkeit über die Jahre immer weiter aufgebaut – über verschiedene Stationen und auch über verschiedene Branchen hinweg. Ich habe vor meiner Zeit bei Douglas vier Jahre in der Autoindustrie gearbeitet, und auch da habe ich schon Sichtbarkeit aufgebaut.

Sichtbar zu werden, ist ein langer Wachstumsprozess, und ich glaube, man darf jetzt nicht erwarten, dass man als junge

Führungskraft drei Posts auf LinkedIn veröffentlicht und einen sofort jeder kennt. Das ist ein Trugschluss.

Was ich in diesem Zusammenhang auch betonen möchte: Bitte postet nicht um des Postens willen, sondern sprecht über Fachthemen, die euch als Führungsperson und Mensch repräsentieren. Ein starkes Persönlichkeitsmarketing geht für mich immer über die Inhalte. Egal, ob ich in einem Konzern oder einem Start-up tätig bin, ich muss mich auch immer fragen: »Wofür stehe ich als Person, was ist mein USP?« Aus diesem USP entwickle ich dann auch meine Themen. Das ist für mich der bessere und nachhaltigere Weg, als zu gucken, welche Themen gerade gut auf Social Media oder in den traditionellen Medien ankommen, und darauf zu springen, um von dem Hype zu profitieren. Das, glaube ich, bringt sicher einen kurzfristigen Erfolg, ist aber nicht nachhaltig.

Wie wichtig schätzt du die traditionelle Presse im Vergleich zur Social-Media-Sichtbarkeit ein?

Ich glaube, in den letzten Jahren hat die Social-Media-Sichtbarkeit signifikant zugenommen und bildet auch eine Art Gegengewicht zur traditionellen Presse. Das finde ich gar nicht schlecht, denn sie hat einen klaren Vorteil: Ich kann auf meinen Social-Media-Kanälen selbst sprechen, es ist mein O-Ton, und ich kann meine Botschaften ungefiltert selbst senden. Natürlich kann ich dafür kritisiert werden, dem muss ich mich auch stellen. Aber es ist mein Kanal, und ich bin die Senderin.

Bei Journalist:innen bin ich immer davon »abhängig«, wie sie meine Aussagen interpretieren, und man kann über Antworten in einem Interview immer Raum für Interpretationen finden. Und deswegen glaube ich, dass es gerade auch für Frauen, die medial weniger sichtbar sind, gut ist, einen Kanal wie LinkedIn zu haben, um selbst zu kommunizieren. Was wir auch nicht vergessen dürfen: Es gibt reihenweise Bias, die Frauen in der klassischen Wirtschaftspresse entgegenschlagen. Beispielsweise Eigenschaften, die bei Männern immer positiv dargestellt werden und bei Frauen als negativ wahrgenommen werden. Diese kann ich mit dem eigenen Kanal ein Stück weit neutralisieren.

Aber egal wie sehr ich LinkedIn als Kanal mag, für eine gewisse Zielgruppe ist Sichtbarkeit in den traditionellen Wirtschaftsmedien auch wichtig, weil diese nach wie vor das *Handelsblatt* oder die *FAZ* lesen. Ja, LinkedIn wird immer breiter und größer, und das ist gut so aus meiner Sicht. Trotzdem hat die Berichterstattung in den Wirtschaftsmedien für bestimmte Zielgruppen noch eine höhere Wertigkeit und Reichweite.

Wenn wir an die Zurückhaltung von Frauen denken, was die traditionellen Medien, aber auch Social Media angeht, gibt es immer wieder die gleichen Argumente: Frauen wollen ihre Arbeit für sich sprechen lassen und nicht sich selbst darstellen. Zeit ist auch ein Faktor, der sich konstant durch ihre Argumentation, nicht sichtbar zu sein, zieht. Was würdest du jenen Frauen antworten, die so argumentieren?
Das können und sollten wir nicht verallgemeinern. Es kommt immer auf die Frau an. Und es gibt Gründe, warum Frauen nicht sichtbar sein wollen, zum Beispiel weil sie vielleicht im Unternehmen auf Neid stoßen. Es kann in der Kolleg:innenschaft vorkommen, und das habe ich tatsächlich häufiger erlebt, dass es heißt: »Die will sich nur selbst vermarkten.« Und wenn das die Kultur des Unternehmens ist, dann ist es vielleicht auch nicht ratsam, sichtbar zu sein. Dann würde ich einen anderen Weg gehen.

Ich bin früher über Kongresse, speziell über Marketing-Kongresse, in der Öffentlichkeit aufgetreten. Dort habe ich Vorträge gehalten und das, was ich im Unternehmen gemacht habe, präsentiert. Es gibt jede Menge Events, die das ermöglichen. Und das lässt sich dann wiederum auch gut mit LinkedIn verknüpfen: Mache ich eine Masterclass auf dem OMR-Festival über mein Fachthema, kann ich danach einen Post dazu auf LinkedIn machen. Muss ich aber nicht. Allein durch meinen Auftritt auf dem Event trete ich in die Sichtbarkeit, mache mich aber vielleicht etwas weniger angreifbar in meinem Unternehmen. Man muss das immer ein Stück weit nuancieren, damit es auch zur jeweiligen Person passt.

Grundsätzlich aber sind Frauen tatsächlich zurückhaltender, was öffentliche Kommunikation angeht, und das brauchen sie nicht zu sein. Es gibt mittlerweile genug Frauen, die in der Öffentlichkeit stehen und das richtig gut machen. Insofern kann man getrost auf der Welle mitschwimmen.

Wenn man sichtbar wird, gibt es auch Risiken. Was ist aus deiner Sicht eines der größten Risiken, die Frauen auf sich nehmen, wenn sie sichtbar werden?
Dass sie mit Kritik klarkommen müssen. Der Shitstorm rückt immer ein Stück näher, je sichtbarer ich bin. Ein weiteres Risiko ist wie schon erwähnt, dass es im Unternehmen zu Neid kommen kann. Und das dritte Risiko ist, dass man natürlich stärker unter Beobachtung steht und jedes Wort auf die Waage gelegt werden kann.

Was ist dein Rat, wie man damit umgeht?
Ich glaube, man muss eine Grundsatzentscheidung treffen ab einem gewissen Bekanntheitsgrad. Als Führungskraft braucht man auch im Zusammenspiel mit der Kommunikationsabteilung ein gewisses Gefühl dafür, welche Themen sich gut spielen lassen und was vielleicht doch »zu viel« ist.

Aber ich sage mal, der Weg bis hin zu so einer Bekanntheit ist lang. Diese kommt nicht über Nacht. Insofern, glaube ich, brauchen sich 99 Prozent der Frauen erst einmal keine Sorgen machen, dass sie *zu* sichtbar sind.

Das Argument, dass man sich ja nur selbst vermarkten will, muss man dann auch einfach mal weglächeln. Und es gibt ja auch Frauen, die diese Thematik sehr prominent aufgreifen, zum Beispiel in dem Podcast von Verena Pausder und Lea-Sophie Cramer, die diese Themen ganz offen ansprechen und jungen Frauen Mut machen, ihren Standpunkt zu beziehen und zu kommunizieren. Und das ist gut.

Angenommen, Sichtbarkeit wäre für dich kein Thema. Glaubst du, du könntest dasselbe bewegen und schaffen, was du heute tust? Wäre deine Karriere heute das, was sie ist, wenn du dich gegen die Sichtbarkeit entschieden hättest?
Ich glaube fest, dass das Unternehmen etwas davon hat, dass ich öffentlich kommuniziere. Und ich glaube, dass man in einer

CEO-Rolle grundsätzlich der/die erste Markenbotschafter:in des Unternehmens ist. Man trägt die Verantwortung, dass die Stakeholder stets einen positiven Eindruck vom Unternehmen haben. Das fängt beim Employer Branding an und geht weiter mit Investor:innen oder Konsument:innen. Wenn ein CEO oder ein Vorstand gut kommuniziert, dann hat das Unternehmen immer etwas davon.

Ich glaube nicht, dass meine Karriere davon abhängig war, ob ich gut auf LinkedIn dastehe oder nicht. Meine Sichtbarkeit führt natürlich dazu, dass Leute mich mehr anfragen, um hier und da zu sprechen. Auf Events oder in der Presse beispielsweise. Ich glaube aber nicht, dass mir heute jemand einen Job gibt, weil ich 160000 Follower auf LinkedIn habe. Es ist sicher förderlich, sichtbar zu sein, aber nicht alleiniger Grund.

Wir brauchen mehr weibliche, sichtbare Vorbilder. Oft haben Frauen, wenn sie sichtbar werden, automatisch eine größere Vorbildfunktion, weil sie aus ihrem Kreis hervortreten und für mehr Frauen sichtbar werden. Für wen willst du Role Model sein?
Ich hoffe, dass ich Role Model bin für viele jüngere Frauen, die vielleicht jetzt auch die Entscheidung treffen zu sagen, ich gehe in die Karriere rein und mache den nächsten Schritt.

Dann vielleicht auch, dass man in verschiedenen Industrien arbeiten kann. Man kann auch einmal etwas ganz anderes machen in seinem Leben, wobei die jüngeren Generationen das ohnehin machen. Da brauche ich, glaube ich, gar kein Role Model zu sein.

Ich glaube, jeder weiß, dass ich das, was ich sage, auch so meine, und ich nehme meist auch kein Blatt vor den Mund, intern nicht und extern auch nicht. Und da hoffe ich, dass vielleicht auch einige sagen: »Das ist richtig so.«

How to: Finde den richtigen Rahmen

Es gibt verschiedene Formate für Content, die du direkt auf LinkedIn nutzen kannst. Seit ich angefangen habe, dieses Buch zu schreiben, hat LinkedIn das eine oder andere verändert. Und das wird auch in Zukunft immer wieder passieren. Aber die Grundlagen für Content bleiben dieselben, egal welches Format du zur Verfügung hast. Dein Content muss informativ, inspirierend und idealerweise unterhaltsam sein. Die aktuell verfügbaren Formate möchte ich dir im Folgenden vorstellen, damit du eine Übersicht hast.

Posts

Im klassischen Post hast du aktuell 3000 Zeichen Platz, um einen Einblick in deine Perspektive zu geben. Das sind zu viele Zeichen, sagen die einen – zu wenige, finden die anderen. Ich würde sagen: Es kommt darauf an, was du daraus machst. Ich habe schon sehr viele kurze Posts gelesen, die mich echt begeistern, und lange Posts, bei denen ich nach der Hälfte gähnend vom Stuhl falle. Aber ich kenne auch lange Posts, die mich bis zum letzten Zeichen fesseln und bei denen ich es kaum erwarten kann, einen Kommentar zu hinterlassen und ein kurzes Blabla.

Fakt ist: Posts sind die große Kunst unter den Beitragsarten – du willst die Lesenden an deine Zeilen fesseln, hast aber nur begrenzt Worte beziehungsweise Zeit, um sie vom Weiterlesen zu überzeugen. Die ersten zwei Zeilen sind dabei am wichtigsten. Der restliche Text wird nämlich so lange ausgeblendet, bis die Betrachtenden auf »mehr anzeigen« klicken. Darum müssen die ersten zwei Zeilen knallen!

Die Formatierung ist ebenfalls wichtig. Achte auf genügend White Space – also kurze, bündige Sätze, hier und da eine Zeile Abstand für die Übersichtlichkeit und keine unnötig langen Worte. Probiere Emojis aus, um den Beitrag etwas aufzubrechen. Erstelle den Text unter der Prämisse, visuell genauso ansprechend zu sein wie inhaltlich. Versuche gerade zu Beginn deiner Aktivitäten, Links zu externen Artikeln oder Websites nicht direkt in den Post zu setzen. LinkedIn will eigene Inhalte und wird deinen Link mit weniger Reichweite abstrafen.

Auch wenn es dazu keine konkrete Bestätigung seitens LinkedIn gibt, kann ich diese Aussage mit reichlich Erfahrung aus eigenen Posts und denen meiner Kund:innen unterschreiben. Setze Links darum lieber in den ersten Kommentar oder lass sie besser ganz weg.

Eine sehr wichtige Frage ist, ob du deine Posts mit Bildern unterstreichen möchtest. Ich empfehle das ganz klar. Du vergrößerst selbst die Fläche, die dein Post beim Durchscrollen einnimmt. Mit deinem Gesicht und einem wiederkehrenden Design schaffst du viel schneller viel mehr Wiedererkennungswert als mit Texten allein. Egal, ob du dich zeigen möchtest (Menschen reagieren auf Gesichter) oder du mit Infografiken arbeitest – das Wichtigste ist, dass du deine Einzigartigkeit nicht mit generischen Stockfotos entwertest.

So baust du deinen Post auf:

- **Teaser:** Fang nicht chronologisch an, sondern mit der Essenz des Inhalts. Was ist mein Mehrwert, wenn ich weiterlese?
- **Kontext:** Warum ist dein Inhalt relevant? Womit oder mit wem hat er zu tun? Baue Brücken: Was hat das mit mir/dir zu tun?
- **Call to Action (CTA):** Formuliere eine Frage ans Netzwerk und rege einen Austausch zum Thema an.
- **Hashtags**

Artikel

Der LinkedIn-Publisher ermöglicht es dir, Artikel in Langform zu veröffentlichen und Themen etwas ausführlich zu besprechen. Hier kannst du auch Grafiken oder Statistiken einbinden. Beachte dabei: Artikel erreichen in der Regel nicht den gleichen Grad an Engagement wie Posts und Videos. Das liegt daran, dass die Leute auf den Link zu deinem Langform-Beitrag klicken müssen, damit er als Engagement zählt. Daher sind deine Engagement-Zahlen für Artikel oftmals kleiner.

Der Vorteil ist jedoch, dass du deine Expertise hier uneingeschränkt zeigen kannst. Außerdem werden externe Links in Artikeln nicht vom Algorithmus »bestraft«. Sie bieten darum eine gute Möglichkeit, Lead-

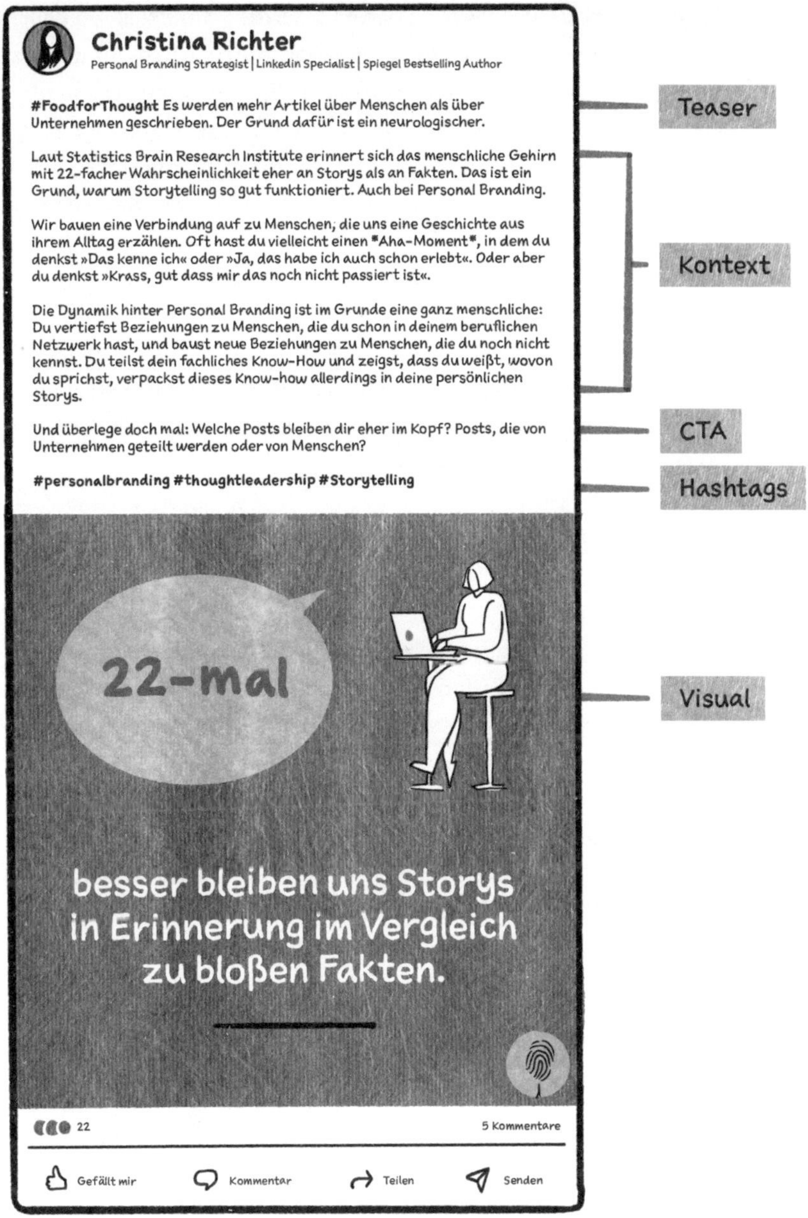

Abbildung 4: Wenn du deine Posts nach diesem Muster aufbaust, wird es dir mit der Zeit leichter fallen, deine Inhalte in Posts zu verschriftlichen.

Magnete vorzustellen. Sie sind darum auch die Schnittstelle zu deinen Aktivitäten außerhalb der Plattform. Ich würde allerdings immer dazu raten, Artikel nicht als primäres Content-Format zu nutzen, sondern als Beimischung. Ein Artikel alle 14 Tage oder gar einmal im Monat reichen meiner Erfahrung nach, um tiefer in ein Thema einzutauchen. Vor allem, wenn du eh schon wenig Zeit für LinkedIn erübrigen magst.

Aus Artikeln kannst du übrigens Newsletter erstellen. Dazu musst du dir aber wirklich des Commitments bewusst sein, dass du in einem kontinuierlichen Rhythmus Artikel schreiben musst, damit sich ein Newsletter lohnt. Der Erfolg eines Newsletters basiert meiner Erfahrung nach auf zwei Elementen: guten Inhalten und Regelmäßigkeit. Letzteres wird bei einem Newsletter noch mehr erwartet als bei deinen allgemeinen LinkedIn-Aktivitäten.

Videos

Du kannst auf LinkedIn Videodateien hochladen und über dieses Format direkt zu deiner Zielgruppe sprechen. Es ist das Format, mit dem dein Netzwerk dich am besten »persönlich« kennen lernen kann. Kurze, etwa 90-sekündige Videos können dir dabei helfen, Gesicht zu zeigen und bestimmte Themen persönlich zu erklären.

Greife eine Frage auf und gib deine Antwort in Videoform. Dazu kannst du auch dein Smartphone nutzen. Du solltest es dafür allerdings auf einem Tripod befestigen oder dir beispielsweise aus Büchern ein Stativ bauen, damit es fixiert ist und dein Video einen professionellen Eindruck hinterlässt. Während das Video kurz sein sollte, darf der Begleittext in deinem Post durchaus lang sein. Stell dein Video vor und gib einen kurzen schriftlichen Einblick, wovon es handelt. Es werden sich längst nicht alle das Video anschauen, aber es dient als sogenannter »Scroll Stopper«. Das heißt, Menschen bleiben an deinem Video hängen, lesen sich vielleicht den Text deines Posts durch und merken sich deinen Namen.

Oft kommt die Frage auf, ob man bei seinen Videos einen Untertitel verwenden sollte. Ich würde immer dazu raten, denn nicht jeder schaut bei der Arbeit Videos mit Ton.

Präsentationen oder Dokumente

Komplexe Inhalte kannst du mithilfe von Slideshare visualisieren oder kurze Studien und Paper als PDF in LinkedIn einstellen. Wie bei allen Beitragsarten sollte deine PDF-, Word- oder PowerPoint-Präsentation visuell ansprechend und geistig anregend sein. Infografiken sind eine großartige Möglichkeit, die Lesenden aus einer ästhetischen Perspektive heraus zu fesseln.

Umfragen

Ein echt cooles Format, um deine Community aktiv anzusprechen und »zum Mitmachen« anzuregen, sind Umfragen. Auch hier kannst du mithilfe eines Posts ein Thema ansprechen und näher ausführen und dann mit dem Umfragetool dein Netzwerk um ihr Feedback bitten. Du kannst pro Umfrage eine konkrete Frage stellen und Antworten zur Auswahl vorgeben. Bedenke bitte, dass Umfragen hin und wieder sinnvoll sind – wenn du allerdings nur noch Umfragen machst (und nicht gerade Anbieterin eines Meinungsforschungsinstituts bist), kann es auch so wirken, als hättest du selbst nicht genug zu erzählen und bräuchtest den Input deines Netzwerkes. Daher setze Umfragen gezielt und sinnvoll ein.

Des Weiteren kannst du Ereignisse feiern oder Stellenausschreibungen posten. Das würde ich in diesem Kontext allerdings nicht als Content bezeichnen, denn zum einen feierst du sicher nicht jeden Tag ein Ereignis wie einen Jobwechsel oder eine Beförderung und zum anderen ist eine Stellenausschreibung auch nichts, was dich und deine Expertise auszeichnet.

Zwischenzeitig gab es auch einmal Storys, ähnlich wie bei Instagram. Sie konnten sich allerdings nicht durchsetzen.

IM GESPRÄCH MIT DR. SIGRID EVELYN NIKUTTA

Dr. Sigrid Evelyn Nikutta verantwortet als Mitglied des Vorstands der Deutschen Bahn AG seit Januar 2020 das Ressort Güterverkehr und ist Vorstandsvorsitzende der DB Cargo AG. Nikutta erzählt als LinkedIn-Influencerin aus ihrem Alltag als Führungsfrau im Konzern und nimmt ihre Follower:innen mit auf die Bahngleise und hinter die Kulissen ihrer Arbeit. Sie macht Logistik auf Schienen greifbar und nahbar und ist gemäß einer Auswertung von Landau Media eine der Top 3 sichtbaren Führungsfrauen auf LinkedIn.

Warum sollten oder müssen Führungskräfte heutzutage auf Social Media aktiv und sichtbar sein?
Führungskräfte sollten auf Social Media sichtbar sein, weil ihre Kund:innen es sind – und auch ihre Mitarbeitenden. Über Social Media kann ich mein Produkt und meine Botschaften heute viel eigenständiger, effektiver und mit viel mehr Geschwindigkeit kommunizieren als noch vor 15 Jahren. Damals gab es nur die klassische Pressearbeit, und ich konnte meine Themen nur über die Zeitung an meine Kund:innen, Mitarbeitenden und Geschäftspartner:innen herantragen. Dank der sozialen Medien habe ich ganz andere, bessere Möglichkeiten, meine Ideen und Visionen auf dem Markt und in der Gesellschaft zu platzieren. Das ist für mich der Kerngrund, warum Führungskräfte auf Social Media sichtbar sein sollten.

Wie wichtig ist Sichtbarkeit für weibliche Führungskräfte?
Grundsätzlich sollte die Sichtbarkeit für Männer und Frauen gleich sein. Dennoch erlebe ich es, dass Frauen in die klassische Arbeitsfalle geraten: Sie fokussieren sich darauf, gute Leistungen zu bringen, aber nicht darauf, über ihre Leistungen zu re-

den. Viele Frauen investieren auch weniger Zeit in ihre Sichtbarkeit. Das bezieht sich nicht nur auf LinkedIn, sondern auch auf die klassische Öffentlichkeitsarbeit, wie Vorträge, Panels oder Ähnliches.

Ich erinnere mich an ein Gespräch mit einer Journalistin, die mir erzählte, dass Frauen Interviewanfragen fast immer absagten. Männer hingegen sagten grundsätzlich zu. Das ist etwas, was wir auf jeden Fall ändern müssen. Wir müssen Frauen dazu bringen, dass sie viel mehr an ihrer eigenen Sichtbarkeit arbeiten und nicht nur ihre Arbeit für sich sprechen lassen wollen.

Was bedeutet es für Führungskräfte, nicht auf Social Media sichtbar zu sein?

Ein positiver Faktor vorab: Natürlich kann man in seiner eigenen Firma eine brillante Karriere machen. Wer die eigene Karriere jedoch auf einem weiteren Level sieht und in der Businesswelt wahrgenommen werden möchte, muss außerhalb der eigenen Firma sichtbar und bekannt werden. Die großartige Leistung bleibt sonst in der Firma. Ich würde also immer dazu raten, größer zu denken.

Gerade wenn ich Themen anspreche, die gesellschaftsrelevant sind und für Veränderungen sorgen, kann ich mich nicht nur auf die eigene Firma konzentrieren. Beispielsweise wenn es um die Themen Digitalisierung und Umweltschutz geht, gibt es innerhalb von Unternehmen wirklich brillante Menschen, die im Unternehmen viel leisten, die aber auch auf einer viel breiteren Ebene einen großen Impact haben könnten. Es gibt genug gute Beispiele von Menschen, die genau das tun und ihre Themen über LinkedIn positionieren und so über das eigene Unternehmen hinaus bekannt geworden sind. Jede Führungskraft sollte sich also mindestens einmal fragen, wie wichtig die Themen sind, die auf dem eigenen Schreibtisch liegen, und wie wichtig sie für die Gesellschaft sein könnten.

Wie wichtig ist Authentizität?

Man merkt es den Kanälen an, ob sie professionell kuratiert werden oder sie zwar professionell sind, aber einen persönlichen Touch haben. Viele Führungskräfte haben Unterstützung bei ihrer Social-Media-Arbeit, das ist auch völlig in Ordnung, denn man hat ja auch in anderen Bereichen im Unternehmen Unterstützung. Und trotzdem ist mir total wichtig, dass ich viel selbst schreibe und überlege. Nur dann sind meine Botschaften authentisch. Wenn ich als Mensch wahrgenommen werden möchte, sollte ich immer auch selbst Zeit in meine Social-Media-Aktivitäten und meine eigene Sichtbarkeit investieren.

Wie finden Sie Ihre Themen? Planen Sie vor, oder sind Sie eher spontan?

Es gibt grundsätzlich Themen, die mich immer und immer wieder beschäftigen. Bei mir liegt der Fokus auf dem Schienenverkehr, dem öffentlichen Nahverkehr und grundsätzlich dem Thema Gerechtigkeit, Chancengleichheit und gleiche Rechte für alle. Ich überlege mir immer, wie ich diese gesellschaftlichen Themen nach außen in mein Netzwerk, meine Community bringe. Bei diesen Themen kann ich Posts vorplanen, weil sie nicht an irgendwelche spontanen Aktivitäten gebunden sind. Im Alltag bin ich aber auch spontan. Oft lese ich Artikel oder Posts, zu denen ich mich einfach äußern möchte. Ich glaube, der Mix aus festen Kernthemen und spontanen, wechselnden Themen ist wichtig.

Ich denke, dass allen bewusst ist, dass ich sehr viel arbeite. Für den authentischen, persönlichen Touch mache ich aber auch mal ein Foto beim Fahrradfahren oder Spazierengehen, um zu signalisieren, dass es diese Momente auch gibt und geben muss.

Wie entstehen Ihre Fotos?

Viele Fotos entstehen tatsächlich sehr spontan, und ich gehe den Menschen manchmal ein bisschen auf die Nerven damit. Aber ich habe die Erfahrung gemacht, dass sich viele im Nachhinein freuen, wenn es ein Foto von dem einen Moment gibt. Wenn ich einem Mitarbeiter oder einer Mitarbeiterin firmenintern einen Blumenstrauß überreiche, frage ich vorher, wer davon ein Foto macht. Das Bild schicke ich der Person dann, weil ich genau weiß, dass sie sich am Abend freuen wird, wenn sie daheim ihre E-Mails aufmacht. Und ich freue mich auch, wenn ich rückblickend gucken kann, wann was passiert ist. Fotos sind eine super Erinnerung.

Was sehen Sie als größten Benefit, auf LinkedIn sichtbar zu sein?
Der größte Benefit ist, dass die Themen und Inhalte, die ich poste, eine große Reichweite haben und auch in der Business-Community ankommen. Es kommt nicht auf jeden einzelnen Post an, sondern auf die Gesamtkommunikation.

Ich hatte kürzlich ein sehr schönes Erlebnis: Mich sprach eine Frau an, die mich von Social Media kannte und sich an einen bestimmten Post von mir erinnerte, weil sie das Thema unglaublich wichtig fand. Das hat mir gezeigt, wie wichtig es ist, meine Themen nach außen zu tragen und auch in der Business-Community zu platzieren.

Wie wichtig ist Ihr Personal Branding für das Unternehmen?
Das wurde lange unterschätzt. Als ich angefangen habe, auf LinkedIn aktiv zu sein, habe ich anfänglich durchaus Vorwürfe gehört: »Frau Nikutta, Ihnen geht es doch nur um Ihre Selbstvermarktung, das bringt dem Unternehmen doch nichts.« Und tatsächlich wurden immer nur die negativen Aspekte des Personal Brandings betrachtet.

Mittlerweile hat sich das Blatt gewendet, und es ist klar, dass meine Sichtbarkeit auch positiv auf das Unternehmen einzahlt. Es hilft uns, gute Mitarbeitende zu gewinnen. Viele Menschen bewerben sich im Fachbereich meiner Abteilung, weil sie mit mir arbeiten wollen. Aber auch Kundinnen und Kunden kennen mich. Selbst wenn ich eine Kaltakquise starte, können potenzielle Geschäftspartner:innen auf meinem LinkedIn-Profil gucken, was die Frau Nikutta denn da macht.

Viele machen sich auf Social Media schlau, wer ihnen gerade eine Anfrage geschickt hat. Das habe ich schon ganz oft erlebt. Allein diese beiden Beispiele zeigen eindrücklich, dass mein Unternehmen stark von meiner Sichtbarkeit profitiert.

Wie gehen Sie mit kritischen Kommentaren um?
Es gibt zwei Arten von Kritik. Zum einen inhaltlich getriebene Kommentare, wenn jemand eine andere Sichtweise oder Meinung hat. Diese nehme ich ernst und antworte darauf. Mitunter leite ich die Kritik an den jeweiligen Fachbereich weiter. Zum anderen gibt es die Kritik, in der Menschen des Pöbelns wegen kommentieren. In diesem Fall gucke ich mir das Profil an und schaue, ob es sich überhaupt um eine reale Person handelt oder nur ein Fake-Profil ist, das genutzt wird, um Ärger zu machen.

Was wäre Ihr Rat an Frauen, die Angst vor Sichtbarkeit haben?
Man muss sich eines klarmachen: Sichtbarkeit hat immer zwei Seiten. Es kann zu positiven, aber auch zu negativen Reaktionen führen. Es ist sicher, dass man irgendwann auch mal negative Kommentare bekommen wird. Das ist so. Aber ich würde immer dazu raten, die Energie aus dem Positiven zu ziehen, denn das überwiegt in der Regel. Mit dem Negativen kann man umgehen lernen.

Was möchten Sie Frauen sagen, die nach wie vor ihre Arbeit für sich sprechen lassen wollen?
Überprüfen Sie Ihre Denkmuster, und schauen Sie sich in anderen Unternehmen und in der Gesellschaft um, ob wirklich gute Leistung allein zu Erfolg führt. Ich denke, dahinter steht ein fester Glaubenssatz, der uns Mädchen mitgegeben wird: Lerne gut, arbeite fleißig, und dann wird das schon mit dem Erfolg.

How to: Curate Content

Ein erster und einfacher Weg, um Inhalte für dein Netzwerk zu erstellen, ist die *Content Curation*. Das Kuratieren von Inhalten besteht darin, vorhandene Inhalte, zum Beispiel Blogs, Nachrichten, Videos, Podcasts, Bilder, Infografiken und so weiter, im eigenen Themenfeld zu sichten. Sicherlich konsumierst du sowieso Formate, die sich mit deinem Thema beschäftigen, beginne einfach, dies mit mehr Aufmerksamkeit zu tun. Wenn du ein bestimmtes Stück, zum Beispiel einen Artikel aus einem Fachmagazin oder eine neue Studie zu Trends deiner Branche, förmlich verschlungen hast, du einen Aha-Moment hattest oder du etwas Überraschendes oder Neues gelernt hast, behalte es nicht für dich. Die Chancen stehen gut, dass es deine Zielgruppe genauso interessieren wird wie dich.

Die passende Analogie ist die Aufgabe einer Museumskuratorin. Sie hat die Kompetenz, zu entscheiden, welche Kunst im Museum gezeigt werden soll und wann sie gezeigt wird. Sie muss sich genau überlegen, was ihr Publikum sehen möchte, ob ihre Wahl Tickets verkaufen kann und ob sie ihrem Stil und dem des Museums gleichzeitig gerecht bleibt. Die Kunst, die ausgestellt wird, wurde von Künstler:innen geschaffen. Darum stellt das Museum ihre Werke nicht einfach so aus, sondern stellt immer einen Kontext zu den Urheber:innen her.

Content Curation funktioniert nach genau diesem Prinzip. Wenn du ab heute Podcasts hörst, die Zeitung liest oder eine Studie durcharbeitest, aktiviere vorher deine innere Kuratorin.

Content Curation bedeutet *nicht* das bloße Klicken auf »Teilen« bei fremden Beiträgen. Ähnlich wie beim Verwenden von Links in deinen Posts wird der Algorithmus einen »geteilten« Inhalt nicht pushen. Erstelle also lieber deinen eigenen Post und um deinem Netzwerk zu sagen, warum genau dieser eine Podcast oder dieser eine Artikel deine Aufmerksamkeit gewonnen hat und was dein Aha-Moment dabei war.

Gründe für Content Curation können folgende sein:

- Du kannst relevante, qualitativ hochwertige Inhalte mit weniger Aufwand liefern.

- Du möchtest kontinuierlich guten Content beitragen, Content Curation ermöglicht dir das von Beginn an.
- Du kannst komplexe Inhalte leichter zugänglich machen und deine Sichtweise, dein Verständnis dazu abbilden.
- Vielleicht hat jemand anders die Sache genau auf den Punkt gebracht, du musst das nicht noch einmal tun.
- Du kannst Sichtbarkeit erlangen, indem du Content von Top-Voices und Thought-Leaderinnen nutzt und diese taggst.
- Du möchtest dein Netzwerk mit Quellen bekannt machen, die du als relevant betrachtest.

Methoden zur Content Curation

Wie für alle Posts gilt auch bei der Content Curation: Du hast nur zwei Zeilen Zeit, um deine Lesenden zum Weiterlesen zu bringen. Nutze den Post-Aufbau Teaser – Kontext – CTA – Hashtags.

Welches Thema beschäftigt dich aktuell besonders? Hast du besonders einleuchtende Inhalte darüber im Internet gesehen? Artikel, Gastbeiträge oder Interviews von Menschen, die in deinem Fachbereich bereits etabliert sind? Falls nicht, begib dich auf die Recherche. Wenn du *den* Beitrag gefunden hast, erstellst du eine Art Executive Summary. Was sind aus deiner Perspektive die wichtigsten Statements? Was wirft Fragen oder neuen Handlungsbedarf auf? Warum hat dich genau dieser Artikel so beeindruckt, provoziert oder inspiriert? Greife Meinungen, Beispiele und Zitate in deinem Post auf. Erkläre, warum du dieses Statement oder dieses Beispiel so gut findest – das ist der Mehrwert, den du als Expertin bieten kannst.

Niemand kann *alles* lesen, darum bietest du deinem Netzwerk einen ganz besonderen Service, wenn du relevante Beiträge zusammenfasst und die Kernbotschaften herausarbeitest. Dasselbe kannst du beispielsweise auch mit Blogartikeln von Thought-Leaderinnen deiner Branche machen (und sie taggen). Vielleicht kennt der eine oder die andere auch genau diese Podcast-Folge oder den Blogbeitrag und es entsteht ein Austausch darüber in den Kommentaren.

Best-of-Video: Nimm eine längere Videopräsentation einer etablierten Branchenexpertin und ziehe die wichtigsten Lektionen heraus. Nicht alle Menschen werden sich die Zeit nehmen, sich ein längeres Video anzusehen. Du weißt jedoch, dass in diesem Video wertvolle Lektionen für dein Netzwerk enthalten sind. Verpacke die Kernstatements in mundgerechte Häppchen.

Best-of-Gelesenes: Nimm ein längeres E-Book oder eine Studie und ziehe eine essenzielle Lektion oder deinen persönlichen Lieblingsteil heraus. Achte darauf, dir nicht die Inhalte anderer zu eigen zu machen. Vielmehr nutzt du diese Inhalte als Grundlage, um deine Fachexpertise darauf aufzubauen. Ergänze Gedanken oder hinterfrage die Inhalte. Wir werden alle das Rad nicht neu erfinden, aber wir können es nutzen, um Ideen weiterzuentwickeln.

Zitate: Trage die Stimmen anderer auf LinkedIn zusammen oder greife Zitate aus Diskussionen auf, die du auf LinkedIn geführt hast. Die wenigsten haben jeden deiner Posts auf dem Radar und verfolgen den Austausch in der Kommentarspalte. Wenn dir also mal ein Kommentar als besonders wertvoll auffällt oder der Grundtenor der Kommentierenden interessant ist, nutze ihn, um einen neuen Post zu schreiben. Damit beziehst du die Mitglieder deines Netzwerks in eine Unterhaltung mit ein, von der sie nachträglich profitieren können, wenn sie die ursprüngliche Unterhaltung vielleicht verpasst haben.

Empfehlungen: Stelle relevante und aktuelle Podcasts, Ted-Talks, Bücher et cetera zu deinem Thema vor. Diejenigen, die deine Empfehlung schon kennen und selbst gut fanden, sehen eine Gemeinsamkeit zu dir. Diejenigen, die deine Empfehlung nicht kennen, nehmen sie vielleicht an. Oder sie können dank deiner Worte bei der nächsten Diskussion etwas mitreden. Auch hier gilt: Formuliere, warum du genau diese Empfehlung gibst und sie relevant für dein Fachgebiet ist.

How to: Create Content

Wenn du dich als Expertin in deinem Fachbereich positionieren und sichtbar werden möchtest, reicht es nicht aus, nur Inhalte anderer zu kuratieren. Damit signalisierst du lediglich, dass du dich in deiner Branche sehr gut auskennst. Der Schritt zur Expertin oder sogar zur Thought-Leaderin geht aus der Reaktion in die Aktion. Du hast eigene Meinungen, Impulse und Visionen für dein Themengebiet, da bin ich mir sicher. Beim Kreieren von eigenem Content geht es darum, deine originäre Perspektive zugänglich zu machen: Wissen und Charakter. Wenn du faktische Aspekte aufgreifst und diese mit einem persönlichen Impuls verbindest, wird immer ein einzigartiger Beitrag dabei entstehen.

Viele Einsteigerinnen haben den Eindruck, dass ihnen die Ideen für eigene Beiträge fehlen. Ich habe allerdings die Erfahrung gemacht, dass es nur einen Richtungswechsel der Gedankengänge braucht. Du siehst den Wald vor lauter Bäumen nicht. Deine Erfahrung ist schließlich da. Du hast dir dein Thema oder deine Branche nicht ausgesucht, weil du ahnungslos auf dem Gebiet bist. Ich möchte dich darum unbedingt dabei unterstützen, deine Gedanken in neue Bahnen zu lenken – Bahnen, die zu großartigem Content führen.

Press nicht auf Biegen und Brechen einen Beitrag aus dir heraus, wenn du eigentlich gar keine Idee hast. Sammele lieber im Alltag Ideen und Geistesblitze. Lege eine Notiz auf die Startseite deines Telefons, damit du immer sofort rankommst. Nutze passive Zeiten, um über deinen zukünftigen Content nachzudenken. Tue es nie erst, wenn du am Bildschirm vor der leeren Zeile sitzt. Brainstorme während deiner täglichen Fahrtzeiten, beim Spazierengehen, Einkaufen oder Sport. Deine Umwelt beeinflusst deine Gedankenwelt massiv – darum ist es wichtig, neue Ideen nicht an der immer gleichen Position zu suchen.

Für mich war der Game-Changer beim Sammeln von Inhalten eine WhatsApp-Gruppe mit mir selbst. Ich habe dazu eine Gruppe mit einer weiteren Person angelegt und diese

Person dann wieder aus der Gruppe entfernt (natürlich war das vorher abgesprochen – wäre sonst etwas seltsam gewesen). Da ich mein Handy immer dabeihabe und sehr viele Nachrichten im Alltag über WhatsApp versende, binde ich mich selbst als relevanten Empfänger meiner eigenen Nachrichten in diesen Alltag mit ein. Das funktioniert super! Der kleine Trick funktioniert übrigens auch mit anderen Messenger-Diensten.

Schau dich auch einmal um, was die Leute in deinem Netzwerk posten. Vielleicht erkennst du Konzepte, die dir gefallen und die du auf ein eigenes Thema übersetzen kannst. Der höchste Anspruch an deinen Content ist, dass er die Zeit wert sein muss, den die Menschen aufbringen, um ihn anzusehen. Verschwende niemals die Zeit von jemandem.

Nimm einen (oder mehrere) der folgenden Anstöße und schau immer durch zwei Filter: Wo ist die Relevanz für meine Branche? Wo ist die Relevanz für mich selbst? Et voilá – dein Content.

Vergangenheit, Gegenwart, Zukunft

Wenn du in deinem derzeitigen Alltag keine smarten Ideen findest, schau mal in die Vergangenheit: Was hat dich bewogen, dich deinem Thema zu widmen? Welche Herausforderungen hast du bewältigen müssen? Was hat sich in deiner Branche in den letzten zehn Jahren verändert, und wie bewertest du das? Auch der Blick in die Zukunft lohnt sich: Auf welche Vision zahlt deine Energie ein? Welche Utopie oder Dystopie hast du zuletzt durchdacht? Welche Veränderungen kannst du für deine Branche schon heute vorhersagen? Was sind die Anforderungen der nächsten fünf Jahre? Auch in der Gegenwart gibt es immer Substanz: Warum macht deine Tätigkeit zurzeit besonders Spaß oder gar keinen Spaß? Womit hast du dich *heute* beschäftigt? Worüber sprechen im Moment alle?

Wer?

Du willst nun kreieren statt kuratieren. Trotzdem darfst du über Menschen sprechen. Wer hat dich inspiriert? Wen hast du beim letzten Event kennen gelernt? Wen würdest du gern mal treffen? Mit wem arbeitest du zusammen? Wessen Beiträge liest du immer ganz gespannt? Welche geschichtliche Persönlichkeit hättest du gern mal zum Lunch getroffen? Nichts beeinflusst uns so sehr wie die Menschen in unserem Leben.

Learnings

Ein großes Missverständnis unserer Zeit ist es, Wissen für sich behalten zu wollen. Wissen kann dir niemand wegnehmen, und Erfahrung kann dir niemand schenken. Du kannst wahre Größe beweisen, indem du deine eigenen, hart verdienten Learnings mit deinem Netzwerk teilst. Erzähle von deiner Herausforderung und wie du sie gelöst hast. Auch deine Fehler und schlechten Entscheidungen der Vergangenheit bieten einen riesigen Ideenfundus. So machst du dich nahbar und bietest einen echten Mehrwert für deine Zielgruppe. Vielleicht kannst du Einsteiger:innen vor dem einen oder anderen Fehltritt bewahren und anderen Expert:innen vor Augen führen, dass unterschiedliche Wege oft ähnliche Herausforderungen bereithalten.

Top-Thema

Worüber redet gerade die ganze Branche? Nimm dieses Thema und gib ihm einen neuen Shift. Du solltest auf keinen Fall wiederkäuen, was sowieso schon gesagt ist. Aber vielleicht hast du einen Lösungsansatz, eine kontroverse Meinung oder ein Vergleichsbeispiel aus der Vergangenheit? Go for it. Gerade wenn der Feed durch ein heiß diskutiertes Thema sehr heterogen wird, ist das deine Chance, neuen Wind reinzupusten. Aber bitte springe nicht auf jedes Trendthema auf, das dir auf Social Media begegnet, sondern suche dir die Themen aus, die zu dir und deiner Branche passen.

Events

Es findet eine Veranstaltung statt, auf die du regelrecht hinfieberst? Erzähle deinem Netzwerk, warum: Wen wirst du dort treffen oder hoffst du zu treffen? Welche Vorträge, Panels oder Workshops wirst du besuchen? Wem möchtest du das Event wärmstens empfehlen? Oder du sprichst nach dem Event über die Learnings, die du mitnehmen durftest.

Achte darauf, dass du dich wirklich auf die Mehrwerte und Learnings des Events konzertierst. Wenn ein Post wie folgt anfängt: »Letzte Woche war ich auf dem Event XY, und das war wirklich toll«, wirst du wahrscheinlich eher wenige Menschen auf den kompletten Post lenken. Fang mit einem Kern-Learning oder einem Statement an, das jemand auf dem Event gesagt hat und das dich nachhaltig inspiriert hat.

Routinen

Was machst du eigentlich den ganzen Tag? Und vor allem: Was machst du jeden Tag immer wieder? Du wirst einen guten Grund für jede einzelne Routine haben. Welcher ist es? Über deine Routinen zu sprechen, ist ein guter Aufhänger, um einen Einblick in deine täglichen Abläufe zu geben. Vielleicht hast du ja einen Job, bei dem du immer wieder gefragt wirst: »Was machst du denn da eigentlich den ganzen Tag?« Hier ist deine Chance, diese Frage zu beantworten.

Neutralisierte Cases

Ein weiterer Weg, um einen ganz konkreten Einblick in deine Arbeit zu geben, sind Cases, an denen du selbst mitgearbeitet hast. Der Grund, einen solchen zu teilen, muss nicht unbedingt der erfolgreiche Abschluss sein (kann er aber natürlich). Vielleicht hast du auf dem Weg ja etwas anderes gelernt: Missverständnisse aufdecken, Kundenwünsche entschlüsseln, benötigte Zeit oder Ressourcen richtig einschätzen, Kommunikationstypen erkennen … Die Bandbreite, die deine eigenen Projekte abbilden können, ist vielschichtiger als eine bloße

Beschreibung. Überlege dabei jedoch immer, wie du deine Kund:innen darstellst. Sie werden sich auch in neutralisierter Form wiedererkennen. Auch sonst ist ein respektvolles Nacherzählen natürlich ein professioneller Mindestanspruch.

Fuck-up-Storys

Man darf geteilte Meinungen haben, aber ich finde, dass die Geschichte eines glorreichen Scheiterns so viel mehr erzählt als die bereinigte Heldinnengeschichte, die am Ende vielleicht entstanden ist. Fehler, Krisen und temporäre Kapitulationen gehören einfach dazu. Es gibt wenige Content-Ansätze, die dich so nahbar machen wie das Schildern einer kleinen, mittelschweren oder absoluten Katastrophe deiner Karriere. Finde unbedingt den Turning Point zu dem, was du aus dieser Krise mitnehmen durftest. Irgendetwas gibt es da immer – lass deine Community daran teilhaben.

IM GESPRÄCH MIT TATJANA KIEL

Tatjana Kiel ist Geschäftsführerin der Klitschko Ventures GmbH und der gemeinnützigen GmbH #WeAreAllUkrainians. Seit Beginn des Krieges verstärkt sie die Stimme von Wladimir Klitschko aus Kyiv, und das mit großem Erfolg und Nachdruck auf vielen Bühnen, Podien und in den Medien. Seit Februar 2022 agiert sie als Sprachrohr in die deutsche Wirtschaft, während sie mit der #WeAreAllUkrainians gGmbH und Koordinatoren auf ukrainischer Seite Hilfsmaßnahmen umsetzt –

von Soforthilfen über Gütertransporte bis zur Anbahnung von Städtepakten für nachhaltige Zusammenarbeit. Tatjana ist für ihr Engagement 2022 unter anderem als »LinkedIn Top Voice« ausgezeichnet worden und hat den Sonderpreis des Deutschen Gründerpreises erhalten.

Was bedeutet für dich Sichtbarkeit?

Da gibt es unterschiedliche Ebenen. Es ist ein Geben und Nehmen. Du musst etwas reingeben beziehungsweise zu sagen haben oder sein, was für andere interessant ist, damit du wiederum Sichtbarkeit bekommst.

Dabei ist es wichtig zu verstehen, dass nachhaltige Sichtbarkeit nur funktioniert, wenn du weißt, was du anderen Menschen zu geben hast. Weil du weißt, wer du bist und wofür du stehst. Wenn dann eine bestimmte Zielgruppe daran wirklich Interesse hat, werden sie deinen Weg weiterverfolgen und dich auch nachhaltig sichtbar machen. Sichtbarkeit hat ganz viel mit Haltung zu tun, finde ich.

Gab es bei dir einen ganz bestimmten Moment, wo du gemerkt hast, du hast etwas zu sagen und jetzt ist der richtige Moment gekommen, um auf einer größeren Ebene deine Botschaft nach außen zu tragen?

Es gab einen Moment und gleichzeitig war es ein Prozess. Wladimir (Klitschko) gab mir für die Neuausrichtung des Unternehmens die Aufgabe, »den Griff an den Koffer zu basteln«, wie er es genannt hat, damit er ihn tragen kann. Der Koffer stand symbolisch für sein Wissen und Know-how und der Griff, mit dem er sich transportieren lässt, ist die Methode, die wir gemeinsam daraus entwickelt haben.

Am Anfang, als ich mit diesem »Koffer« rausgegangen bin, um das Wissen zugänglich zu machen, wurden wir belächelt. Viele haben uns nicht ernst genommen. Und ganz viele haben nicht verstanden, wie Pionierarbeit und Utopie funktionieren.

Das war der Moment, an dem ich gesagt habe: »Ihr unterschätzt Wladimir, ihr unterschätzt mich.« Das war auch der Moment, in dem mir bewusst wurde, dass ich es allen zeigen will. Und das geht nur, wenn wir die Arbeit und die Vision dahinter zeigen. Und zwar wir beide. Wenn nämlich nur Wladimir darüber spricht, reicht das nicht, weil die Glaubhaftigkeit, wie dieses Wissen jedem zugänglich gemacht werden kann, schon ganz arg über mich gespiegelt wird. Und das war neu, auch für mich. Denn wenn es jemanden gibt, der glaubwürdig ist, dann ist es Wladimir. Aber ich spielte jetzt eine neue, wichtige Rolle in unserer Zusammenarbeit und dazu gehörte, viel sichtbarer zu werden. Das gemeinsam zu erarbeiten, war für mich neu.

Zurückblickend war das alles ein Prozess, wie und mit welchen Schwerpunkten ich wahrgenommen werde. Es kamen viele dazu, wie beispielsweise Empowerment, die ich gar nicht so bewusst geplant hatte, weil sie für mich normal waren, aber inzwischen werde ich zu solchen Inhalten getaggt. Das ist der Prozess, über den man sich klar werden muss.

Das ist das, was ich meine, wenn ich sage: »Es muss eine Zuhörerschaft geben, und das ist oft eine andere, als man denkt.« Ich bin nicht dafür sichtbar gemacht worden, dass ich CEO bin und was ich in dieser Rolle tue, sondern für das Wirken und die Haltung, die ich zeige.

Wie bist du an deine ersten Inhalte herangegangen, die du teilen wolltest?

Tatsächlich habe ich einfach versucht, so zu schreiben, als würde ich meiner besten Freundin schreiben, was ich gerade tue, wo ich gerade bin und im besten Fall, warum. Das Warum ist ja das Schwierigste. Eigentlich habe ich eine Art Tagebuch geführt – nur öffentlich.

Viele Frauen hält ihre Angst, Privates zu teilen, von der Sichtbarkeit ab. Wie stehst du dazu?

Wenn man partout nicht sichtbar sein möchte, sollte man es auch nicht tun. Ich glaube, dass wir in all unseren Rollen Vorbilder sind, weil wir Mütter, Töchter, Partner:innen, Chef:innen, Mitarbeiter:innen sind.

Meine Mitarbeiter:innen oder Kolleg:innen sind auch Vorbilder für mich in Bereichen, in denen ich nicht gut bin. Wir lernen schon voneinander, wenn wir nur teilen, was wir gerade erleben. Und das tut auch eine Plattform wie LinkedIn. Sie ermöglicht es, Teil von etwas zu sein. Wer das in dieser Form nicht möchte, sollte das nicht tun. Jede sollte sich bewusst entscheiden, welchen Weg sie geht.

Privates, also zum Beispiel Bilder meiner Tochter, auf denen ihr Gesicht zu sehen ist, oder dergleichen, würde ich nie zeigen. Auch nicht von Freunden oder von meiner Familie. Learnings dagegen, die wir aus etwas gezogen haben und die uns geholfen haben, bin ich sehr gerne bereit zu teilen.

Würdest du sagen, dass es besonders für Frauen wichtig ist, sich mit dem Thema Sichtbarkeit und dem Tool, das man nutzen kann, um sichtbar zu werden – Personal Branding –, zu befassen? Was würdest du Frauen als Rat oder auch als Learning mit auf den Weg geben?

Ich glaube, es ist ganz wichtig, herauszufinden, wie du dich positionieren und wofür du glaubhaft stehen willst. Sonst läufst du Gefahr, dich auch immer wieder selbst zu hinterfragen, ständig anders aufzutreten und nicht mehr nachvollziehbar zu sein. Das spiegelt sich dann auch auf einer Plattform wie LinkedIn wider – wenn du nicht weißt, wofür du stehst, wirst du für Inhalte vielleicht nur 10 Likes bekommen statt 1000 –, und dann knabbert das an dir, weil du dich fragst warum.

Man muss genau verstehen, was die verschiedenen Tools, mit denen man sichtbar werden kann, bringen und ob sie auf die eigenen Ziele einzahlen. Wenn man zum Beispiel in Social Media innerhalb von einem Jahr nur 20 Follower mehr hat, muss man sich fragen, ob es der richtige Weg ist oder den Aufwand wert ist.

Ich entscheide mich ja auch immer wieder für oder gegen etwas Neues. Ich habe mich gegen Facebook, aber für Instagram entschieden. Ich teile dieses sehr Private nicht mehr, aber ich teile das Persönliche – auch Bilder von mir, die ich schön finde, die aber auch eine Aussage haben. Mit diesem Fokus auf Bildern habe ich sehr gehadert am Anfang, aber auch verstanden, dass dieses Medium nur so funktioniert. Wenn man dem treu bleiben und immer wieder Futter geben kann, kann es sehr gut funktionieren, aber wenn nicht, sollte man etwas ändern oder es auch fallen lassen, weil es sonst kontraproduktiv für die Darstellung der eigenen Persönlichkeit ist.

In den letzten Monaten hast du eine Sonderposition eingenommen, weil du dich von deinen Kernthemen, für die du in den letzten 2,5 Jahren sichtbar geworden bist, wegbewegt hast, hin zu einem humanitären Thema. Inwieweit hat dir deine grundlegende Sichtbarkeit geholfen, das neue Thema schneller auf die Straße zu bringen? Und hättest du all das erreicht, wenn du vorher nicht schon sichtbar gewesen wärst?

Es hat mir natürlich geholfen, dass ich wusste, wie Sichtbarkeit funktioniert. Der Inhalt meiner Aufgabe hat sich mit Kriegsbeginn geändert, aber im Kern sind meine Schwerpunkte immer noch Empowerment und Transformation.

Ich glaube, dass ich schon eine Sonderstellung habe dadurch, dass ich für eine Persönlichkeit mit einer so starken Marke arbeite. Partner:innen arbeiten gerne mit uns aufgrund dieser Reichweite und der Glaubhaftigkeit. Genauso ist es jetzt. Das, was ich tue, die Tatsache, dass wir dokumentieren, was passiert – das ist auch jetzt Teil dieser Glaubhaftigkeit. Das ist die Sonderstellung jetzt gerade in der Kriegssituation.

Das Wort Aktivistin, das jetzt auch immer wieder fällt, betrachte ich eher kritisch. Es war nie mein Ziel, Aktivistin zu sein. Aber ich zeige Haltung – das wiederum entspricht genau meiner Vorstellung von Sichtbarkeit, wie ich sie gut finde.

Netzwerken ist für viele Frauen ein rotes Tuch …

Der Begriff Netzwerk ist sehr geprägt von den Seilschaften der Männer. Das war immer meine Definition und deswegen habe ich den Begriff Netzwerk für mich in Gemeinschaft geändert.

Am Ende geht es darum, Prozesse aufzubauen und Menschen dahinter zu setzen. Das hört sich sehr technisch und für einige sehr fremd an, aber in der Wirtschaft ist das normal und auch total wichtig. Denn ohne das funktioniert es nicht.

Frauen haben häufig Angst, jemanden um Rat zu fragen oder um Hilfe zu bitten. Dabei wissen wir doch, dass es privat auch so ist, dass alle Frauen am Tisch sitzen und sofort zurückfragen, was sie tun können, um zu helfen. Ich glaube, es ist wichtig zu hinterfragen, welche Fragen wir stellen und welche Anforderungen wir haben. Und man muss sich dann auch überlegen, was ich in dem Moment zurückgeben will. Das Formulieren ist so wichtig, um zu fragen: »Kannst du mir helfen?«

Die Seilschaften sind in den Unternehmen immer noch das, was funktioniert. Selbst befördert zu werden, ohne dass mich jemand empfiehlt, funktioniert nicht. Bis dato gibt es wenige funktionierende Frauennetzwerke, weil es einfach noch zu wenige Frauen in Führungspositionen gibt. Umso schneller wir netzwerken, umso schneller kommen wir nach oben.

Was ist deiner Meinung nach wichtiger im Kontext Personal Branding: Geschichten erzählen oder Netzwerken?

Beides. Das eine funktioniert ohne das andere nicht. Ich habe gelernt – und so wird es auch viel diskutiert –, dass es eine One-Way-Communication ist, wenn du nur Geschichten erzählst.

Erzählst du deine Geschichte, wirst du vielleicht viele Follower haben, wirst dann aber auch nicht mehr greifbar sein oder den Followern nicht mehr das Gefühl geben können, erreichbar zu sein. Dann wirst du heroisiert und musst aufpassen, denn dann verlierst du selbst auch den Blick auf dich und die Situation. Man kann auch ganz schnell wieder nach unten fallen. Umso wichtiger ist das Netzwerk dahinter.

Glaubst du, dass das Beantworten von Kommentaren einen Kontakt zu den Followern aufbaut?

Definitiv. Nur durch das »Rausrufen« entwickelt sich ja keine Langfristigkeit, kein Austausch. Das Geben und das Nehmen entwickeln kein Bündnis. Dass jemand für dich einsteht, passiert eher, wenn du mit demjenigen schon kommuniziert hast.

Was sind deine wichtigsten Learnings aus den letzten zwei Jahren strategischer Sichtbarkeit?

Mein Learning ist, dass das Ziel nicht die Sichtbarkeit ist, sondern das Ziel ist es, sich zu positionieren, sich selbst zu finden und authentisch zu kommunizieren und zu erzählen, was man sagen möchte.

Was hast du durch deine eigene Sichtbarkeit über dich selbst gelernt?
Ich habe mich immer an Vorbildern orientiert und mir von ihnen abgeguckt, was ich gut finde. Das gebe ich gerne genauso an andere weiter. Ich habe aber auch viel gelernt darüber, dass das, wofür ich wahrgenommen werde, gar nicht immer das ist, was ich eigentlich mache. Dann kann ich meine eigene Kommunikation anpassen, um das entweder zu bestätigen oder den Eindruck geradezurücken.

Hast du einen Rat an Frauen, die wissen, dass sie sich mit Personal Branding beschäftigen müssen?
Es ist ein langer Weg, und deswegen darf man sich nicht zu schnell irritieren lassen. Es ist eine strategische Entscheidung. Wenn ich eine Message habe, die ich rausgeben möchte, oder ein ganz spezielles Thema besetzen möchte, ist es wichtig, auch die persönlichen Geschichten dazu zu erzählen. Um sich klar zu positionieren, Ziele zu erreichen und der eigenen Arbeit Sichtbarkeit zu verschaffen.

In vielen Bereichen haben wir zu wenige weibliche Vorbilder. Wäre das nicht gerade ein Anreiz dafür, dass Frauen dies nicht nur beklagen, sondern sich damit auseinandersetzen?
Eine Auseinandersetzung mit dem Thema ist unumgänglich. Wir brauchen Vorbilder. Sich zu beklagen, ist aber so gar nicht meins. Ich reagiere eher mit Aktion. Wir sind alle Vorbilder, als Mütter, Partnerinnen, Vorgesetzte et cetera. Wenn wir das, was wir tun und wofür wir stehen, sichtbar machen, können wir auch für andere Vorbilder sein.

Was gibt es noch zu bedenken?

Inzwischen dürfte dein Kopf voll sein mit Content-Ideen. Wenn du erst mal den Dreh raushast, schreiben sich die Posts wie von allein. Hier folgen noch einige Punkte, die du unbedingt mitdenken solltest.

Hashtags

Anders als beispielsweise Instagram, zieht LinkedIn mit Hashtags ziemlich hart ins Gericht. Während du auf Instagram bis zu 30 Hashtags setzen kannst, empfehle ich dir – obwohl es bei LinkedIn keine Maximalanzahl gibt – einen sehr pointierten Einsatz der Rauten. Das Businessnetzwerk schiebt schnell den Spam-Riegel vor deinen Content, wenn du zu viele Keywords daruntersetzt. Darum solltest du Hashtags wirklich als Kategorisierungstool und nicht als Reichweitenmaschine betrachten.

Ich rate dir zu drei bis fünf sorgsam gewählten Hashtags. Einen, der dein übergreifendes Thema repräsentiert – Nachhaltigkeit, Diversity, Mobility … – und eine hohe Reichweite hat. Ein bis drei, die etwas tiefer in dein konkretes Thema eingehen, also deine Nische abbilden. Auch hier suchst du nach der höchstmöglichen Reichweite, allerdings ohne dabei deinen Nischenfokus zu verlieren. Und als Letztes kannst du einen selbst kreierten Hashtag setzen. Doch Achtung, das ist wirklich ambitioniert. Dieser Hashtag sollte kurz, simpel und einprägsam sein, mit dir in Verbindung stehen, auf dein Thema (und gegebenenfalls ein bestimmtes Anliegen) hinweisen und zur Interaktion anregen.

Das ist eine ganz schöne Latte an Anforderungen – vergleichbar mit dem Finden eines Markennamens oder Slogans. Überlege darum gut, an welchem Punkt ein eigener Hashtag sinnvoll ist und ob er für dein Anliegen – ein Event, ein Aufruf, eine bestimmte Postkategorie – wirklich ein Gewinn ist. #letsgo, #wirschaffendas oder #lovemyjob: Achte darauf, dass du nie generische, allzu pathetische Keywords verwendest. Recherchiere deine Hashtags einmal gründlich und nutze solche, die auf dich und deinen Content einzahlen.

Privat versus persönlich

Es gibt kaum zwei Worte, die so häufig missverstanden werden wie diese: privat und persönlich. Leider führt diese Verwechslung oftmals zu einer Abwehrhaltung gegen Personal Branding. »Ich möchte keine privaten Einblicke geben. Mein Leben gehört nicht in die Öffentlichkeit, das hat nichts mit meinem Job zu tun«, höre ich Menschen immer wieder sagen.

Gerade bei Instagram kriegen wir teilweise sehr intime Einblicke in das Leben fremder Menschen. Wie authentisch und realitätsnah diese Einblicke sind, steht auf einem anderen Blatt. Sicher ist jedoch, dass die wenigsten erfolgreichen Influencer:innen ihren Content dem Zufall überlassen. Wir sehen, was wir sehen sollen. Und, ganz ehrlich, das ist auch okay. Niemand schuldet uns einen vollständigen Einblick in seine oder ihre Privatsphäre.

Aber was ist privat und was persönlich? Privat ist all das, was hinter verschlossenen Türen passiert: deine Beziehungen zu Freund:innen und Familie, deine Partnerschaft, Urlaub, Freizeit, Lebensgeschichte und so weiter. All das gehört in einen von dir geschützten Bereich.

Deine Personal Brand ist ein pointierter, auf dein Thema zugeschnittener Anteil von dir. Dieser Anteil zeigt dein Engagement für eine Sache, eine Tätigkeit oder ein Ziel. Das »personal« in Personal Branding steht für eben diesen Anteil, den du miteinbringst. Du könntest deine Mission vielleicht auch im Rahmen deiner Arbeit im Unternehmen oder ehrenamtlich vorantreiben, ohne dein Gesicht zu zeigen. Aber nein, im Personal Branding geht es um eben diese Ergänzung – um dich. *Deine* Meinung, *deine* Sichtweise, *deine* Erfahrung.

Wie viele Kinder du hast, was du am liebsten zum Mittag isst und wo du wohnst, spielt dabei keine tragende Rolle. Natürlich kannst du private Komponenten einfließen lassen, wenn die Info deinem Thema dient und du das möchtest. An der einen oder anderen Stelle ergibt es thematisch Sinn und du machst dich nahbarer, greifbarer. Beim Thema Klimaschutz zum Beispiel sprechen viele Menschen über die Welt, die sie ihren Kindern hinterlassen möchten. Das setzt einen emotionalen Akzent, der das Thema genau an der richtigen Stelle erwischt.

Kritik

Es gibt nur einen Weg, keine Kritik zu bekommen: Sei unsichtbar und still. Allen anderen (und das dürfte wohl alle Leserinnen betreffen) möchte ich einen reflektierten Umgang mit anderen Meinungen raten. Ob in direkten Nachrichten, Kommentaren oder sogar Beiträgen über dich – Kritik ist Gold wert, weil du gezwungen wirst, deine Aussage auf Herz und Nieren zu testen. Ist deine Aussage faktisch richtig, aber die Meinungen darüber gehen auseinander? Super, hier kann ein wertvoller Austausch entstehen. Ist dir ein Fehler unterlaufen oder deine Meinung zu einem Thema hat sich geändert? Sei transparent damit, Irren ist menschlich und Meinungen dürfen sich ändern. Grundsätzlich verändert die Form der Kritik deinen Umgang mit ihr. Es gibt zwei wichtige Kategorien:

Sachliche Kritik: In den meisten Fällen werden Menschen dir auf LinkedIn sachlich begegnen. Solange du einen respektvollen Ton erkennen kannst und das Feedback konstruktiv wirkt, lohnt es sich auf jeden Fall, es ernst zu nehmen. Eine öffentliche Antwort bietet dir die Möglichkeit, andere am Austausch teilhaben zu lassen, deine Meinung zum Thema noch differenzierter darzulegen und neue Facetten einzubringen. Du beweist Expertise. Greift der oder die Kritiker:in essenzielle Werte deines Schaffens an, wirkt unbelehrbar oder der Austausch wird zu intensiv, kann eine Unterhaltung per direkte Nachricht weiterhelfen. Kritik ist ein wichtiger Bestandteil deines Wachstums. Wenn ein bestimmter Kritikpunkt sich vehement nicht klären lässt, kannst du ein Telefonat oder einen Video-Call anbieten. Du zeigst damit absolute Transparenz und echtes Engagement. Im persönlichen Gespräch läufst du außerdem weniger Gefahr, dass der Ton rau wird. Wer sich auf einen so intensiven Austausch einlässt, scheint ein wirkliches Interesse an deinem Thema zu haben oder du hast genau den richtigen Punkt getroffen. Nimm diese Form der Kritik als Geschenk an.

Unsachliche Kritik: Wenn Kritik unter die Gürtellinie geht, gibt es nur eine Antwort: dein Netzwerk, deine Regeln. Du musst Pöbler:innen nicht ertragen oder in sinnlosen Diskussionen deine Zeit verschwenden. Du erkennst sie an unfertigen, anonymen oder unsinnigen Profilen, an provozierenden, respektlosen Kommentaren, an dem fehlenden Willen, auf deine Entgegnungen einzugehen. Besinne dich auf die analoge Welt. Stell dir vor, dein Profil ist dein Zuhause. Würdest du das Gespräch face to face weiterführen? Nein? Dann ignoriere den Kommentar. Würdest du die Person für die Aussage aus deiner Wohnung schmeißen? Dann lösch den Kommentar. Würdest du die Person rausschmeißen und hinter ihr abschließen? Dann gilt: den Kommentar löschen und die Person blockieren. In über sechs Jahren intensiver LinkedIn-Nutzung musste ich gerade mal acht bis zehn Personen blockieren. Das sollte wirklich immer der letzte Ausweg sein. Es gibt allerdings Themen, die Trolls und Pöbler:innen förmlich anziehen. Nimm Kritik ernst, aber ziehe klare Grenzen.

Im Gegensatz zu anderen sozialen Netzwerken läuft die Kommunikation bei LinkedIn größtenteils sehr zivilisiert ab. Trotzdem wird es immer Menschen geben, die dich nicht unterstützen wollen, deine Mission boykottieren oder schlichtweg miese Laune verbreiten. Lass dich nicht provozieren und versuche, den Mehrwert hinter der Kritik herauszuholen. Denk außerdem die schweigende Mehrheit mit, die deinen Umgang mit Kritik sieht und diese Beobachtung in das Bild deiner Personal Brand miteinfließen lässt.

Shitstorm

Kritik ist das eine – »When shit hits the fan« das andere. Ein Shitstorm lässt sich nicht in Zahlen fassen. Aber wenn er sich über dir ergießt, wirst du ganz genau wissen, dass es gerade einer ist. Du hast *sehr* polarisiert oder mit einem Beitrag direkt in den wunden Punkt sehr vieler Menschen getroffen. Eine Lawine negativer (zumeist unsachlicher, sehr emotionaler) Kommentare rollt über dich, und es gibt absolut keine Möglichkeit, dass du dieser Lawine Einhalt gewähren kannst, indem du deine Kommentarspalte moderierst oder einlenkst. Versuche ruhig zu bleiben, lies dich nicht so intensiv in die Spalte ein, dass dich deine Emotionen handlungsunfähig machen, und überlege dir genau: Stehe ich vollends hinter der Aussage, die ich gemacht habe? Welche Formulierungen könnten missverstanden worden sein? Sind die Wellen schon auf andere Kanäle übergeschwappt? Je nachdem, wie dein Urteil ausfällt, hast du folgende Handlungsoptionen:

- **Ignorieren:** Manchmal hast du einfach Pech gehabt und nicht dein konkreter Post löst den Shitstorm aus, sondern die geballte Aufmerksamkeit von Menschen, die gegen dich sind. Lass sie wüten und weiterziehen.
- **Kommentare sperren:** Wenn du die Kommentarspalte sperrst, ist das öffentliche Geschehen zunächst eingedämmt. Es ist allerdings sehr wahrscheinlich, dass sich dein Nachrichtenfach schnell füllt. Im Moment des Schocks verschaffst du dir Zeit zum Nachdenken.
- **Post löschen:** Du stehst nicht mehr hinter der Aussage oder verstehst, an welcher Stelle du missverstanden wurdest? Du hast einen wichtigen Fakt derart übersehen, dass dein Post förmlich lächerlich ist? Dein Kanal, deine Regeln – entferne den Post.
- **Neuer Post:** Egal, ob du den ursprünglichen Post stehen gelassen oder gelöscht hast. In einem neuen Post kannst du erklären, was passiert ist, was du gesagt und vor allem gemeint hast. Du kannst deinen Umgang mit dem Shitstorm öffentlich reflektieren, dich gegebenenfalls entschuldigen oder deine Meinung nochmal differenzierter darstellen.

Ein Shitstorm ist je nach Ausmaß und Ton psychisch sehr herausfordernd. Such dir Support und Rat in deinem Umfeld. Während du persönlich angefeindet wirst, kann deine Entscheidungsfähigkeit beeinträchtigt sein. Handle nicht aus der Emotion heraus, sondern erst, wenn du einen kühlen Kopf hast. Als kleine Aufmunterung: Nicht selten hatten virale Shitstorms im Nachhinein positive Folgen für die Betroffenen. Denn eines ist sicher: In dem Moment, *when shit hits the fan*, bist du sichtbar.

Recap: How to create Content

Neben der grundlegenden Erarbeitung der eigenen Personal Brand ist die kontinuierliche Erstellung von Content wohl die größte Herausforderung für viele Frauen. Wer will denn wissen, was ich zu sagen habe? Ist das jetzt wirklich wichtig, was ich hier schreibe? Was, wenn jemand anderes besser in dem Thema Bescheid weiß und mir Kontra gibt?

Während die Ausarbeitung deiner Personal-Brand-DNA eine einmalige Aktion ist, die dann für eine Weile Gültigkeit hat, ist Content-Erstellung eine Aktivität, die dich jede Woche begleiten wird. In diesem Kapitel habe ich dir daher einen Rundumschlag zum Thema gegeben mit verschiedenen Ansätzen, Formaten und Ideen. Wichtig dabei ist: Es gibt nicht die eine perfekte Anleitung, die für alle funktioniert. Der Erfolg deiner Inhalte hängt von verschiedenen Faktoren ab, und du kannst leider nicht alle Faktoren beeinflussen. Was du beeinflussen kannst, ist, dass du dir stets Mühe gibst, gehaltvolle, informative und inspirierende Inhalte zu erstellen. Wie dein Netzwerk darauf reagiert und was es daraus macht, kannst du nicht beeinflussen. Aber ich kann dir aus jahrelanger eigener Erfahrung und aus der Zusammenarbeit mit ganz unterschiedlichen Menschen eines sagen: Sichtbarkeit funktioniert, wenn deine Leser:innen aus deinen Inhalten herauslesen können, dass dir das Thema wichtig ist. Manchmal kommst du schneller mit deinem Netzwerk ins Gespräch, manchmal dauert es etwas länger. Wichtig ist, dass du immer dein Ziel vor Augen hast und dranbleibst. Und bitte vergleiche dich nicht mit anderen Menschen, die schon sichtbar sind. Was wir dabei nämlich oft vergessen, ist, dass auch sichtbare Menschen mal klein angefangen haben. Auch sie haben irgendwann mal einen ersten Post geschrieben. Aber sie sind drangeblieben und so sukzessive immer sichtbarer geworden.

In diesem Kapitel habe ich zwei der sichtbarsten Frauen auf LinkedIn interviewt: Dr. Sigrid Evelyn Nikutta und Tina Müller. Statistisch gesehen haben sie die meisten Follower, und sie regen spannende Diskussionen zu ihren Themen an. Dabei sind ihre Themen primär businessbezogen, aber immer mit einem persönlichen Touch und der ein oder anderen Anekdote. Tatjana Kiel ist ursprünglich mit reinen Business-Themen auf LinkedIn sichtbar gewesen. Das hat sich seit Beginn des Ukraine-Krieges stark verändert. Seither nutzt sie ihre Stimme (und ihre Sichtbarkeit) für ein gesellschaftliches Thema, in das sie ihre Zeit und Energie vollumfänglich investiert. Tatjana zeigt wie kaum eine andere, wie »Tue Gutes und rede darüber« funktioniert. Sie tut Gutes, sie redet darüber und sie mobilisiert so andere Menschen, es ihr gleichzutun.

5. CONTINUITY
Integration in den Alltag

Personal-Brand-DNA, Netzwerk, Interaktionsskills, Content-Ideen – man könnte meinen, deinem raketenhaften Aufstieg in die Sichtbarkeit stünde nichts mehr im Wege, oder? Fast. Auch die beste Strategie geht krachen, solange sie nur gelegentlich durchgesetzt wird. *Content is king – Continuity is queen*. Wie viele Lebensziele lassen sich kurz und schmerzlos erreichen? Mir fällt kein einziges ein. Der Unterschied zwischen One-Hit-Wonder und Dauerbrenner besteht immer im Durchhaltevermögen. Um die Qualität und Dosis deiner Personal-Branding-Bemühungen dauerhaft sicherzustellen, brauchst du deshalb eine Routine, die vor allem eines ist: durchhaltbar.

Die Welt ist laut und kurzlebig, und es gibt immer mehr Menschen, die verstehen, wie umfangreich sie Sichtbarkeit für sich nutzen können. Du kommst frisch und motiviert dazu und willst auch genau das: gesehen werden, mitreden, Input geben. Und du hast ja nun auch an allen Parametern gedreht, um dieses Ziel zu erreichen, findest du. Szenario eins: Dein erster Post geht online und bekommt – Trommelwirbel – einen Kommentar (deine Schwester), drei Likes (deine Schwester und zwei Kolleginnen). Szenario zwei: Du hast dir durch Netzwerk- und Interaktionstätigkeiten schon ein Standing aufgebaut. Dein erster Post geht online und schießt durch die Decke. Du freust dich und fühlst dich deiner Sache sicher, doch zwei Wochen später interessiert sich niemand mehr für dich. Beide Szenarien sind auf den ersten Blick bitter, aber absolut gewöhnlich.

Du willst deinen ersten Marathon laufen? Dann wirst du dich nicht für den Wettkampf am nächsten Wochenende anmelden. Du musst schließlich trainieren. That's it: Der Unterschied zwischen Frustration und Durchhaltevermögen ist die Erwartungshaltung. Gut Ding will Weile haben. Gib dich gar nicht erst der Hoffnung hin, dass du zu den seltenen Shootings-Stars gehörst, die von null auf hundert einsteigen und oben bleiben. Gönn dir Zeit und nutze sie, um die Gepflogenheiten zu beobachten und zu lernen. Ich poste zum Beispiel nur, wenn ich auch Zeit habe, die Kommentarspalte zu moderieren. Wie viel Aufwand mich das kostet, ist ein reiner Erfahrungswert.

Außerdem ist jede Branche, jede Nische anders. Sieh die erste Zeit aus Sicht einer Forscherin. Du beobachtest deine Community: Ihre Reaktionen und Vorlieben, ihr Kommentarverhalten und Wachstum. Das Ziel deiner Personal Brand ist schließlich nicht nur, deine Mission zu verbreiten, sondern auch, dies in einer Sprache zu tun, die deine Zielgruppe versteht und feiert. Es geht außerdem nicht nur um die Quantität der Reaktionen, sondern vielmehr um die Qualität.

Ich habe Frauen begleitet, die in sechs Wochen zwei neue Projekte über LinkedIn generieren konnten, nach zwei Monaten auf ein Fachpanel eingeladen wurden oder nach wenigen Wochen die erste Interview-Anfrage für ein Fachmagazin im Postfach hatten. Diese drei Frauen waren der Ansicht, dass ihr Content »nicht funktioniere«. Was ich damit verdeutlichen möchte, ist ganz einfach, dass soziale Netzwerke nicht die Realität widerspiegeln. Du wirst nicht allein an deinen Zahlen ablesen können, ob deine Posts erfolgreich sind. Besonders am Anfang nicht.

Auch die Annahme, dass du möglichst viel in möglichst kurzer Zeit posten musst, ist überambitioniert. Mehr posten mit mehr Sichtbarkeit gleichzusetzen, geht leider nicht auf. Es kann funktionieren, aber viel wichtiger ist es, eine Routine zu entwickeln, die du nicht vier Wochen, sondern im Zweifelsfall jahrelang durchziehen kannst. Es muss für dich business as usual werden, dein Profil zu checken, zu kommentieren und Content zu produzieren. Zähne putzen, Kaffee kochen, LinkedIn organisieren. Eine Sache, die wir fortlaufend wiederholen, braucht 66 Tage, bis sie zur Gewohnheit wird. Gib dir also mindestens zwei Monate Welpenschutz, äh … Eingewöhnung.

IM GESPRÄCH MIT ANNA ALEX

Anna Alex ist Unternehmerin und Investorin. Mit ihrem jüngsten Start-up Planetly hat sie sich dem wohl wichtigsten Thema unserer Zeit verschrieben, der Klimakrise. Anna ist Mitglied des Beirates Junge Digitale Wirtschaft des Bundesministeriums für Wirtschaft und Klimaschutz und Mitglied im Zeit Green Council und im Vodafone Klimabeirat. Anna nutzt ihren LinkedIn-Kanal, um über Klimaschutz und Unternehmertum zu sprechen, und wurde früh durch ihre Aktivitäten in den Kreis der LinkedIn-Influencer aufgenommen. Sie ist zudem in der traditionellen Presse und auf den Bühnen Europas zum Thema Klima sichtbar.

Was bedeutet für dich Sichtbarkeit?
Sichtbarkeit bedeutet für mich, dass Menschen, wenn sie über mein Thema, Klimaschutz in der Wirtschaft, nachdenken oder darüber sprechen, an mich denken.

Was hat dich dazu bewogen, das Thema Personal Branding anzugehen?
Ich bin der Meinung, dass Marken stärker werden, je sichtbarer sie sind. Zudem folgen Menschen Menschen und nicht Marken. Beides sind wichtige Argumente für Personal Branding.

Ich selbst genieße es, andere Menschen auf ein Thema aufmerksam zu machen, das nicht so verbreitet ist, und sie damit zum Nachdenken anzuregen. Als ich anfing, über Klimaschutz im Business-Kontext zu sprechen, war das Thema noch kaum in den Medien, und ich bin froh, dass ich Impulse geben konnte und kann und dem Thema so mehr Aufmerksamkeit verschaffen konnte und kann.

Wie kommst du auf deine Themen oder Ideen, die zum Thema werden könnten? Ist das eher spontan, oder denkst du länger darüber nach?
Bei mir kommt viel durch den Input von anderen, wenn ich darüber nachdenke und mir überlege, ob man dazu auch eine andere Perspektive einnehmen könnte. Aber auch die Arbeit am Content selbst oder die Fokussierung auf ein Thema geben mir Anreiz für neue Posts.

Eine Personal Brand entsteht nicht über Nacht oder von alleine, sondern ist mit Aufwand verbunden. Was würdest du sagen, macht diesen Aufwand wieder wett? Was bringt es dir als Mensch?
Lange Zeit haben vor allem oft unbekannte Wissenschaftler:innen über das Thema Klimakrise gesprochen. Sie haben zwar immer das Richtige gesagt, aber sie haben es nicht so gesagt, dass einerseits Unternehmer:innen Klimaschutz für ihre Unternehmen als relevant betrachtet haben und andererseits »Otto Normalverbraucher« es versteht.

Und ich sehe es für mich ganz rational als Tool, um meine Unternehmen zu bauen. Ich glaube, wir müssen uns interessant machen, um aus der Masse herauszustechen. Mithilfe von gutem Personal Branding werden viel mehr Leute mitgerissen, auch auf einem ganz anderen Level. Als solches sehe ich es einfach als eine Möglichkeit, um meinem Business ein Gesicht zu geben. Aber nicht nur meinem Unternehmen, sondern vor allem auch der Klimakrise und den Themen drumherum.

Wie profitiert dein Unternehmen von deinem Personal Branding?
In der Anfangsphase haben wir einen Großteil unserer Kunden über Thought Leadership gewonnen und gesehen, dass Personal Branding ein ganz großer Faktor ist. Ein Großteil unserer Leads kamen inbound, und besonders Bewerber:innen haben immer meine LinkedIn-Aktivitäten als Inspiration genannt, für Planetly arbeiten zu wollen.

Was ist denn dein wichtigstes Learning aus deinen bisherigen Personal-Branding-Aktivitäten?

Ich glaube daran, dass es mein Calling ist, mein Gesicht und meine Stimme dem Thema Klimaschutz in der Wirtschaft zu widmen, und dass ich gleichzeitig aber nicht meinen Selbstwert dranhängen darf. Mich davon abhängig zu machen, wie viele Likes ich für die Posts kriege, zieht mich nur runter.

Ich gucke zwar schon auch mal, welcher Post gut gelaufen ist, aber im Grunde ist mir das fast egal. Mir geht es nicht darum, viele Likes zu bekommen, sondern das Thema vorwärtszubringen und klarzumachen, wofür ich da draußen stehe. Das wichtigste Learning ist: Man gibt sein Gesicht dafür her, aber das Gesicht ist nicht gleich der Selbstwert. Der muss von anderen Faktoren abhängig sein, sonst ist es eine gefährliche Falle.

Sichtbarkeit bedeutet natürlich auch, dass Kritiker:innen auf einen aufmerksam werden. Wie gehst du mit kritischen Bemerkungen oder schnippischen Kommentaren um?

Ich finde kritische Kommentare überhaupt nicht schlimm, weil ich eben nicht mein Leben darlege und darum bitte, dass man mich als Unternehmerin und Privatperson bewertet. Ich bringe eine andere Perspektive rein, und da sind kritische Blickwinkel bereichernd, um zu verstehen: Es ist nicht die eine Perspektive, die alle haben. Es gibt immer verschiedene Perspektiven, und im Grunde kratzt es nicht an meiner Persönlichkeit. Das ist wichtig.

Warum ist Personal Branding und die dadurch entstehende Sichtbarkeit für Frauen so wichtig?

Ich glaube, es gibt noch immer Frauen, die ihr Licht unter den Scheffel stellen. Frauen gehen die Dinge meist noch mit zu wenig Selbstbewusstsein an und unterschätzen ihren eigenen Impact auf die Welt. Sich zu trauen, seine Stimme zu erheben, und nicht darauf zu warten, entdeckt zu werden, das ist wichtig. Eine Meinung zu haben, eine Positionierung zu haben und nicht darauf zu warten, gefragt zu werden, sondern die Sachen selbst in die Hand zu nehmen, dafür ist Social Media eine große Opportunity. Selbst wenn keine einzige Zeitung dich ausgewählt hat, um über dich zu berichten, hast du ein Sprachrohr, das du nutzen kannst und das viele erreicht.

Über Social Media kann man seine Meinung öffentlich machen. Aber dies ist auch genau die Schattenseite von Social Media: Jeder kann überall seine Meinung sichtbar machen. Wie stichst du hervor und sorgst dafür, dass du trotzdem gesehen wirst in der breiten Masse?

Ich glaube, es ist wichtig, sich darauf zu fokussieren, wofür man steht. Die Aufmerksamkeitsspanne der Leute ist wirklich sehr gering geworden. Mit einer starken Stimme in den sozialen Medien kann man mehr Leute erreichen, als wenn man ein Buch schreibt, das keiner liest.

Wenn Frauen in einem eher männerdominierten Bereich sichtbar werden, werden sie Vorbild für andere Frauen. Für wen möchtest du Vorbild sein?

Was mich in erster Linie motiviert, ist, Vorbild nicht nur für Frauen zu sein, sondern für die Andersdenkenden. Für die, die vielleicht nicht den Weg des geringsten Widerstands gehen und vielleicht nicht die vorgeschriebenen Karrierewege gehen, sondern ihren Gefühlen folgen und erkennen, irgendwas stimmt hier nicht in dieser Businesswelt, und es anders machen.

Wenn in mir nicht eine kleine Rebellin wäre, hätte ich damals den Beraterjob genommen, der mir angeboten wurde, und hätte nicht die Start-up-Szene für mich entdeckt und mich getraut, meine eigenen Unternehmen zu gründen. Konventionen zu hinterfragen und Dinge neu zu denken, für jene, die daran Freude haben, für die möchte ich Vorbild sein.

How to: Erschaffe deine Routine

LinkedIn soll nicht nur eine Routine werden. Du sollst gleichzeitig auch selbstbewusst und zuverlässig einschätzen lernen, welche Themen gut ankommen, welche Zeiten bei deiner Zielgruppe funktionieren und wie du selbst deine Ressourcen optimal nutzen kannst. Gib dir darum eine Pilotphase von drei Monaten, um all das herauszufinden. Nutze diese Anfangszeit auch, um dir selbst gegenüber Nachsichtigkeit zu kultivieren. Der einzige Weg, um keine Fehler zu machen, ist, gar nichts zu machen. Das heißt, nicht jeder Post wird viral gehen, nicht jede Idee wird erfolgreich sein, nicht jeder Tag wird Spaß machen. Aber die Learnings der Anfangszeit sind Gold wert und werden dich sehr lange begleiten. Werte also bitte nicht jeden einzelnen Post aus und kasteie dich selbst, sondern evaluiere erst nach den drei Monaten deine Ergebnisse und leite Handlungsrichtlinien ab.

Vom Rookie zum Pro in drei Phasen

Wie sehr du dir Personal Branding zunutze machen möchtest, hängt von deinen Zielen ab. Was möchtest du mit (mehr) Sichtbarkeit eigentlich erreichen? Oder wen möchtest du erreichen? Möchtest du bekannter in deiner Firma werden oder in deiner Branche? Dann kann dir ein bisschen mehr Sichtbarkeit schon sehr viel nutzen. Wenn du mehr willst und *die* Stimme zu deinem Thema werden möchtest, und das branchenübergreifend und vielleicht sogar international, dann hast du eine spannende, aber auch zeitaufwändige und manchmal energieraubende Reise vor dir. Die Frage ist immer: Was willst du? Und warum? Wenn du diese zwei Fragen beantworten kannst, kannst du es sehr weit bringen. Und eine gute Personal-Branding-Strategie kann dir dabei helfen. Aber wie mit allem im Leben, fängst du erst einmal klein an. Auch die Frauen, die ich hier im Gespräch hatte, haben mit einem ersten Post begonnen.

Als kleine Starthilfe beschreibe ich drei mögliche Phasen.

1. Phase: Interagieren

Schaffe *täglich* feste Zeiten, in denen du mit deinem Netzwerk interagierst. Ob das »immer 8 und 15 Uhr« bedeutet oder »immer direkt nach der Mittagspause«, hängt davon ab, wann dein Netzwerk selbst aktiv ist. Dafür entwickelst du mit der Zeit ein Gespür. Die Hauptsache ist, dass du diese Zeiten wirklich täglich einhalten kannst und einen freien Kopf hast, um gehaltvolle Redebeiträge zu erschaffen. 15 bis 20 Minuten konzentrierte Interaktion am Tag sind ausreichend. Mit der Zeit wirst du effizienter darin, Kommentare zu verfassen, die faktisch zutreffend, argumentativ stark und deiner Brand-Voice entsprechend sind.

Über die Relevanz von hochwertiger Interaktion haben wir im dritten Kapitel gesprochen. Du erinnerst dich: Kommentare sind die harte Währung auf LinkedIn und können dir Sichtbarkeit verschaffen, bevor du überhaupt beginnst zu posten. Betrachte das Verfassen von Kommentaren darum immer als einen wichtigen Bestandteil deiner Personal-Branding-Aktivitäten. Sowohl unter Beiträgen anderer als auch unter deinen eigenen kannst du durch Kommentare deine Expertise unter Beweis stellen und dich als Person nahbar machen.

2. Phase: Interagieren und kuratieren

Du kennst deine Branche selbst am besten. Doch besonders die erste Zeit auf LinkedIn ist eine interessante Spielwiese, um deine Kolleg:innen, Vorbilder und Branchenvertreter:innen in einem neuen Licht kennen zu lernen. Du gewinnst eine neue Sicht auf dein Feld. Davon ausgehend kannst du damit beginnen, eigene Beiträge zusammenzustellen, indem du Inhalte anderer kuratierst. Im vierten Kapitel hast du das nötige Handwerkszeug dazu mitgenommen. Teile deine Ressourcen smart ein und sammle interessante Artikel, Podcasts und Bücher in dem Moment, in dem sie dir begegnen, und nicht erst, wenn du etwas Interessantes zum Posten brauchst.

Die wichtigste Voraussetzung dazu ist, dass dir deine Personal-Branding-Aktivitäten in Fleisch und Blut übergehen. Während deiner täglichen Interaktionszeit kannst du dir einen guten Überblick über das Allgemeininteresse verschaffen und auf dem Laufenden bleiben. So kannst du auch besser einschätzen, ob dein Content in die aktuelle Stimmungslage deiner Community passt.

3. Phase: Interagieren, kuratieren und produzieren

Wenn du durch die tägliche Interaktion und das Kuratieren von Inhalten schon eine gewisse Routine aufbauen konntest und dich in deiner Personal Brand wohlfühlst, kannst du anfangen, völlig eigene Beiträge zu erstellen. Die Wahrscheinlichkeit, dass deine Ideen funktionieren, ist höher, wenn du deine Community schon besser kennen gelernt hast.

Deinen Anfang gestaltest du

Die drei Phasen sind als Vorschlag zu betrachten, um sich langsam heranzutasten und an die Sichtbarkeit zu gewöhnen. Wenn du dich sicher fühlst und motiviert bist, kannst du natürlich auch von heute auf morgen mit allen Komponenten gleichzeitig loslegen und bei Phase 3 einsteigen. Vielleicht bist du schon länger stille Mitleserin auf LinkedIn und kennst dich bereits aus. Vielleicht hast du dich bereits auf wenige Likes und Ansichten in der Anfangszeit eingestellt und willst einfach starten. Vielleicht sprudelst du vor Ideen und kannst es kaum erwarten, sie deinem Netzwerk in die Feeds zu schießen. Wo auch immer dein Startpunkt liegt, fokussiere dich nicht nur darauf, ins Handeln zu kommen, sondern vor allem darauf, im Handeln zu bleiben. In den ersten drei Monaten sollst du nicht nur herausfinden, was für deine Community funktioniert, sondern auch – mit ebenso hohem Fokus – was *für dich* funktioniert. Was brauchst du, um LinkedIn in dein Leben zu integrieren? Zu welchen Zeiten bist du besonders kommunikativ? Gibt es »tote« Zeit (zum Beispiel U-Bahn-Fahrten), die du sonst mit ziellosem Scrollen verbringst und für Interaktion auf LinkedIn nutzen könntest?

Die Frage aller Fragen: Wann und wie viel?

Nichts, aber wirklich *nichts* interessiert die Menschen in meinen Workshops so sehr wie die Frage, wann und wie oft sie posten »sollen«. Vielleicht gehörst du zu denjenigen, die sich dazu eine ganz klare Antwort wünschen. Darum biete ich dir hiermit die Daumenregeln an, die sich in den letzten sechs Jahren bei mir und meinen Kund:innen als erfolgreich herausgestellt haben:

- Zwei Beiträge pro Woche sind für den Anfang optimal. Einer ist das absolute Minimum (bevor du für den Algorithmus unsichtbar wirst).
- Poste lieber an verschiedenen Tagen als mehrmals an einem Tag.
- Dienstag, Mittwoch und Donnerstag sind die stärksten Tage.
- 7 bis 11 Uhr wochentags und 8 bis 9.30 Uhr samstags sind hochfrequentierte Zeiten.
- 15 Minuten täglich interagieren und 30 Minuten zum Erstellen eines Posts sollten mit etwas Übung ausreichend sein.

Steige mit diesen Zahlen ein und finde selbst heraus, wie dein Netzwerk drauf ist. Bei manchen Themen funktioniert auch der Abend zur Primetime 20.15 Uhr. Freitagabend würde ich dabei auslassen, denn da ist zur Primetime auf LinkedIn eher weniger los.

Grundsätzlich ist die Überlegung immer zielgruppengerichtet: Wie sieht wohl der Tag meiner Zielgruppe aus? Wann haben sie Zeit, auf LinkedIn online zu sein? Vielleicht fragst du dich, warum die Zeiten so wichtig sind. Die Leute könnten ja auch später deine Beiträge anschauen. Lass dir eines gesagt sein: Die ersten 60 Minuten nach der Veröffentlichung sind ausschlaggebend dafür, ob der Algorithmus deinen Beitrag pusht oder ob er in der Versenkung untergeht. Darum ist es essenziell zu wissen, wann möglichst viele Menschen auf deinen Post reagieren können.

Die Häufigkeit im Verlauf der Woche ist eine Überlegung deiner Ressourcen. Hast du genug Ideen und die Zeit, zwei- oder sogar dreimal die Woche zu posten? Besonders am Anfang möchtest du dich permanent in Erinnerung rufen. Solange dein Name noch nicht bekannt ist, liegt es in deiner Verantwortung, ihn so oft wie möglich zu streuen. Trotzdem solltest du nicht in den Trott verfallen, des Postens wegen zu posten und des Kommentierens wegen zu kommentieren. Die vorherigen Kapitel geben dir viel Input, wie du es schaffen kannst, dauerhaft gehaltvollen Input zu kreieren.

Schweinehund versus Gewohnheitstier

Wie viel Selbstorganisation du für die andauernde Regelmäßigkeit aufbringen musst, liegt an deinem Naturell. Die einen starten ihre Personal Brand, als hätten sie ihr Leben lang nur drauf gewartet, die anderen kostet es viel mentale Energie, an den neuen Punkt auf der Tagesordnung zu denken. Wenn du dich lieber langfristig organisierst und daraus vielleicht auch eine gewisse Verbindlichkeit für dich entsteht, könnte dir ein Content-Plan helfen. In diesem Kalender planst du deine Beiträge voraus und kannst spontane Ideen für Beiträge direkt einem Datum zuordnen. So bekommst du auch eine gute Übersicht deiner Themen und kannst das Verhältnis zwischen kuratierten und selbst kreierten Beiträgen einschätzen.

Wenn dir der Content-Plan zu viel ist, du aber trotzdem deine Reminder brauchst, bietet sich ein wiederkehrender Termin im Kalender an. Irgendwas ist schließlich immer wichtiger. Darum ist es entscheidend, die Relevanz deiner Personal-Branding-Aktivitäten so hoch wie möglich einzustufen. Ich persönlich habe die ersten drei Jahre an den immergleichen Tagen mit den immergleichen Visuals gepostet. Der Mensch ist ein Gewohnheitstier. Das habe ich für mich genutzt.

Alle Ratschläge in diesem Buch sind dafür da, dir das Leben einfacher zu machen. Besonders beim Schaffen einer Routine können die Meinungen und Charaktere enorm auseinandergehen. Du kannst machen, was du willst und wann du es willst. Meine einzige Bitte ist, wenn du dich dafür entscheidest, deine Personal Brand mithilfe von LinkedIn aufzubauen, dokumentiere, welche Aktivitäten welche Folge nach sich ziehen. Nach deiner Pilotphase schaust du deine Notizen genau an und überlegst: Was mache ich weiter, was lasse ich sein und was passe ich an? Und weiter geht's!

IM GESPRÄCH MIT VERENA PAUSDER

Verena Pausder ist Unternehmerin, Investorin, Expertin für digitale Bildung und Autorin des Spiegel-Bestsellers *Das Neue Land*. Sie hat die Education-Tech-Unternehmen Fox & Sheep und die HABA Digitalwerkstätten gegründet, ist Initiatorin des Digitale Bildung für Alle e. V. und homeschooling-corona.com sowie des größten Bildungs-Hackathon des Landes #wirfürschule. Gemeinsam mit Lea-Sophie Cramer gibt sie zudem im Podcast *Fast & Curious* praxisnahe Tipps rund ums Unternehmertum.

Was bedeutet für dich Sichtbarkeit?

Sichtbarkeit bedeutet für mich, für ein Thema zu stehen, bei dem die Menschen an mich denken. Sie rufen mich an, weil sie wissen, dass ich zu diesem Thema etwas zu sagen habe, weil ich mich intensiv damit beschäftigt habe und mich auskenne. Sichtbarkeit bedeutet für mich nicht, in der Zeitung zu stehen. Es hat etwas mit der Übereinstimmung von Gesicht und Inhalt zu tun. Wenn man für ein Thema steht – das bedingt sich positiv –, *muss* man auch eine gewisse Sichtbarkeit haben. In relevanten Runden eingeladen sein, sich über soziale und klassische Medien äußern: Du musst dich trauen, zu deinem Thema Haltung einzunehmen. Die Aufmerksamkeitsspanne ist sehr begrenzt. Man denkt, jede:r beschäftigt sich total intensiv mit dem, was man selbst gerade macht. Die Wahrheit ist, dass es die wenigsten tun. Darum ist es wichtig, dein Thema mit einer einfachen, klaren Botschaft zu verbinden. Je deutlicher du deinen Fokus rüberbringst, desto sichtbarer wirst du für dein Thema.

Welche Chancen und Risiken bringt die Sichtbarkeit mit sich?

Die große Chance ist, dass die Runden, Meinungen und Gesichter diverser werden. Dinge nur zu bemängeln, bringt keine

Veränderungen. Der große Vorteil der Sichtbarkeit ist, dass du etwas gestalten und voranbringen kannst. Du musst nicht mehr bei Journalist:innen anrufen, bitten und betteln, damit jemand über dich und dein Thema schreibt. Dein Agenda-Setting machst du selbst, indem du eigene Initiative ergreifst und über deine eigenen Kanäle sendest. Du musst auf niemanden mehr warten und bist unabhängiger.

Ein Risiko ist, dass du durch deine Sichtbarkeit angreifbar wirst. Vor allem, wenn du mit einer starken Meinung sichtbar wirst, wird es Menschen geben, die anderer Meinung sind und das mal mehr, mal weniger konstruktiv zum Ausdruck bringen. Du wirst anecken und Gegenwind bekommen. Das kann manchmal unschön werden, und es kann zu Anfeindungen und sogar Hass-Mails kommen. Man braucht ein dickes Fell und Durchhaltvermögen. Aber das kannst du lernen.

Hast du einen Rat für Frauen, die zögerlich sind oder Angst haben, etwas Falsches zu sagen?

Der klare Rat ist: Wenn andere dir etwas zutrauen, dann trau es dir selbst auch zu! Wenn du zu *Markus Lanz* eingeladen wirst, dann bestimmt nicht, weil sie die Sendung mit der schlechtesten Einschaltquote machen wollen. Nein, sie tun es, weil sie überzeugt sind, dass du super in die Runde passen würdest. Wenn du dann anfängst, dir selbst einzureden, dass du eigentlich nicht gut genug bist, dann ist das schade, weil du dem Ganzen selbst einen Strich durch die Rechnung machst.

Eine klassische Pro-Contra-Liste kann dir helfen: Was spricht dafür oder dagegen, die Einladung anzunehmen? Es wird sehr schnell rauskommen, dass die Pro-Seite überwiegt, es geht ja schließlich um dein Thema. Es ist wie mit dem Engelchen und Teufelchen auf der Schulter. Den einen Tag lässt man sich von einem negativen Kommentar fehlleiten und den anderen Tag denkt man: »Wow, das habe ich richtig gut gemacht.« Viele Frauen neigen dazu, dem Teufelchen eher zu glauben. Darum immer wieder aufschreiben, gegenüberstellen und sich verdeutlichen, dass wir dem Negativen oft viel mehr Gewicht geben, als es haben dürfte.

Die Ansicht, dass Personal Branding reine Selbstdarstellung sei, ist weit verbreitet. Viele wollen ihre Arbeit für sich sprechen lassen. Was möchtest du diesen Frauen mitgeben?
Deine Arbeit kann leider nicht sprechen. Es ist aus meiner Sicht ein Trugschluss, ja, fast eine Selbstüberhöhung zu denken, dass andere Menschen so viel Interesse an dir haben, dass sie sich in deine Themen reinarbeiten und du nicht in der Bringschuld bist. Dafür ist das Leben viel zu komplex und schnell. Entweder formuliere ich auf einer eigenen Website, meinem Profil oder einem Medium da draußen klar meine Botschaft oder ich lasse es. Aber wenn ich es lasse, darf ich mich auch nicht wundern, dass sich niemand bei mir meldet.

Du bist eine Person des öffentlichen Lebens. Du positionierst dich klar, sprichst auf Panels, in der Presse und auf Social Media. Wo stündest du heute ohne deine Sichtbarkeit?
Das ist eine sehr gute Frage. Eine Anekdote dazu: Als ich im Mai 2020 im ersten Lockdown für *Hart aber Fair* zum Thema digitale Bildung angefragt wurde, gab es so viele Gründe, Nein zu sagen. Ich war zu diesem Zeitpunkt schon sichtbar und trotzdem dachte ich: »Eine Live-Sendung, die so zugespitzt ist, während elf Millionen Kinder zu Hause sitzen – da ist so viel Sprengstoff in der Runde, du kannst eigentlich gar nicht gewinnen.«

Am Ende habe ich zugesagt. Es ging nicht darum, zu gewinnen und eine Heldin zu sein, sondern darum, elf Millionen Kindern eine Stimme zu geben, weil im ersten Lockdown einfach nicht genug in den Schulen passiert war. Wenn du deine Sichtbarkeit nutzen willst, um etwas zu bewegen, dann geht es gar nicht so sehr um dich als Person, sondern um eine Verantwortung und darum, deine Stimme auch wirklich zu erheben. Besonders wenn es in dem Bereich wenig Stimmen gibt, wirkst du als Medium für all jene, die keine Stimme haben.

Ich schreibe wahnsinnig gern und verarbeite meine Gedanken in Schriftform. Wenn ich nicht so sichtbar wäre, dann wäre ich vielleicht Autorin geworden oder hätte ein kleines feines Unternehmen gegründet und würde darin aufgehen. Ich wäre bestimmt auch glücklich. Aber mein Schaffen hätte auf keinen Fall so viel gesellschaftspolitischen Mitreißcharakter gehabt. Dieses Gefühl, dass ich etwas verändern kann, dass da noch mehr geht in unserem Land, das würde mir fehlen.

Wie wichtig ist Sichtbarkeit für Unternehmer:innen, und was hat das Unternehmen davon?

Erstens: Identifikation der Mitarbeitenden. Wenn ich weiß, wer da oben das Unternehmen führt, wie diese Person denkt und wofür sie steht, dann kann ich mich identifizieren oder es bewusst nicht tun. Es hat einen Kompass-Charakter, zu wissen, ob ich am richtigen oder falschen Ort bin.

Und zweitens: Es erzeugt eine gewisse Verbindlichkeit, ein Vertrauen. Wenn ich mich öffentlich bekenne und Haltung einnehme, kann ich am nächsten Tag nicht plötzlich das Gegenteil sagen. Wenn ich mich nur intern in der Betriebsversammlung äußere, kann ich alle anschreien und am nächsten Tag wieder nett sein. So richtig wird es mir niemand vorhalten. Ich muss vor niemandem Rechenschaft ablegen. Sichtbarkeit ändert das. Meine Aussagen werden verbindlicher.

Und das Dritte ist der Unternehmenserfolg. Wenn ein:e Unternehmer:in an der Spitze steht, die jenseits der Produkte eine Strahlkraft hat, dann werden Medien, Kund:innen und potenzielle Mitarbeitende auf dich aufmerksam. Du hast eine unglaubliche Chance, dass das Unternehmen nicht in der Masse versinkt, sondern ein Leuchtturm in seinem Bereich wird.

Viele Frauen wissen schlichtweg nicht, wo sie anfangen sollen. Welche pragmatischen Tipps hast du?

Ich finde, LinkedIn ist eine perfekte Testumgebung für Menschen, die noch keine Sichtbarkeit haben und sich vornehmen, einmal im Monat dort etwas zu schreiben. Was das ist, bleibt jedem selbst überlassen. Vielleicht liken das dann zwei Leute, vielleicht auch niemand. Aber ich habe erst mal den Mut gehabt, etwas von mir ins Schaufenster zu stellen. Bis dahin ist das Schaufenster leer, und wenn die Menschen daran vorbeigehen und reingucken, wenden sie sich ab, weil es langweilig ist. Aber jetzt ist da der erste Artikel: »Warum ich für eine 42-Stunden-Woche bin«. Nun gehen die Leute an meinem Schaufenster vorbei, bleiben hängen und denken sich: »Wir wollen weniger arbeiten und nicht mehr – was sind ihre Argumente?« Beim nächsten Mal stelle ich den nächsten Artikel daneben: »Wie ich die 42-Stunden-Woche umsetze und dennoch Zeit für meine Kinder habe«. Und, und, und ... So baue ich mir langsam mein Schaufenster auf. Das heißt nicht, dass gleich Menschenmassen davorstehen, aber man fängt an, mich wahrzunehmen.

Wartet nicht, dass euch jemand in sein oder ihr Netzwerk einlädt, sondern gründet euer eigenes. Wenn ich zu wenig Gründer:innen um mich herum hatte, habe ich diese wenigen eingeladen und zusammen mit ihnen überlegt, wie wir mehr werden. Wenn ich in einer neuen Stadt spannende Leute kennen lernen wollte, habe ich angefangen, mit den drei Menschen, die ich kannte, einmal im Monat ins Restaurant zu gehen – in der Hoffnung, dass wir mehr werden. Wenn ihr noch nicht am großen Tisch sitzt, baut eure eigenen Tische und scharrt nicht an der Tür der anderen. Wenn kein Tisch im Hauptsaal frei ist, nehmen wir eben erst mal den im Nebenraum und üben Selbstbewusstsein. Mehr machen, weniger meckern.

Und überlege dir eine ganz klare Positionierung. Setze einen Fokus. Nach außen kann ich nicht Mutter, Gründerin, Unternehmerin und Autorin gleichzeitig sein, weil die Leute mich dann nicht einordnen können. Vor allem am Anfang ist die Aufmerksamkeit, die man dir gibt, sehr kurz. Mach es den Menschen einfach, deine Botschaft zu verstehen.

Wie viel Aufwand kostet dich deine Sichtbarkeit?

Ich vernetze mich mit den Menschen, die über mein Thema sprechen. Ihre Inhalte gucke ich mir an, und ich kommentiere sie. Das hat die höchste Relevanz. Ich habe keine Zeit, durch Instagram zu scrollen. Ich habe aber Zeit, einen Instagram-Post abzusenden, um mit den Menschen in den Austausch zu kommen. Weil mich deren Gedanken besser machen, weil ich dann weiß, was die Menschen da draußen überhaupt denken: Habe ich mir das gerade nur eingebildet, oder ist das massentauglich, was ich sage?

Ich mache auf LinkedIn einen bewussten Post pro Woche und zwei bis drei spontan. Auf Instagram eher etwas weniger. Dann schreibe ich einen Gastbeitrag pro Woche. Der Podcast inklusive Aufnahme braucht pro Woche vier Stunden. In Summe sind es also acht bis neun Stunden wöchentlich. Bei mir ist es aber auch mehr als bei jemandem, der operativ ein Unternehmen führt oder Vollzeit einen anderen Job hat. Mein Leben ist momentan ein Potpourri an Projekten und Initiativen. Und diese Stunden zahlen auf alle Themen ein, die mir wichtig sind. Als ich einen festen Vollzeitjob hatte, waren es eher vier Stunden pro Woche.

Glaubst du, dass du diese Schlagkraft hättest, wenn du dir die Zeit nicht nehmen würdest?

Nein, auf keinen Fall. Und auch die vier Stunden sind schon viel, weil es tiefe, inhaltliche Arbeit ist. Wir sprechen ja nicht von zig Stunden Scrollen im Feed, sondern von Fragen wie: Wie schreibe ich den Artikel so, dass er fachlich richtig, verständlich und mitreißend ist und den nächsten Schritt einläutet? Das schreibst du nicht zwischen Tür und Angel. Gute Journalist:innen brauchen dafür auch Zeit. Und diese Rolle habe ich in dem Moment. Es geht um inhaltliche Synthese von Gedanken und keine bloße Reproduktion von Dingen, die schon da sind. Darum ist es okay für mich, wie viel Zeit ich investiere. Nie wäre das Thema digitale Bildung so flächendeckend im Land diskutiert worden, wenn ich nicht so viel in meine Sichtbarkeit in dem Bereich investiert hätte.

Wie gehst du mit Kritik um?

Mit konstruktiver Kritik gehe ich sportlich um. Wenn mein Gegenüber echt gute Argumente hat, nehme ich sie mir zu Herzen und denke darüber nach. Wenn ich das Gefühl habe, dass ich kritisiert werde, weil jemand von meiner Sichtbarkeit genervt ist und vielleicht sogar für das gleiche Thema steht, aber nicht so durchdringt, dann gehe ich indifferent weiter. Das ist nicht mein Problem. Wenn mich jemand anfeindet, blocke oder melde ich ihn oder sie – oder beides gleichzeitig.

Fallen dir Frauen ein, die noch am Anfang stehen, die wir aber unbedingt im Auge behalten sollten?
Laura Bornmann, die muss man im Blick behalten, weil da die menschliche und digitale Aura einfach passt. Die Familienunternehmerin Dina Reit fällt mir sehr positiv auf. Und die Masterstudentin Louisa Strasser hat mich ohne Agenda angeschrieben und unterstützt mich seitdem sehr engagiert bei meinen Bildungsprojekten. Es gibt natürlich noch tausend mehr. Die Stars der Zukunft inhaltlicher Natur werden auf LinkedIn geboren werden.

How to: Durchhalten und aushalten

Dem Durchhaltevermögen haben wir nun einige Aufmerksamkeit geschenkt, und ich hoffe, dass du daraus einen Weg ableiten kannst, dir Routinen für deine Personal Brand zu schaffen. In der dreimonatigen Pilotphase lernst du allerdings nicht nur durchzuhalten, sondern bestenfalls auch auszuhalten. Aushalten, dass die ersten Posts nicht durch die Decke gehen. Aushalten, dass Wachstum Zeit kostet. Aushalten, wenn der erste negative Kommentar kommt. Aushalten, dass andere vielleicht schneller an Sichtbarkeit gewinnen. Aushalten, dass ein Plan, den du super fandst, nicht aufgeht.

Sichtbar zu werden, macht angreifbar. Das kann sich ungemütlich anfühlen. Aber denk immer daran: Wenn du hinter deinem Thema stehst und aufrichtig an die Öffentlichkeit gehst, kann dir jede:r Hater:in den Rücken runterrutschen.

In der Ruhe liegt die Kraft

Wenn du das Gefühl hast, dass gute Posts von dir schlecht performen, kannst du sie boostern. Wie schon in den vergangenen Kapiteln erläutert, können friends and family dir helfen, deinen Content zu pushen. Bitte sie, in den ersten 60 Minuten nach der Veröffentlichung eines Posts zu reagieren und zu kommentieren. Der Algorithmus wertet dies als Zeichen für relevante Themen und verbreitet deinen Post weitläufiger. Wenn dieser Push dauerhaft nicht genügt, solltest du nochmal an deinen Zeiten oder Themen schrauben.

Zur Erinnerung: Ich hatte dir an anderer Stelle empfohlen, dich mit anderen LinkedIn-Beginnern zusammenzutun. Wenn du unsicher bist, warum deine Inhalte nicht gut performen, kannst du dir hier Feedback einholen. Neben guten Ratschlägen ist die beste Lösung jedoch meistens Geduld. Ich habe noch nie erlebt, dass jemand mit klarer Personal-Brand-DNA und kontinuierlicher Aktivität nach spätestens einem Jahr nicht erfolgreich auf LinkedIn war.

Back to reality

Lass dich von Zahlen und digitalem Fame nicht täuschen. Hole dir auch in der analogen Welt Feedback ein und bringe deine Themen zur Sprache. Ich erlebe es in Gesprächen so oft, dass jemand sagt: »Ach ja, darüber hast du doch letztens gerade erst einen Post gemacht«, und ich mir sicher bin, dass die Person weder kommentiert noch geliked hat. Unterschätze nicht die schweigende Mehrheit, die deine Posts in stillem Vorbeiscrollen sieht und deinen Namen dauerhaft trotzdem auf dem Schirm hat. Und ganz ehrlich, am Ende zählt, was du in der echten Welt schaffst. Deine digitale Personal Brand kann noch so erfolgreich sein – letztlich musst du als Person auch abliefern können. Sieh LinkedIn darum unbedingt als Karriere-Booster, aber nicht als Karrieregrundlage.

Achtung, Erfolg!

Stell dir zu Beginn deiner Personal-Brand-Aktivitäten die Frage, wohin es eigentlich gehen soll. Falls sich deine Reichweite nämlich doch sehr plötzlich potenzieren sollte, kann der zeitliche und geistige Aufwand enorm sein. Mit vielen Kommentaren, Nachrichten und plötzlicher Sichtbarkeit gekonnt umzugehen, will gelernt sein. Versetze dich mal ganz bewusst in deinen angestrebten Zielzustand und überlege, wie dein tägliches Leben sich verändern würde. Wenn du *jetzt sofort* dein Ziel erreichen würdest, wärst du bereit?

Thought-Leadership bedeutet nicht gleichzeitig, dass du »LinkedIn Top Voice« oder gar Influencerin werden musst. Vielleicht ist deine Nische überschaubar und du kannst mit viel weniger Reichweite Thought-Leaderin werden, als wenn du in einer breiten Masse antreten müsstest. Diese Überlegung kann dir helfen, wenn dein Wachstum irgendwann stagniert: Habe ich meine gewünschte Reichweite bereits erreicht, weil ich genau die Menschen im Netzwerk habe, die ich adressieren möchte? Vielleicht besteht dein weiteres Wachstum in neuen Herangehensweisen an Posts, einem Shift deines Themas oder der Ausweitung auf andere Medien. Eine hohe Reputation in einem kleinen Kreis ist viel wichtiger als andersherum.

Die magische Formel?

In ihrem Podcast »Fast and Curious« haben Verena Pausder und Lea-Sophie Cramer den Agentur-Gründer Frank Dopheide interviewt. Dieser benannte seine goldene Regel für den Aufbau einer Personal Brand:

> »Können + Charakter × Kontinuität«

Ich finde, diese Formel bringt es auf den Punkt: Dein Können, das heißt, deine Erfahrung, dein Wissen und deine Skills, gepaart mit deiner ganz individuellen Persönlichkeit potenziert durch unerbittliches Durchhaltevermögen werden Erfolg ergeben. Ich kann dir nicht versprechen, dass dich meine fünf Schritte an das Ziel deiner Träume bringen. Aber ich kann dir versprechen, wenn du dich deiner Personal Brand mit Hingabe und Ernsthaftigkeit widmest und meinem Leitfaden folgst, wirst du diesem Ziel definitiv ein großes Stück näherkommen.

Recap: How to achieve Continuity

If Content is King, Continuity is Queen. Das ist mir schon sehr früh bei LinkedIn aufgefallen, ach was, auch bei der Pressearbeit ist es nicht anders: Du musst kontinuierlich am Ball bleiben und dich immer wieder ins Gedächtnis rufen. Mit Posts auf Social Media hast du die Frequenz immer selbst in der Hand, bei der Presse liegt deine Sichtbarkeit in der Hand von Journalist:innen. Aber beide Kanäle können dir Sichtbarkeit verschaffen und wenn du regelmäßig selbst postest und dann zusätzlich hier und da auf der Bühne stehst oder in den klassischen Medien auftauchst, wirst du merken: Deine Meinung ist gefragt.

Gerade die Tage wieder leitete mir eine Kundin eine Anfrage eines renommierten Wirtschaftsmagazins weiter – der Journalist hat ihren LinkedIn-Post gelesen und wollte sie dazu interviewen. Der Artikel ist zwei Tage später erschienen. Und das ist nicht das einzige Beispiel. Besagte Kundin spielt das Sichtbarkeitsspiel seit vielen Jahren – kontinuierlich.

Jetzt könntest du denken: Irgendwann bin ich doch »sichtbar genug« – reicht es jetzt nicht mit meinen ganzen Aktivitäten? Auch da fällt mir ein Gespräch mit einer tollen Unternehmerin ein. Sie hatte eine digitale Pause eingelegt, um sich voll und ganz aufs Business zu fokussieren. Nach etwa 6 Monaten sagte sie zu mir: »Krass, aber die Einladungen sind echt zurückgegangen – sowohl seitens der Presse als auch Events.« Aus den Augen, aus dem Sinn. In unserer schnelllebigen Welt ist das kein Einzelfall. Daher plane lieber langfristig und finde deinen Rhythmus und deine Routine. Es sollte dich nicht stressen, sondern dir idealerweise sogar Freude bereiten, sichtbar zu sein und mit anderen Menschen in den Austausch zu kommen.

In diesem Kapitel habe ich mit Anna Alex und Verena Pausder zwei Unternehmerinnen im Gespräch gehabt, die beide sehr sichtbar für ihre Themen sind. Und das kontinuierlich. Sie machen Urlaub und digitale Pausen, aber sonst sind sie zur Stelle, um ihre Themen auf die Agenda zu setzen, Impulse zu geben – immer und immer wieder. Und bei Klimaschutz und digitaler Bildung kann es meines Erachtens nicht genug Aufmerksamkeit geben. Stell dir vor, du wärst für dein Thema oder deinen Fachbereich so sichtbar wie Anna oder Verena. Was könntest du dann alles bewegen?

TEIL II
Anwendungsbereiche für Personal Branding

PERSONAL BRAND, THOUGHT-LEADERIN UND INFLUENCERIN
Wohin soll deine Reise gehen?

Im ersten Teil dieses Buches hast du das nötige Handwerkszeug bekommen, um deine Personal Brand aufzubauen und zu etablieren. Ich hoffe, dass du dich von der Frage, *ob* du ins Personal Branding einsteigen willst, zu der Überlegung, *wie* du es tun wirst, vorgearbeitet hast. Gleichzeitig siehst du um dich herum verschiedene Frauen, die schon sichtbar sind und die ganz unterschiedlich mit ihrer Sichtbarkeit umgehen. Bei manchen von ihnen weißt du ganz genau, was sie machen und wofür sie stehen. Bei anderen ist es nicht sofort ersichtlich, was ihre Personenmarke ist, denn sie wechseln immer wieder ihr Thema und du musst etwas genauer hinschauen. Und dann gibt es eine weitere Gruppe von Frauen, die nicht zwingend für ein spezielles Thema sichtbar sind. Sie haben sich im Laufe der Zeit durch nahbaren Content eine Community aufgebaut und monetarisieren ihre Sichtbarkeit durch die Zusammenarbeit mit Unternehmen – Post für Post. Unser Blick richtet sich gen Zukunft: Quo vadis, Personal Brand?

Du wirst im Personal-Branding-Prozess schnell merken, dass sich dein Fokus verändern wird. Zu Beginn deiner Aktivitäten konzentrierst du dich darauf, überhaupt gesehen zu werden. Jeder Kommentar, jede Reaktion ist dann eine kleine Party wert. Doch sobald sich die Dimension deiner Sichtbarkeit ausweitet, stellt sich die Frage: »Und jetzt?« Denn deine Personal Brand soll kein Selbstzweck sein. Dein Content soll deiner Zielgruppe nicht nur gefallen. Ganz grundlegend geht es ja darum, dass du ein Kernthema, eine Mission hast, was du pushen möchtest. Wenn du dir also die Frage stellst, in welche Richtung deine Personal Brand Veränderung, Umdenken, Wissenszuwachs, Aufmerksamkeit und so weiter triggern kann, dann gehe zurück zu deinem ursprünglichen Warum und überprüfe, ob es noch genau dieses Thema ist, das du verfolgst, oder es sich weiterentwickelt hat. Wichtig ist allerdings, dass es ein Ziel gibt – sonst wird deine Personal Brand früher oder später beliebig werden und an Sichtbarkeit verlieren. Sorge dafür, dass deine Intentionen immer im Einklang mit deinen Aktionen bleiben.

Kein Trendthema, sondern Teil der Realität

Ich sehe Personal Branding nicht als Trendthema. Die Aufmerksamkeit, die das Thema derzeit bekommt, wird nicht plötzlich wieder abflachen. Ich bin fest davon überzeugt, dass Personal Branding in einigen Jahren zum Standardrepertoire erfolgreicher Menschen und Unternehmen gehören wird. Wir leben in der digitalen Transformation. Auch unser soziales Umfeld hat sich auf die digitale Ebene ausgebreitet. Die sozialen Medien sind aus unserer Welt nicht mehr wegzudenken und zwingen uns, Kommunikationsstrategien neu zu denken.

Wenn du dich schon mal mit jemandem gestritten hast, weil derjenige deine Nachrichten in einem Messenger-Dienst falsch verstanden hat, hast du es bereits im Kleinen erlebt. Vielleicht liest du dann deine Nachrichten mit etwas Distanz nochmal durch und merkst: »Ach Gott, das hätte ich auch falsch verstanden!« Schon bist du dabei, eine neue Strategie zu entwickeln: hier und da ein Emoji mehr, Ironie eindeutiger kennzeichnen und Sprachnachrichten nicht unnötig in die Länge ziehen. Das Gleiche passiert mit der Art und Weise, wie wir die unterschiedlichen Netzwerke verwenden.

Personal Branding bietet die Möglichkeit, dir in dieser (nicht mehr *so*) neuen Welt Gehör zu verschaffen und deine Persönlichkeit pointiert abzubilden. Wir haben für jeden Teil unseres Lebens ein gewisses Framework. Wir wissen, was höflich oder unhöflich ist, wann man die Hand gibt und wen man zur Begrüßung umarmt, wen wir siezen und wen wir duzen. Und genau so ein Framework ist auch Personal

Branding. Die Art und Weise, wie wir kommunizieren, unsere Themen platzieren oder Geschäfte machen, hat sich grundlegend verändert. Unsere Online-Identitäten haben die Macht, die reale Welt zu beeinflussen. Und genau das ist der Grund, warum Personal Branding nicht wieder verschwinden wird.

Die Evolution von LinkedIn und was das für dich bedeutet

LinkedIn wurde 2003 als Business-Plattform ins Leben gerufen, die in erster Linie der beruflichen Vernetzung und Karriereentwicklung dienen sollte. LinkedIn ermöglichte Arbeitssuchenden, ihren Lebenslauf einzustellen, und Arbeitgeber:innen, Stellen zu inserieren. Die Vermittlung von Mitarbeitenden war der Hauptzweck des Unternehmens. Der Grundgedanke von LinkedIn hat sich in dieser Hinsicht nicht wesentlich geändert.

Das Unternehmen blickt auf beträchtliche Zahlen: Es ist das weltweit größte berufliche Netzwerk mit mehr als 800 Millionen Mitgliedern in mehr als 200 Ländern. Mit dem Aufkommen der Pandemie gab es einen Shift in den sozialen Netzwerken, dem sich auch LinkedIn erfreuen darf. Seit 2020 hat sich die Anzahl der User:innen sprunghaft erhöht. Und mit den Massen an neuen Nutzer:innen kamen auch mehr Menschen, die Inhalte posten oder sich an Diskussionen beteiligen. In diesem Zuge haben auch viele langjährige Mitglieder, die bisher die schweigende Mehrheit (oder auch: scrollende Mehrheit) darstellten, angefangen, LinkedIn aktiv zu nutzen. Die Plattform hat eine Entwicklung durchlaufen, die sehr deutlich gezeigt hat, dass wir Nutzer:innen es sind, die diese Plattform ausmachen. Wir handeln zwar im Rahmen der durch die Plattform gegebenen Möglichkeiten, doch in Summe sind wir letztendlich die Entscheider:innen.

LinkedIn zeigt seit Jahren, dass hochwertiger Content belohnt werden soll. Zum einen durch die Ausrichtung des Algorithmus, der beispielsweise Veröffentlichungen pusht, die schnell Aufmerksamkeit durch Kommentare, Reaktionen und Views bekommen. Inhalte, denen Menschen Beachtung schenken, werden als hochwertig bewertet. Zum anderen zeichnet LinkedIn Menschen als Top-Voice oder LinkedIn-Influencer:innen aus, die langfristig erfolgreich auf der Plattform sind und sich eine meinungsbildende Position erarbeitet haben. Der Creator-Modus gibt dir die Möglichkeit, dich in einen öffentlicheren Modus zu versetzen. Als Creator sammelst du beispielsweise in erster Linie Follower:innen, keine direkten Kontakte. Außerdem kannst du in fünf Hashtags deine Kernkompetenzen verpacken und der Bereich »Im Fokus« wird höher bewertet. Um es den Nutzer:innen zu erleichtern, gute Ideen in gute Posts zu übertragen, hat LinkedIn eine Creator-Software implementiert und die Auswertung deines Profils und deiner Aktivitäten optimiert. Mehr als in allen Jahren zuvor arbeitet LinkedIn seit der Pandemie an der Weiterentwicklung der Formate und wertet dazu regelmäßig das Nutzungsverhalten aus. Der Fokus der Business-Plattform hat sich ganz klar auf die Verbreitung von qualitativem Content eingepegelt. Nutze die Möglichkeiten, die dir das Unternehmen bietet.

Obwohl man in der letzten Zeit das Gefühl bekam, dass viel mehr Menschen als zuvor ihre Mission sichtbar machen und der Feed scheinbar voller wird, veröffentlichen Stand 2022 nur rund 1 Prozent aller LinkedIn-Nutzer:innen Inhalte. Trotz des enormen Pandemie-Sprungs bedeutet das im Umkehrschluss, dass ein großes Potenzial besteht, dass deine Message gehört wird. Es gibt inspirierende Menschen, die wirklich großartige Inhalte mit uns teilen. Menschen, die durch das Vehikel LinkedIn wortwörtlich die Welt verändern. Es gibt Menschen, auf deren Wort wir vertrauen. Es gibt Show-Expert:innen und Blender:innen. Es gibt gute und schlechte Verkäufer:innen. Es gibt Besserwisser:innen, schlaue Schlümpfe und Nörgler in Dauerschleife. Es gibt laute und leise, schüchterne und extrovertierte Nutzer:innen. LinkedIn ist wie eine riesengroße Messe. Der einzige Unterschied ist, dass du viel eher mit jemandem in Kontakt kommst, mit dem du sonst nie ein Wort gesprochen hättest. Und exakt das ist auch der größte Benefit. Genau genommen ist es der Hauptgrund, überhaupt auf einer Plattform aktiv zu werden: Du kannst Menschen erreichen, die du sonst nicht erreicht hättest. Der Preis für diesen wunderbaren Umstand ist, dass du mit all jenen umgehen musst, denen du lieber weiterhin nicht begegnet wärst.

IM GESPRÄCH MIT MONIKA SCHULZ-STRELOW

Monika Schulz-Strelow ist selbstständige Beraterin und betreibt seit über 30 Jahren Wirtschaftsförderung in Europa, ob für die Stadt Berlin, bei der EU-Kommission in Brüssel oder nun für Österreich und andere Regionen. Sie berät nationale und internationale Investoren, die sich in den Regionen ansiedeln wollen. Ehrenamtlich setzt sich Monika als Gründungsmitglied und langjährige Präsidentin des Vereins FidAR – Frauen in die Aufsichtsräte e.V. für die gleichberechtigte Teilhabe von Frauen und Männern an Führungspositionen ein, als Ratgeberin für Politik und Wirtschaft und als unnachgiebige Stimme der Gesellschaft.

Was bedeutet für dich Sichtbarkeit?

Die Themen, die für mich wichtig sind – gesellschaftliche Veränderung als Oberbegriff –, in die Öffentlichkeit hineinzubringen, sie mit anderen abzugleichen und durch die Sichtbarkeit Gewicht für diese Themen zu bekommen.

Warum ist Sichtbarkeit besonders für Frauen wichtig – vielleicht sogar wichtiger als für Männer?

Ich würde sagen, Sichtbarkeit ist für Frauen wichtiger, weil wir Frauen diesbezüglich ein Defizit haben. Viele Frauen fürchten die Sichtbarkeit. Viele machen nicht den Schritt aus ihrem Kreis heraus, weil sie sich in dem Umfeld, in dem sie sich bisher sicher bewegt haben, auch immer begleitet und behütet wissen. Wenn man sichtbar ist, tritt man einen Schritt nach vorne, aus der Komfortzone heraus. Das muss man aushalten können. Es gibt Frauen, die das bewusst nicht wollen. Es gibt aber meines Erachtens noch mehr Frauen, die es einfach nicht geübt sind, das auszuhalten. Aber das kann man lernen.

Welchen Rat gibst du Frauen, die am Anfang ihrer Sichtbarkeit stehen?

Sich erst einmal selbst zu beobachten: Wie ist meine Wirkung, wenn ich einen Raum betrete? Werde ich gesehen? Muss ich mir erst mal Raum verschaffen?

Ich finde in dem Kontext folgende Empfehlung sehr hilfreich: Sich mit dem Thema zu befassen, wie trete ich in einen Raum ein und wie nehme ich Raum ein. Das kannst du ruhig mal vor dem Spiegel üben. Wirkst du unsicher, wirkst du gehemmt oder gelöst? Ich glaube, das ist wichtig für das eigene Selbstverständnis, dass man sich seiner eigenen Wirkung bewusst ist.

Man kann das auch im Gegenüber mit einer Freundin oder dem/der Partner:in üben. Das kritische Selbstbild jedoch ist auch wichtig, um sich bewusst zu machen: Gehe ich den Schritt raus, halte ich das aus? Wenn es einem in dem Moment zu viel ist, kann man ja zurückgehen in die Reihe. Langsam heranwagen: In Veranstaltungen aufstehen und einen Beitrag leisten. Erst in einem Rahmen, in dem man sich zu Hause fühlt und dann im nächsten Schritt in der Öffentlichkeit, wo man dann eben nicht mehr abgesichert ist. Die Wirkung von Sichtbarkeit ist nicht zu unterschätzen.

Du warst viele Jahre in der Offline-Welt aktiv, bevor du digital sichtbar wurdest. Netzwerken fällt vielen Frauen schwer. Wie gehst du an eine Veranstaltung heran, bei der du wenige Menschen kennst und gewisse Kontakte knüpfen möchtest?

Ich schaue mir erst einmal das Setting an und screene, ob ich jemanden kenne. Obwohl ich wirklich viel unterwegs bin und eine bestimmte Außenwirkung habe, ist es dann leichter. Und dann stelle ich mich zu denen, mit denen ich mich gerne unterhalten würde. Das ist ein ganz wichtiger Schritt der Überwindung. Es ist nicht automatisch so, dass die Leute auf einen zukommen. Wenn man als Frau allein so einen Raum betritt, muss man auf die Leute zugehen. Meistens sind es Tischsituationen. Oder, wenn ich mich hingesetzt habe, grüße ich und stelle mich meinen Sitznachbar:innen rechts und links vor und komme so ins Gespräch. Wenn ich im Publikum einer Podiumsdiskussion sitze und mich das Thema sehr bewegt, bringe ich mich ein. Und ich glaube, es ist total wichtig, sich das bewusst zu machen: Aufzustehen, sich einzubringen – das ist das Hauptelement dieses Herangehens in den öffentlichen Raum.

Beim Netzwerken ist es das Gleiche: Ich schaue mir erst einmal an, wie das Gesamtgefüge, die Stimmung ist. Ich bin ziemlich sensibel für Stimmungen, kann sie aber gut aufnehmen und dann die Menschen mit meiner Ansprache und Energie erreichen. Das weiß ich aus meiner Erfahrung als Sprecherin und Moderatorin von vielen Kongressen. Das grundlegende und wichtigste Verständnis ist, dass ich Menschen mag und mit Menschen zusammen sein und mich mit ihnen austauschen möchte und viele Menschen miteinander in Verbindung gebracht habe.

Welche ist die größte Chance, die Sichtbarkeit deinem Themenfeld bietet?

Dass es uns gelungen ist, ein Gesetz 2015 in Deutschland mit auf den Weg gebracht zu haben, das mehr Frauen in Führungspositionen der Wirtschaft festschreibt und den Anteil von Frauen in Aufsichtsräten und Führungsebenen deutlich erhöht hat. Darauf bin ich sehr stolz. Das ist der größte Erfolg, den meine Sichtbarkeit in dem Bereich leisten konnte.

Hättest du dieses Ziel ohne deine Sichtbarkeit erreichen können?

Nein. Das ist eine Erkenntnis, die ich manchmal wirklich ausgeblendet habe. Meine klare Positionierung hat diesen Erfolg gebracht. Diese Positionierung, das frühzeitige und unermüdliche Eintreten für eine Quote hat viel Kraft gekostet und viel Widerstand hervorgerufen. Eine wichtige Eigenschaft, um das auszuhalten, ist Humor und der Wille zur gesellschaftlichen Veränderung.

Kaum wird man sichtbar, wollen alle was von dir und die Pöbler:innen haben dich auf dem Plan. Was machst du, wenn dir deine Sichtbarkeit auf die Nerven geht?

Dann ziehe ich mich einfach zurück und bin dann auch weniger auf Social Media unterwegs – wobei ich eh nur noch konzentriert auf LinkedIn und Twitter poste. Als FidAR-Präsidentin habe ich beides sehr intensiv bedient und besonders mit kleinen Video-Botschaften viel erreicht. Aber das habe ich eingeschränkt. Ich antworte nicht auf Texte, die übergriffig sind. Auch Mails und Blogs, die mich besonders in der Phase der Einführung des Gesetzes 2015 erreichten, habe ich ignoriert.

Was gibst du Frauen an die Hand, die sagen, dass Sichtbarkeit Selbstdarstellung ist und ihnen nicht nützt?

Ich rate ihnen, sich LinkedIn mal genauer anzusehen. Es ist eben nicht nur Selbstdarstellung, sondern auch Gesehenwerden und Austausch. Diese Ansicht teilten zum Beispiel Wissenschaftlerinnen nicht, bei denen wir im Rahmen einer Veranstaltung nachgefragt haben, warum sie nicht auf LinkedIn zu finden seien. Sie meinten, das sei ihnen zu öffentlich und ungeschützt, und da könne ja jeder und jede reagieren. Man könne ja auf die Websites der jeweiligen Hochschule schauen. Könnte man machen, doch sollten wir uns überlegen, welche modernen Kanäle es gibt, um gefunden zu werden. Und ich würde sagen, da haben wir das Thema der Website hinter uns gelassen. Heute ist es wichtig, zum Beispiel auf LinkedIn schnell gefunden zu werden. Man muss sich überlegen, welcher Kanal zum eigenen Ziel passt und gleichzeitig der größte Garant ist, dass ich gesehen werde. Die Selbstdarstellung kommt ja erst mit den Inhalten, die ich über diesen Kanal transportiere.

Und abschließend kann ich nur sagen: Es ist auch wichtig, die Sichtbarkeit von anderen Frauen zu erhöhen, und daher empfiehlt es sich, sich jeden Tag positiv über eine Frau zu äußern. Das strahlt auch auf die Person ab.

Thought-Leadership

Ich habe in diesem Buch schon öfter den Begriff der Thought-Leaderin verwendet. Das Grundverständnis ist sicherlich selbsterklärend. Thought-Leadership ist ein Zustand, der erreicht wird, wenn Menschen bei einem bestimmten Thema auf deine Sichtweisen referieren, du wortführend in diesem Bereich bist, als Ansprechpartnerin gesehen wirst – allgemein formuliert: wenn du Synonym für dein Thema wirst. Wenn ein Gespräch über dein Thema nicht mehr ohne deinen Namen stattfindet. Es ist ein Status, den dir keine Personal-Branding-Strategie zusichern kann. Denn Thought-Leadership verlangt allen Personal-Branding-Bestandteilen die Superlative ab. Du musst ein ganz genau gerahmtes Thema haben, mit dem Menschen dich verbinden können. In diesem Thema musst du exzellent sein, um deine Meinung und dein Wort glaubwürdig zu machen und ihm Gewicht zu verleihen. Du musst im Austausch präsent sein, deine Perspektiven, Herangehensweise und Überzeugungen vertreten und argumentativ verteidigen können. Deine Inhalte müssen sowohl originär und innovativ als auch zielgruppengerecht und einzigartig sein. Und wenn du das alles erreichst, musst du nur noch eins: kontinuierlich und langfristig sichtbar sein, nicht nur auf LinkedIn.

Thought-Leadership kann nur entstehen, wenn dein großes Ziel das Vorantreiben deines Themas ist und du Personal Branding als Vehikel verstehst. Viele Thought-Leader sagen von sich selbst, dass sie nie vorhatten, Thought-Leader zu werden. Auch verschiedene Frauen, von denen du hier im Buch im Gespräch gelesen hast, sagen genau solche Sätze.

Wenn deine höchste Priorität deine eigene Sichtbarkeit ist, wirst du wahrscheinlich ab einem gewissen Punkt daran scheitern, dein Thema authentisch zu vertreten. Das ist der Grund, warum ich die Wahl des Themas in der Methodik ganz nach vorne stelle. *No mission, no party.* Das Thema darf sich verändern, weiterentwickeln und von verschiedenen Blickwinkeln angegangen werden. Aber es muss Priorität Nummer eins sein, wenn du Veränderung oder Umdenken stiften willst und vielleicht sogar Thought-Leadership anstrebst. Mein persönlicher Tipp dazu ist, sich auf Letzteres nicht zu sehr zu versteifen. Genieße deine Erfolge und deine wachsende Sichtbarkeit, und nutze immer genau die Ressourcen, die dir gerade zur Verfügung stehen. Thought-Leadership ist kein scharf abgegrenzter Begriff. Vielleicht bist du für jemanden in deinem Umfeld schon jetzt Thought-Leaderin für ein bestimmtes Thema.

Hast du schon einmal diesen Spruch gehört: »Kleide dich nicht für die Stelle, auf die du dich bewirbst, sondern für die Stelle, die du mal erreichen willst.« Diesen Satz kann man gut auf das Personal Branding übertragen. Poste nicht aus der Position heraus, die du glaubst zu haben, sondern aus der, die du gern hättest. Du träumst davon, Thought-Leaderin zu sein? Verhalte dich wie eine, argumentiere wie eine, poste wie eine.

A whole new world

Die klassische Karriereleiter ist überholt. Die Autorin und Gründerin Pattie Sellers findet die passenden Worte, dass sich die Karriereleiter in ein Klettergerüst verwandelt hat. In Anlehnung an diese Analogie würde ich sagen, dass du das Klettergerüst durch Sichtbarkeit zu einer ganzen Turnhalle machen kannst. Die Berufswelt ist mehrdimensional und vielschichtig geworden. Und das selbst dann, wenn du in einem konservativen Unternehmen, einem Amt oder anderen starren Strukturen arbeitest. Deine Fähigkeiten sind breiter anwendbar als nur in deinem Job. Und LinkedIn bietet dir die Möglichkeit, von der Leitersprosse in die große Turnhalle zu springen.

Durch diese Verlagerung des Karrierefokus ist es überhaupt erst möglich, Thought-Leadership auf einer Plattform wie LinkedIn zu erschaffen. Es zeigt die Ernsthaftigkeit, die wir sozialen Medien inzwischen zuordnen. Meinungsbildend und wortführend auf andere Menschen wirken zu können, erfordert ein hohes Maß an Vertrauen fachlicher und menschlicher Natur. Ist es nicht ein wunderbarer Beweis für den Stellenwert von LinkedIn, dass so viele Thought-Leader:innen unserer Zeit die Plattform aktiv nutzen?

Ausprägungen des Thought-Leadership

Ich habe am Anfang des Kapitels die Frage aufgeworfen, wie es weitergeht, wenn deine Personal Brand erst mal erfolgreich ist. Und nun denkst du vielleicht: »Ich will einfach nur mein Thema sichtbar machen – muss ich gleich nach der Weltherrschaft streben?« Nein, musst du nicht (darfst du aber). Ich möchte das Thema noch einmal anders rahmen. Grundlegend bräuchtest du LinkedIn nicht mal, um meinungsstiftend und wortführend zu werden. Es gibt großartige Führungskräfte, die in ihrem Unternehmen Innovation vorantreiben, auf Kongressen Vorträge halten und in der Branche zu bestimmten Themen befragt werden, ohne dass sie jemals über Personal Branding oder Social Media nachgedacht hätten. Es gibt Dörfer, in denen ganz klar ist: Egal, ob der Rentnertreff geschlossen werden soll, die Kita das Essen teurer machen muss oder der Bau des versprochenen Radwegs mal wieder um ein Jahr verschoben wurde – Simone wird den ganzen Ort mobilisieren, um im Rathaus Aufmerksamkeit zu stiften, und organisiert nebenbei noch das Dorffest.

Vielleicht ist deine Branche auch einfach sehr klein und darum ist es für dich auf den ersten Blick unsinnig, nach nationaler oder gar internationaler Sichtbarkeit zu streben. Die Inhaberin einer erzgebirgischen Holzkunst-Manufaktur sucht unter Umständen auf anderen Wegen als LinkedIn nach Sichtbarkeit. Du kennst deine Zielgruppe und den nötigen Wirkungskreis selbst am besten, doch ich möchte dir zwei Gedanken mitgeben. Erstens: Die fünf Cs lassen sich allesamt auf die analoge Welt oder andere Kanäle übertragen und sind eine allgemeingültige Methode zur Kanalisierung deiner Personenmarke. Zweitens: Unterschätze nie die Relevanz deines Themas. Am Ende geht es um Induktion – wenn dein Thema dich und fünf andere interessiert, dann gibt es auf jeden Fall noch mehr von euch. Wenn dir das Thema aufrichtig am Herzen liegt, hat es die größtmögliche Sichtbarkeit verdient.

Die andere Seite der Medaille ist, dass es Themen gibt, die bereits eine extreme Sichtbarkeit genießen. Hier zur Thought-Leaderin aufzusteigen, ist ein ambitioniertes Ziel. Entweder kannst du dich noch tiefer spezialisieren, um die Zielgruppe genauer eingrenzen zu können und dich von anderen Wortführerinnen unterscheiden zu können. Oder du gibst Vollgas und schaffst es, in die nötige Liga aufzusteigen. Meinen Support hat eine mutige Frau mit Ambitionen immer.

Die Bedeutung der klassischen Medien für Thought-Leadership

Inzwischen hast du einen komplexen Einblick, wie bedeutend und zugleich niedrigschwellig der Einstieg in deine Sichtbarkeit via LinkedIn ist. Die wenigsten Menschen genießen den Luxus, bereits eine bekannte Personal Brand etabliert zu haben, bevor sie auf LinkedIn aktiv werden. Und doch gibt es sie. In diesem Buch spreche ich vor allem all jene an, die von der Pike auf starten. Im Verlauf der Kapitel habe ich viele Beispiele dafür gegeben, wie deine Sichtbarkeit auf der Plattform andere Möglichkeiten befruchten kann. Einladungen zu Panels, Anfragen zu Interviews, Angebote für eine eigene Kolumne und viele mehr. Fakt ist: Wenn du es schaffst, auf LinkedIn Menschen auf dich und deine Mission aufmerksam zu machen, ist es sehr wahrscheinlich, dass dieses Interesse nicht auf der digitalen Ebene verbleibt. Journalist:innen, Eventveranstalter:innen und Entscheider:innen großer Unternehmen befragen heutzutage, genau wie alle anderen Menschen, zuerst das Internet, wenn sie Expert:innen suchen. Je leichter du es ihnen machst, dich in Verbindung mit deinem Thema durch eine scharfe Positionierung zu finden, desto wahrscheinlicher ist es, dass auch deine Sichtbarkeit von einer Leiter zu einem Klettergerüst wird. Ein Artikel über dich in einem Print-Magazin oder eine Keynote-Speech auf einem Branchen-Event hat sicherlich einen höheren Stellenwert als einer deiner wöchentlichen Posts.

Ich empfehle dir jedoch, darauf zu vertrauen, dass diese Angebote von alleine kommen, wenn du dein digitales Personal Branding ernstnimmst. Im Gegenzug schafft die Präsenz in anderen als den sozialen Medien einen Mehrwert für diese digitale Personal Brand. Menschen kommen über Zeitungsartikel oder Interviews, über Kongresse oder Netzwerkveranstaltungen, ja, über jede andere Form der Sichtbarkeit zu deinem Profil auf LinkedIn und können deiner Perspektive so dauerhaft folgen. Das einzige konstante Element, das du jedoch selbst kontrollieren kannst, ist ebenjenes Profil. Auf diese Weise kannst du deine Community aufbauen, den Traffic und die Aufmerksamkeit erhöhen. Außerdem bieten dir soziale Medien einen wechselseitigen Kommunikationskanal. Vergiss nicht, dass diese Plattformen entwickelt wurden, um hilfreiche Verbindungen und Beziehungen aufzubauen. Und nur so kannst du kontinuierlich wertvolles Feedback erhalten, dazulernen und dich verbessern. Dieser Austausch stellt ein wertvolles Korrektiv für dich dar, durch das du langfristig garantieren kannst, aus der aktuellsten Position zu argumentieren.

Hier noch einmal der wichtige Hinweis: Die besten Inhalte kommen von dir, der Expertin. Beziehe die Sichtweisen deines Umfelds in deine Gedankenwelt mit ein, aber verfolge deinen eigenen, persönlichen Ansatz zu den Themen. Es ist wichtig zu erwähnen, dass die Redaktion von LinkedIn immer bestrebt ist, die qualitativ hochwertigsten Unterhaltungen und zeitgemäßen Inhalte hervorzuheben. LinkedIn selbst sagt, dass die Mitglieder hungrig nach durchdachten Insights von Führungskräften, Expert:innen und Thought-Leader:innen sind. Angefangen bei der offensichtlichen Ausrichtung von LinkedIn auf die Hervorhebung der Thought-Leader bis hin zu den angebotenen Kursen zum Thema Thought-Leadership.

IM GESPRÄCH MIT YAËL MEIER

Yaël Meier ist Mitgründerin von Zeam, einer Schweizer Management-Beratung, die Brücken zwischen Entscheidungsträger:innen und der Generation Z baut. Als junge Stimme in der Business- und Medienwelt erkennt Yaël das Potenzial der Gen Z. Mit 14 Jahren startete Yaël ihre Schauspielkarriere mit einer Hauptrolle in einem Spielfilm, mit 17 Jahren wurde sie zur jüngsten Mitarbeiterin der Schweizer Tageszeitung *Blick*, mit 19 Jahren gründete sie Zeam und mit 20 wurde sie Mutter. Heute ist Yaël 22 Jahre alt, wurde als »Forbes 30 Under 30« und zweimal als »LinkedIn Top Voice« ausgezeichnet.

Was bedeutet für dich Sichtbarkeit?
Ich setze mich dafür ein, dass junge Menschen in der Wirtschaft eine Stimme bekommen. Sichtbarkeit bedeutet da Lautstärke und gehört werden.

Wie hast du deine Stimme gefunden?
Das hat schon ziemlich früh begonnen, und zwar, als ich das erste Mal auf Social Media aktiv wurde, etwa mit 14. Da habe ich gemerkt, dass wir in der heutigen Zeit Möglichkeiten haben, wie es sie nie zuvor gab. Social Media demokratisiert Reichweite, und jede:r kann sich das zunutze machen, um seine Ziele zu erreichen. Meine Stimme hat sich weiterentwickelt parallel zu neuen Karriereschritten. Ich würde sagen, dass sie mittlerweile einen Impact auf die Wirtschaftswelt hat.

Du bist noch sehr jung und hast dementsprechend auch noch nicht zehn Jahre Berufserfahrung. Warum ist es dir wichtig, als junge Frau im Berufskontext sichtbar zu sein?
Genau deswegen. Man muss sich als junge Person im Businesskontext viel stärker beweisen. Weil es strukturell immer so

war, dass sich eine Person erst einmal hocharbeiten und viel Berufserfahrung haben musste, bevor sie Verantwortung übernehmen und gehört werden konnte. Durch Social Media wie LinkedIn ist das anders geworden. Man kann nun eine Brand aufbauen und anders beweisen, was man kann. Das sehe ich auch bei anderen jungen Menschen, die nicht viel Berufserfahrung haben, aber schon extrem viel bewegen.

»Was weißt du denn schon?« – Wie gehst du damit um, wenn man dir dein Alter vorwirft?

Das passiert mittlerweile zum Glück nicht mehr, weil ich bewiesen habe, dass junges Alter auch ein Vorteil sein kann. Das war aber anders, als wir mit Zeam gestartet sind. Wir berichteten bereits zu Beginn stark auf LinkedIn – das löste viel Spannung aus. Denn auf der Plattform treffen die Generationen aufeinander. »Du bist ja noch so jung, du darfst keine Meinung haben in der Wirtschaftswelt« oder »Lehrjahre sind keine Herrenjahre«. Gleichzeitig stießen wir auch auf unglaublich viel Zuspruch. Das ermutigt.

Warum ist Sichtbarkeit besonders für Frauen wichtig?

Sichtbarkeit ist wichtig, um andere Leute zu inspirieren. Wir zum Beispiel empowern junge Menschen. Wenn ich aufzeige, wie erfolgreich man mit Anfang 20 sein kann, oder erkläre, dass die Meinung eines 16-Jährigen für ein Unternehmen extrem wertvoll ist, dann inspiriert das andere junge Leute und sie beginnen, an sich zu glauben. Gleiches gilt für das Frauen-Empowerment. Sichtbarkeit zeigt auf: »Was ich kann, kannst du auch!«

Glaubst du, dass deine bisherige Karriere anders verlaufen wäre, wenn du nicht in die Sichtbarkeit gegangen wärst?

Ja, auf jeden Fall. Es haben sich durch meine Sichtbarkeit viele Möglichkeiten ergeben, die ich sonst nicht bekommen hätte.

Gibt es ein Learning, was diese Meinung besonders bestätigt?

Für mich hat es sich stark mit der Gründung von Zeam gezeigt. Mir war schon immer klar, dass ich sichtbar sein muss, wenn ich mich schnell einbringen will. Ich war als Journalistin bei Ringier – einem großen Schweizer Medienhaus – tätig, als ich begonnen habe, mit meiner Personal Brand eigene Projekte im Unternehmen umzusetzen. Bereits da war mir klar, dass mir das nur zugetraut wird, wenn ich meine Person mit einbringe. Ich konnte dann eine Kolumne und einen Podcast unter meinem Namen umsetzen und später ein Instagram-Magazin mit mir als Gesicht aufbauen. Mit der Gründung von Zeam begann ich, auf LinkedIn aktiv zu werden. Zu dem Zeitpunkt, im Herbst 2019, gab es fast keine Frauen auf der Plattform in der Schweiz. Früh dran zu sein sowie mein intuitives Verständnis für Social Media haben mir bestimmt geholfen herauszustechen. Zusammen zählen mein Mitgründer, Zeam und ich über 100 000 Follower auf LinkedIn. Viele unserer Projekte und Anfragen bekommen wir dank der Plattform.

Was waren deine persönlichen Herausforderungen?

Wenn man sich öffentlich exponiert, wird man immer auch mit Negativität konfrontiert. Das ist etwas, wovor Leute Angst haben und was sie zurückhält, aktiv zu werden: die Reaktionen aus dem persönlichen Umfeld, aber auch Reaktionen auf Social Media. Das habe ich auch stark erlebt. Mittlerweile macht es mir gar nichts mehr aus. Aber es ist am Anfang der Sichtbarkeit auf jeden Fall eine Challenge. Zudem ist statistisch erwiesen, dass Frauen mehr Hate bekommen als Männer.

Wäre ein Shitstorm für dich ein Grund, mit deiner Social-Media-Aktivität aufzuhören?

Nein, auf keinen Fall. Ich will natürlich keinen Shitstorm provozieren, aber es kann immer passieren.

Was rätst du Frauen, die sich noch nicht auf die große Bühne der Sichtbarkeit trauen?

Einfach mal ausprobieren! Und das vielleicht auf einer Plattform, die keine Angst macht. Denn schlussendlich funktioniert Social Media prinzipiell immer gleich. Man kann auf Twitter starten und geht dann auf LinkedIn, oder man startet auf Instagram und geht dann auf TikTok. Man muss sich Schritt für Schritt vorwagen. Im Businesskontext ist LinkedIn extrem relevant. Wenn man einfach mal einen Post erstellt, ohne sich zu viele Gedanken zu machen, kann man sich ausprobieren und dann merken, was die Plattform auslösen kann.

Let's influence

Menschen folgen Menschen – das habe ich in den vergangenen Kapiteln schon mehrfach hervorgehoben. Besonders wenn man über Influencer:innen spricht, wird diese Aussage deutlich. Das englische Wort *influence* bedeutet Einfluss oder jemanden beeinflussen. Schon die reine Wortbedeutung vermittelt ein zwiespältiges Gefühl. Sich in einer Entscheidung oder Meinungsbildung beeinflussen zu lassen, kann genauso positiv wie negativ sein. Wenn wir heute an eine:n Influencer:in denken, haben wir eher eine Person vor Augen, die in der Lage ist, Interesse für etwas zu wecken, beispielsweise für ein Produkt oder ein Unternehmen. Und zugegebenermaßen steht genau dieser Umstand immer wieder in der Kritik. So entschied beispielsweise ein Urteil des Bundesgerichtshofs 2014 eine detailliertere Kennzeichnungspflicht redaktionell gestalteter Anzeigen. Du hast diese Änderung bemerkt, als Menschen begannen, das Wort »Anzeige« auf Fotos oder in ihren Captions zu verwenden. Besonders bei Instagram fiel diese Entwicklung enorm auf. Sobald Geld im Spiel ist, gelten immer andere Regeln. Und genau das ist beim Influencer:innen-Dasein der Fall.

In unserem Themenbereich bedeutet Influencer:in zu sein, dass du bezahlte Partnerschaften mit Unternehmen eingehst. Win-win: Das Unternehmen befindet deine Community als Teil ihrer Zielgruppe und kann deine Reichweite nutzen, um diese mit sehr hoher Trefferwahrscheinlichkeit zu erreichen. Du kannst währenddessen deine Sichtbarkeit auf direktem Wege nutzen, um Einkünfte zu generieren. Die Kooperationen können sehr verschieden geartet sein. Vielleicht stellt dir ein Unternehmen ein Produkt zum Test zur Verfügung, und der Gegenwert für deine fachliche Einschätzung besteht in der kostenlosen Nutzung beziehungsweise dem Überlassen des Produktes. Es ist jedoch auch möglich, dass du für das Einschätzen oder Berichten über das Produkt finanziell entlohnt wirst. Es gibt außerdem PR-Agenturen, die Produkte verschiedener Unternehmen als Bundle an (potenzielle) Influencer:innen verschicken und dich bitten, deine Meinung zu diesen zu veröffentlichen. Viele Unternehmen fokussieren sich auf längerfristige Kooperationen, bei denen vertraglich festgesetzt wird, wie oft und in welcher Form du das Unternehmen bewirbst. Teilweise werden dir fertige Posts vorgeschlagen, deren Veröffentlichung vergütet wird. Die Möglichkeiten sind sehr breit gefächert. Ich möchte dir im Folgenden aufzeigen, wie du deine Inhalte monetarisieren kannst, ohne dabei deine Personal-Brand-DNA oder das Vertrauen deiner Community aufs Spiel zu setzen.

Influencer:innen – die ersten ihrer Art

Influencer:innen sind kein neuer Trend mehr. Aber lasst uns einen Schritt zurückgehen. Denn als Erstes muss man verstehen, wie alles begann. Alles fing mit Blogs an – vor allem in den Bereichen Mode, Essen, Beauty oder Lifestyle. Auch hier konnten Blogger:innen eine treue Community aufbauen, und manche gingen schon damals bezahlte Partnerschaften mit Unternehmen ein. Von Follower:innenzahlen im Millionenbereich konnte man damals nur träumen.

Mit dem Aufkommen von Instagram erkannten viele Blogger:innen die App als neuen Verbreitungskanal und steigerten ihre Reichweite um ein Vielfaches. Laut Statista erreichte Instagram Ende 2021 mit zwei Milliarden aktiven Nutzer:innen weltweit einen neuen Meilenstein. Ich muss wohl nicht extra betonen, wie viel Potenzial soziale Netzwerke durch derart hohe Nutzerzahlen für Unternehmen bieten. Kein anderer Kommunikationskanal kann den erfolgreichsten sozialen Netzwerken das Wasser reichen. Egal, wen du erreichen willst – Flaggschiffe wie Instagram, Facebook, YouTube oder LinkedIn bieten Unternehmen die Schnittstelle zu fast jedem Menschen auf der Welt.

TikTok als newest kid on the block nenne ich an dieser Stelle auch, und ich glaube, dass diese Plattform allein ein eigenes Buch verdient.

Auch die Influencerin deines Vertrauens hat irgendwann mal mit null Follower:innen angefangen. Doch mit Wachstum kommt auch Bekanntheit. Die bekanntesten Influencer:innen sind oftmals Menschen, die bereits auf anderen Wegen enorme Sichtbarkeit erlangt hatten, bevor sie auf den sozialen Netzwerken aktiv wurden. Fußballer, Models, Musiker:innen, Schauspieler:innen – der buchstäbliche *Einfluss* dieser Personen ist nicht wegzudiskutieren. So nahm Instagram beispielsweise Änderungen der Testplattform zurück, nachdem sich die Kardashian-Familie negativ zu ihnen geäußert hatte.

Influencer:innen auf LinkedIn

Die scheinbare Alleinherrschaft von Instagram über Influencer:innen scheint beendet. Zu lukrativ ist das System auch für andere Plattformen. LinkedIn stellt seine Kohorte von wechselnden »LinkedInfluencern« vor. Laut der offiziellen Website werden diese nur auf Einladung ausgewählt und umfassen ein globales Kollektiv von mehr als 500 der weltweit führenden Denker:innen, Führungskräfte und Innovator:innen. Das Unternehmen bewertet die bestehenden Influencer:innen regelmäßig, um, wie sie selbst sagen, nur die engagiertesten, produktivsten und durchdachtesten Beiträge aufzunehmen und sicherzustellen, dass ihr Fachwissen den Interessen seiner Nutzer:innen entspricht. Anders als die oben stehende Erklärung vermuten ließe, bezahlt LinkedIn seine Influencer:innen nicht mit Geld, sondern mit einer gesteigerten Ausspielung ihres Contents und daraus folgend mit der zweiten harten Währung des Influence-Games: Reichweite.

Doch auch das klassische System des Influencer:innen-Daseins hat bei LinkedIn Einzug gehalten. LinkedIn und seine Influencer und Creators verändern auch die Art und Weise, wie Unternehmen ihren B2B-Vertrieb angehen. Normalerweise würde man auf Instagram oder TikTok nach Influencer:innen suchen, die versuchen, das Produkt einer Marke an die Zielgruppe zu verkaufen. Aber auch auf LinkedIn sehen wir immer öfter Posts, die als Anzeige markiert sind. Dabei sind die Menschen, die posten, keine »klassischen« Influencer:innen, wie oben beschrieben, sondern es sind Unternehmer:innen oder Marketeers, die durch große Reichweite auf LinkedIn bestehen. Auf LinkedIn werden mittlerweile Bürogeräte beworben oder Zahlungsmittel für Unternehmer:innen – sprich Produkte, die im Business-Kontext die Zielgruppe ansprechen, die auf LinkedIn unterwegs sind.

In diesem Zusammenhang habe ich etwas sehr Spannendes gelesen, was ich hier gern aufgreifen möchte: Der durchschnittliche B2B-Vertrag ist 10 bis 20 Prozent mehr wert als ein Vertrag mit einem sogenannten »Verbraucher-Influencer«, berichtet das Online-Magazin *The Hustle*. Und die Zielgruppe ist auf der Plattform vorhanden, denn Entscheider:innen tummeln sich auf LinkedIn. Dieser Branchenzweig ist so lukrativ, dass die weltweit tätige Agentur Ogilvy PR ein neues »Business Influence-Angebot« auf den Markt gebracht hat, das Kunden den Zugang zur aufkeimenden Influence-Wirtschaft auf der B2B-Ebene ermöglichen soll.

Follower:innen sind nicht automatisch gleich Kund:innen

Willst du berühmt werden? Oder willst du deine Sichtbarkeit nutzen, um ein nachhaltiges Business aufzubauen? Willst du ein gesellschaftliches Thema betonen? Kann man ein:e Influencer:in sein, wenn man einfach nur eine große Anhängerschaft hat? Und wie lässt sich das Narrativ einer Personal Brand mit dem von Influencer:innen verbinden?

Immer wieder erlebe ich, dass Menschen auf der Jagd nach Follower:innen sind. Und ja, am Anfang ist der steigende Zuwachs deiner Community ein Indikator dafür, dass deine Personal-Branding-Aktivitäten Früchte tragen. Es ist jedoch wichtig zu verstehen, dass Follower:innen nicht dasselbe sind wie Kund:innen, Partner:innen oder potenzielle Arbeitgeber:innen. Der größte Gefallen, den du dir tun kannst, ist, dich darauf zu verlassen, dass den richtigen Menschen auffallen wird, dass du die passende Ansprechpartnerin für Anliegen x, y oder z bist. Ich bin mir sicher, dass du Menschen anziehst, wenn du von einem Trendthema zum anderen springst oder zwischen mehreren Themen wechselst. Aber sind die Menschen, die du damit ansprichst, auch die Menschen, mit denen du ursprünglich in den Austausch treten wolltest? Sind es die Menschen, die dich bei deinem eigentlichen übergeordneten Ziel unterstützen oder hören wollen? Sind all diese Follower:innen automatisch deine Kund:innen? Das würde ich ernsthaft bezweifeln.

Genau hier liegt der Schlüssel zur Schnittstelle zwischen LinkedIn und dem Influencer:innen-Dasein (also dem Teilen werblicher Inhalte). Wenn du den Prozess des Aufbaus deiner Personal Brand vehement verfolgt hast, wird deine Positionierung niet- und nagelfest sein. Du bist nicht nur Expertin für dein Thema, sondern genauso sehr Expertin dafür, was die Verbindung zwischen dir und deiner Community ausmacht. Mit wachsender Sichtbarkeit werden Unternehmen auf dich aufmerksam werden. Du steckst viel Hirn, Herzblut und Zeit in deine Personal Brand, warum sollte sich das nicht auch monetär bemerkbar machen dürfen? Sei dir bewusst, dass sich deine Außenwahrnehmung verändern kann, wenn du Menschen Inhalte zur Verfügung stellst, für die du bezahlt wirst. Darum ist es wichtig, in die Auseinandersetzung mit dir selbst zu gehen, an welchem Punkt Menschen bezweifeln werden, dass du ein Unternehmen aus Überzeugung und nicht aus finanziellem Anreiz heraus unterstützt.

Ich empfehle dir, jedes Angebot für eine Zusammenarbeit nach den gleichen Standards zu prüfen: Entspricht das Unternehmen und das betreffende Produkt in allen Punkten den Grundsätzen meiner Personal-Brand-DNA? Kenne ich meine Community gut genug, um einschätzen zu können, dass ich meinen Follower:innen einen Mehrwert anbiete? Ist gerade der richtige Zeitpunkt? Kann ich somit sicherstellen, dass ich weder meiner Authentizität noch meiner Integrität schade? Stehe ich nicht nur als meine Online-Identität, sondern auch als ganze Person hinter dem Angebot? Wenn du diese Fragen guten Gewissens mit Pro-Argumenten für die Kooperation beantworten kannst, steht dem nächsten Schritt nichts im Wege. Wenn du spürst, dass sich etwas unstimmig anfühlt, entscheide *immer* im Sinne deiner Personal Brand.

IM GESPRÄCH MIT DIANA ZUR LÖWEN

Diana zur Löwen ist eine deutsche Influencerin mit mehr als einer Million Follower auf Instagram und 611000 Abonnenten auf YouTube, Unternehmerin und Investorin. Diana bespricht auf ihren Kanälen ein Potpourri an Themen, die sie im Alltag beschäftigen, und scheut dabei auch politische Diskussionen nicht. Als Investorin investiert sie in Early-Stage-Start-ups unter anderem im Bereich Healthcare und Bildung und war Gastjurorin in *Die Höhle der Löwen*. Über ihr unternehmerisches Engagement und ihre Investitionen spricht Diana zudem aktiv auf LinkedIn und in der Presse.

Was bedeutet für dich Sichtbarkeit?
Sichtbarkeit bedeutet für mich, von anderen grundsätzlich gesehen zu werden und für die Dinge und Themen wahrgenommen zu werden, für die ich gerne wahrgenommen werden möchte.

Du hast mit 14 angefangen, auf Social Media aktiv zu sein. Dein Erfolg und dein heutiges Business bauen auf deiner Sichtbarkeit auf. Kannst du dir ein Leben fernab der Socials vorstellen?
Manchmal gibt es schon Momente, in denen ich Leute beneide, die fernab von Social Media leben. Auf der anderen Seite liebe ich den Austausch mit meiner Community. Das schätze ich wirklich sehr und möchte es nicht missen. Ich selbst lerne dabei ja auch jeden Tag dazu.

Aber eines muss ich ganz klar sagen: Man muss lernen, bei sich zu bleiben und nicht zu sehr Meinungen – egal ob von bekannten oder von fremden Menschen – auf sich einwirken zu lassen. Und ihre Meinung sagen dir viele, wenn du sichtbar bist, egal ob du danach gefragt hast oder nicht. Man muss lernen, damit umzugehen. Und obwohl ich schon so lange auf Social Media aktiv bin, lerne ich das auch immer noch – aber ich werde dabei immer besser.

Was steckt an Aufwand hinter deiner Sichtbarkeit?

Sehr viel. Ich plane sehr viele Inhalte vor, mache mir Gedanken, was ich sagen möchte, sprich: was meine Botschaft ist, wie ich diese verpacken möchte und wie ich es dann tatsächlich kommuniziere, sodass meine Botschaft auch so rüberkommt, wie ich es mir wünsche.

Hätte ich keine Unterstützung von meinem Team, wäre das gar nicht einfach alles so machbar. Ich habe schlussendlich ja immer doppelten Aufwand, denn alles, worüber ich spreche, muss ich in der Praxis erst mal umsetzen.

Wenn ich beispielsweise Einblicke in eines meiner Start-up-Investments gebe, mache ich das in der Regel rund um ein konkretes Thema, das heißt, ich bin dann erst mal vor Ort und setze ein Projekt mit dem Team um – und *dann* erst oder auch währenddessen erzähle ich darüber. Ich nehme meine Community praktisch immer mit, sodass sie von meinen Erfahrungen und Erlebnissen lernen kann.

Wie entscheidest du dich für deine Themen?

Ich bin mit Social Media erwachsen geworden, und so wurden auch meine Themen mit mir immer erwachsener. Ich höre sehr viel auf mein Bauchgefühl und adressiere Themen, die mir am Herzen liegen. Viele sprechen im Kontext von Sichtbarkeit ja immer von Authentizität – meine Themen spiegeln meinen Alltag und das, was mir wichtig ist, wider. Für mich ist dies somit der beste Weg, authentisch zu sein.

Du hast mit YouTube angefangen, hast mittlerweile über 1 Million Follower bei Instagram und bist jetzt auch seit einiger Zeit auf LinkedIn aktiv. Welche Rolle spielt LinkedIn im Vergleich zu YouTube und Instagram bei deiner Kommunikation?

Bei LinkedIn hat man noch einmal eine ganz andere Zielgruppe. Man hat auch relativ viel Engagement und viele wertvolle

Kommentare. Die Plattform wird auch immer relevanter bei Marken, weil Menschen mit ihrem Echtnamen kommentieren und sich nicht in Anonymität sicher wiegen. Die Atmosphäre ist auf LinkedIn wertschätzend.

Und LinkedIn ist immer gut für berufliche Meilensteine: Menschen interessieren sich dafür, was du beruflich machst, wie du dahin gekommen bist und was du für Learnings aus deinem Werdegang mitgenommen hast.

Instagram ist noch immer sehr viel visueller und auf die Ästhetik der Bilder ausgerichtet. Bei LinkedIn kommt es zwar mittlerweile auch auf gute Visuals an, aber es kommt vor allem darauf an, was man macht, und nicht, wie man dabei aussieht.

Nicht jede Frau wird Influencerin. Warum ist Sichtbarkeit für Frauen grundsätzlich dennoch wichtig?

Ich selbst hätte mir als Teenager gewünscht, mehr weibliche Vorbilder zu haben. Abseits von Beauty und Mode, weil gerade auch auf Social Media Frauen eher in klassischen Rollenbildern vertreten sind. Sichtbare Frauen in der Wirtschaft habe ich kaum wahrgenommen. Das hat sich glücklicherweise schon geändert, aber da geht noch mehr, davon bin ich fest überzeugt.

Ich finde es wichtig, dass man als Frau seine Arbeit und sein Wirken, egal in welchem Bereich, sichtbar macht. Denn auch wenn man nicht viele Follower hat, kann man für ganz viele Frauen und Mädchen ein Vorbild sein.

Recap: Wohin soll deine Reise gehen?

In diesem Kapitel habe ich die Frage auf den Weg gebracht, wohin dein Personal Branding dich bringen wird, sobald sich ein gewisser Erfolg deiner Aktivitäten einstellt. Die Rolle der Thought-Leaderin besteht darin, eine glaubwürdige, fachlich wertvolle Autorität in deinem Themenfeld zu sein. Wenn du zum Synonym deines Themas wirst, bist du genau dort angekommen. Thought-Leadership ist kaum planbar. Du kannst es dir jedoch durch eine langfristige, intensive Orchestrierung deiner Personal Brand – und wahrhaftige Überzeugung – erarbeiten. Dabei ist ein wichtiger Gedanke der um die Dimension deines Felds. Thought-Leadership hat viele Gesichter und muss nicht zwingend bedeuten, dass jede:r deinen Namen kennt.

Das Influencer:innen-Dasein definiert sich durch die gezielte Monetarisierung deiner Aktivitäten durch bezahlte Kooperationen mit Unternehmen. Es ist eine lukrative Möglichkeit, die jedoch eine detaillierte Abwägung erfordert. Du musst sicherstellen können, dass die Zusammenarbeit deiner Personal Brand nicht schadet. Das tust du, indem du jedes Angebot eines Unternehmens auf Herz und Nieren im Sinne deiner Personal-Brand-DNA prüfst.

Fest steht eines: Sowohl Thought-Leadership als auch das Influencer:innen-Dasein entsteht als Evolution deiner Personal Brand. Die Methodik bleibt dabei immer die gleiche, sodass du dir die 5 Cs als langfristigen Anker etablieren solltest.

CORPORATE INFLUENCER:INNEN, SOCIAL CEOS UND DIE ROLLE FÜR EMPLOYER-BRANDING

Unternehmen stehen an einem Wendepunkt: Der Fachkräftemangel wird immer akuter, und gleichzeitig suchen Arbeitnehmer:innen immer stärker nach Arbeitgeber:innen, mit denen sie sich identifizieren können. Viele Organisationen allerdings nutzen seit 30 Jahren dieselben Kommunikationsstrategien und übersehen dabei ihre größte Power: die Stimme ihrer CEOs und Mitarbeitenden. Als Gewinner gehen die Unternehmen hervor, die den Weckruf verstanden haben. Dann nämlich treten sie in eine bewusste Sichtbarkeit – vom CEO bis zum Auszubildenden. Motivierte Arbeitnehmer:innen unterstützen dabei proaktiv das Employer-Branding, wodurch sie gleichzeitig persönlich sichtbarer, wertvoller und engagierter werden. Das ist Win-win vom Feinsten.

Es stellt sich die Frage, warum es vielen Unternehmen und deren Mitarbeitenden heutzutage immer noch schwerfällt, den Schritt in die digitale Sichtbarkeit zu gehen. Der Grund besteht sicherlich nicht nur darin, dass es möglicherweise ein Schritt aus der Komfortzone ist. Wahrscheinlich liegt es auch daran, weil die meisten von uns aus einer anderen Welt kommen und noch in einer Zwischenphase feststecken oder, im besseren Falle, diese gerade erst durchlaufen.

Digitale Historie

Ein Blick in die Jahre nach dem Millennium erinnert uns an die ersten sozialen Medien in der sogenannten Web-2.0-Phase: die Geburtsstunde von LinkedIn 2002, 2003 gefolgt von XING und Facebook sowie 2004 von YouTube. Damals stand der Austausch mit Freund:innen im Vordergrund. Facebook etwa war eine Art digitales Tagebuch mit und für Bekannte. Die Businessplattformen LinkedIn und XING galten vor allem der Verwaltung von geschäftlichen Kontakten, weniger dem Teilen von Inhalten. Die Kommunikationskanäle von Unternehmen hatten hiermit noch wenig bis keine Berührungspunkte.

Damals gab es die bekannten Pressemitteilungen an größtenteils Print-Redaktionen, vielleicht ausnahmsweise mal an Radio und Fernsehen. Messen und Kongresse waren beliebt, um sich zu präsentieren und neue Kontakte zu knüpfen. Websites waren sehr statisch, im innovativen Falle hoben sich eine Art Blog oder News hervor – die mehr oder weniger regelmäßig aktualisiert wurden. Die gemeinsamen Merkmale dieser Art der Kommunikation waren, dass Botschaften immerzu in eine Richtung transportiert wurden und man selten erfuhr, wie diese bei den Rezipient:innen überhaupt ankamen.

In den Folgejahren sah man viele soziale Kanäle kommen und gehen. Um das Jahr 2010 veränderte sich die Nutzung schließlich von einem primär privat geprägten Austausch in Richtung Netzwerken – nicht zuletzt durch das Auftauchen von Instagram. Ab da traten erstmals die sogenannten *Follower* ins Rampenlicht. Instagram fungierte auch als Businessplattform, die ersten Influencer fanden ihre Bühne. Der Fokus von Instagram liegt bis heute stark auf B2C-Themen, begründet unter anderem durch ihre favorisiert ästhetische Bildwelt. Die Influencer, die sich damals hier tummelten, waren seinerzeit viele Blogger, die neben reinem Text das Sprechen in Bildern für sich entdeckten.

Was passierte also in Bezug auf die Unternehmenskommunikation? Wir bewegten uns von der Einbahnstraße zu einer Art Pingpong-Kommunikation. Plötzlich reagierten Menschen auf unsere Inhalte, wir bekamen Feedback.

Da ich selbst 2004 in die Unternehmenskommunikation eingestiegen bin und diesen Weg exakt und hautnah mitdurchlebt habe, weiß ich noch ganz genau, wie schwer diese Verschiebung der Perspektiven für viele Unternehmenskommunikatoren bis hin zur Unternehmensführung war.

Die Herausforderung war schlichtweg, dass man Unternehmenskommunikation so lange als Einbahnstraße kennen gelernt und praktiziert hat, dass dieses ominöse Feedback, die neuen Anforderungen der Social-Media-Möglichkeiten, ein Umdenken hohen Grades erforderte und bisweilen noch heute erfordert, denn wir befinden uns noch immer in einer Zwischenphase.

Zwar gibt es mittlerweile das Berufsbild des Social-Media-Managers und Studiengänge, die Social Media abdecken. Doch ich gehe einen entscheidenden Schritt weiter und sage: Ich bin überzeugt, jede:r Mitarbeiter:in *ist* eine Spokesperson. Und das hebt Unternehmenskommunikation nochmal auf eine ganz neue Ebene, erfordert frische Sichtweisen, Kompetenzen und Strategien.

Vor dem Hintergrund, dass im Jahre 2022 fast neun von zehn Internetnutzern in Social Media angemeldet sind beziehungsweise 72,6 Millionen Deutsche Social Media nutzen, ist klar: Die meisten Mitarbeiter:innen sind auf diesem Terrain unterwegs, nicht wenige davon aktiv. Darunter haben viele den Namen ihres Arbeitgebers in ihrem Profil stehen. In diesem Moment tragen sie das Unternehmen mit sich Huckepack. Hier trifft Personal Branding 1:1 Employer Branding.

Doch stellt sich die Frage: Wer weiß eigentlich, wer aus dem eigenen Unternehmen auf welchen Kanälen aktiv ist? Und wer davon erzählt denn was über das Unternehmen? Genau diejenigen sind es nämlich, die bewusst oder unbewusst als Botschafter agieren. Sei es eben, dass sie mit Freund:innen, Familie oder aber potenziellen Kunden:innen oder Dienstleister:innen kommunizieren – jeder Post, jede Nachricht malt ein Bild und beeinflusst diejenige oder denjenigen im Sinne von Corporate Influencer:innen. Social Media potenziert diese Kommunikation um ein Vielfaches – das, was wir schon immer tun, hat damit neue Kanäle und eine deutlich größere Reichweite bekommen. Die damit verbundenen Chancen sollten sich kein Arbeitgeber entgehen lassen. Zumindest aber sollte sich Unternehmen aktiv mit den oben genannten Fragen befassen.

Das betrifft gerade LinkedIn – wenn ich etwas poste, kann jeder auf mein Profil gehen und sehen, wo ich arbeite. Das färbt automatisch auf das Unternehmen ab. Es gibt Unternehmen, die verstanden haben, dass das unheimlich wirkungsvoll ist. Die große Mehrheit kümmert sich – in Deutschland – darum jedoch (noch) nicht. Entweder weil sie meinen, es sei egal, oder weil sie nicht wissen, wo sie anfangen sollen. Hier stecken wir hinsichtlich Corporate Influencing noch in den Babyschuhen oder eben wiederum in der benannten Zwischenphase.

Zwar nutzt die große Mehrheit in Deutschland Corporate Influencer:innen noch nicht, doch einige Vorreiter:innen zeigen mit eigenen Corporate-Influencer-Programmen bereits, wie viel Musik in dieser Form der Unternehmenskommunikation steckt – sei es OTTO, die Telekom, TUI, Nestlé oder gar DATEV. Doch dazu später noch mehr.

Vertrauensperson »Corporate Influencer:in«

In der Regel hat man in Unternehmen Mitarbeitende, die für das Unternehmen sprechen dürfen. Bei Start-ups sind das häufig die Gründer:innen – typischerweise mit einer intrinsischen Motivation, das Unternehmen an die Spitze des jeweiligen Marktes zu bringen. Je größer das Unternehmen ist, umso wahrscheinlicher gibt es ein Unternehmenskommunikationsteam und häufig eine:n Unternehmenssprecher:in, der oder die vor und mit der Presse sprechen darf. Manchmal kommen dazu auch Personen aus den Fachbereichen, die über die spezifischen Fachthemen reden und damit authentischer als andere auftreten.

Corporate Influencer:innen können im Vergleich dazu alle Mitarbeitenden sein. Das dänische Medienunternehmen Influencer Marketing Hub veröffentlichte im Jahr 2022 folgende Definition zu Influencer:innen:

»Influencer:innen in den sozialen Medien sind Personen, die sich einen Ruf für ihr Wissen und ihre Expertise zu einem bestimmten Thema erworben haben. Sie veröffentlichen regelmäßig Beiträge zu diesem Thema auf ihren bevorzugten Social-Media-Kanälen und generieren eine große Fangemeinde von begeisterten, engagierten Menschen, die ihren Ansichten große Aufmerksamkeit schenken. Marken lieben Social-Media-Influencer, weil sie Trends schaffen und ihre Follower:innen zum Kauf der von ihnen beworbenen Produkte anregen können.«[1]

Einige stören sich an dem Wort Influencer:in, andere nutzen stattdessen die Begriffe Botschafter:in oder Thought-Leader:in. Entscheidend sind jedoch die Wirkung und die intrinsische Motivation der Personen, die für das Unternehmen stehen und öffentlich kommunizieren.

Corporate Influencer:innen sind somit Influencer:innen aus Unternehmen, die mit der Unterstützung des Unternehmens nach außen über die sozialen Medien kommunizieren dürfen. In aller Regel rufen Unternehmen zu dieser Rolle intern auf. Sie erarbeiten gemeinsam Themen und Roadmaps und bieten sowohl erforderliche Trainingsmaßnahmen als auch persönlichen Support an.

Wer als Corporate Influencer:in auftreten und agieren möchte, stellt nicht die Monetarisierung in den Vordergrund, wie professionelle Influencer:innen es tun. Vielmehr handeln sie in der Regel aus Überzeugung und freien Stücken. Fragen wie »Fällt diese Aufgabe in meine Freizeit?« oder »Werden Corporate Influencer:innen dafür vergütet?« möchte ich an der Stelle verneinen. Das ist zumindest nicht die Idee und der Sinn dahinter. Vielmehr wertschätzen Unternehmen das Engagement von freiwilligen Unternehmensbotschafter:innen durch:

- das Zur-Verfügung-Stellen von Arbeitszeit für diese Aktivitäten;
- das Angebot benötigter Ressourcen, wie zum Beispiel die Unterstützung mit Content, Bildern oder Schulungen;
- einen hohen Vertrauenszuspruch, indem der- oder diejenige im Namen des Unternehmens nach außen kommunizieren darf und sichtbar wird. Das kommt der eigenen Karriere zugute und stärkt die Glaubwürdigkeit und damit die Unternehmensmarke.

Auf diese Weise kommunizieren schließlich nicht mehr nur eine oder eine Hand voll Personen, sondern 20, 50, 100 oder 1000 Personen. Die Kommunikation lässt sich also durch Corporate Influencer:innen um ein Vielfaches potenzieren und die Arbeitgebermarke gewinnt deutlich, denn nichts ist und wirkt wertvoller als motivierte Mitarbeitende. Viele spannende und vertiefende Details zu dem Zusammenhang zwischen Personal Brand und der Rolle von Corporate Influencer:innen beschreiben die Autoren Dr. Winfried Ebner und Klaus Eck übrigens in ihrem Buch *Die neue Macht der Corporate Influencer*. Meines Erachtens nach ist das eine Pflichtlektüre für alle, die in das Thema noch tiefer einsteigen möchten.

IM GESPRÄCH MIT ZOE NOGAI

Zoe Nogai baut als Projektleiterin für Change-Projekte bei der Deutschen Telekom und als selbstständige Unternehmensberaterin Brücken zwischen Konzern und Generation Z, konzeptioniert digitale Kommunikationsstrategien und vermittelt einen Zugang zu aktuellen Trends und Plattformen. Ihre Devise ist es, Veränderung nicht geschehen zu lassen, sondern aktiv mitzugestalten. Und diese Aktivitäten ergänzt sie durch spannenden Content auf LinkedIn und in den traditionellen Medien.

Was bedeutet für dich Sichtbarkeit?
Sie ist ein Karriere-Booster. Es gibt extrem viele Menschen in der Berufswelt – ich kann nicht erwarten, dass man mich als Persönlichkeit auf dem Schirm hat, wenn ich nichts dafür tue. Deswegen ist Sichtbarkeit für mich auf jeden Fall ein wichtiges Instrument zur Karrieregestaltung.

Viele angestellte Frauen haben die Bedeutung von Sichtbarkeit nicht auf dem Radar. Du bist in einem Konzern tätig – warum bist du ursprünglich bei LinkedIn aktiv geworden?
Ich habe nicht unbedingt angefangen, auf LinkedIn aktiv zu werden, um sichtbar zu werden. Das hatte ich damals nicht auf dem Schirm. Am Anfang war es vielmehr eine Art Wissensverarbeitung für mich.

Ich war auf sehr vielen Events unterwegs, und es blieb wenig wirklich hängen und alles verschwamm. Das Ziel meiner LinkedIn-Posts war anfänglich, mein Wissen aufzuarbeiten und zu teilen, was mir wiederum dabei geholfen hat, von jedem Event auch wirklich etwas mitzunehmen. Und wenn dann jemand anders durch meine Inhalte auch etwas für sich gelernt hat, umso besser. Die strategische Herangehensweise, sich mit den Leuten zu vernetzen und in den Austausch zu gehen, kam eigentlich erst, als ich schon mittendrin war.

Hast du dich strategisch mit der Frage auseinandergesetzt, wofür du stehen willst?

Ja, regelmäßig, würde ich sogar sagen. Ich glaube, dieses »Wofür will ich stehen?« ist nicht statisch. Jede Person verändert sich, und genauso verändern sich ihre Themen.

Anfangs war ich sehr stark auf Mobilität und Nachhaltigkeit fokussiert. Ich habe dann aber gemerkt, dass diese Themen zu der Zeit eher ein Hobby für mich waren. Jetzt geht es mehr um meinen Arbeitsalltag und Beobachtungen beziehungsweise Learnings als junge Frau im Konzern.

Mir hat übrigens die Frage sehr geholfen: »Wenn man mich googelt, was soll da kommen?« Ich selbst habe mich auch gegoogelt, und das Ergebnis war relativ dünn. Welche Ergebnisse auftauchen sollen, hängt eng damit zusammen, was auf der Bucket-List fürs eigene Leben steht. Und was davon die Welt wissen soll. Manches ist einfach privat, und man sollte tendenziell nichts ins Netz stellen, was nicht auch Vorgesetzte und Kolleg:innen sehen dürften. Aber alles, was auf der beruflichen Bucket-List steht, sollte sich idealerweise in den Google-Ergebnissen widerspiegeln.

Ist dir der Schritt in die direkte Sichtbarkeit schwergefallen?

Teils, teils. Ich hatte keine Follower:innen auf LinkedIn, also konnte ich mich ausprobieren, ohne dass es viele Leute mitbekamen. Ich bin digital aufgewachsen und hatte wenig Berührungsängste mit Social Media. Wenn ich überlege, was ich teilweise in meiner Jugend für einen Blödsinn auf Facebook gepostet habe …

Ich habe anfangs meinem Chef gezeigt, was ich auf LinkedIn teile, und mir Feedback eingeholt. Ich war unsicher, wie präsent ich in meiner Rolle sein kann. Das war deutlich, bevor Corporate Influencer:innen öffentlich diskutiert wurden. Deswegen war da schon ein wenig Vorsicht dabei. Ich habe auch einen »Notizenfriedhof« – das sind Inhalte, die ich angefangen habe zu schreiben, aber am Ende nie veröffentlicht habe.

Wie waren die Reaktionen deiner Kolleg:innen?

Anfangs wurde ich auf jeden Fall komisch von der Seite angeguckt – wie es immer so ist, wenn man etwas Neues macht. Für mich war es aber nicht neu oder komisch. Ich habe schon immer die eine oder andere Sache gemacht, die komische Blicke geerntet hat. Ich bin auch offline schon immer ziemlich präsent, darum konnte ich damit gut leben.

»Wer ist sie denn, dass sie meint, ihren Arbeitsalltag zu teilen?«, solche Kommentare gab es durchaus einige. Aber nicht von Menschen, die einen relevanten Einfluss auf mein Leben haben. Für Themen, die den Konzern betrafen, habe ich mir immer Feedback von Vorgesetzten eingeholt. Ganz einfach, um sicher zu sein. Diese Diplomatie lernt man in der Konzernwelt ganz gut. Heute mache ich es nicht mehr und finde auch nicht, dass es unbedingt sein muss.

Was rätst du Frauen, die am Anfang ihrer Sichtbarkeit stehen und zögern?

Feedback von außen – ganz simpel. Man sollte sich einen eigenen Inner Circle zusammenstellen, mit dem man Dinge besprechen kann: fünf bis sechs Leute, mit denen man wirklich eng ist, die nicht unbedingt direkte Kollegen:innen oder Familienmitglieder sind. Eine gute Mischung aus Leuten, mit denen man alles bespricht, vor denen man keine Angst hat. Denn in diesem Kreis muss man auch Gefühle und Schwächen besprechen können.

Zudem hilft es auch, sich anzuschauen, wie andere machen, was man selbst vielleicht noch erreichen möchte.

Wird man in dem Moment Corporate Influencer:in, in dem man beginnt, als Angestellte berufliche Inhalte zu teilen?
Nicht automatisch. Man muss nicht zeigen, wo man arbeitet, um als firmenzugehörig wahrgenommen zu werden. Ich bin beispielsweise bei der Telekom angestellt, das steht in meinem Profil. Mein Fokus hat sich allerdings verschoben: Ich spreche – anders als früher – nicht mehr über Firmenthemen. Ich würde mich selbst nicht Corporate Influencerin nennen. Aber mir wird gespiegelt, dass ich als Telekom-Mitarbeiterin wahrgenommen werde, auch wenn es um ganz andere Dinge geht. Insofern bin ich wohl trotzdem Corporate Influencerin für manche Leute.

Warum ist Sichtbarkeit vor allem für Frauen wichtig?
Es ist der gleiche Grund, warum wir eine Frauenquote haben: Es gibt zu wenige Frauen in den relevanten Entscheidungspositionen. Und damit sie dort landen, wäre Sichtbarkeit für Frauen aktuell wichtiger als für Männer. Ich finde allerdings, dass grundsätzlich alle mit ihren Skills sichtbar sein sollten, egal ob Männer oder Frauen.

Was möchtest du mit deiner Sichtbarkeit erreichen?
Zum einen liegt es mir am Herzen, über die Dinge zu sprechen, die mir wichtig sind, um zu informieren und Veränderung anzustoßen.

Letztens habe ich mich über einen Artikel aufgeregt, in dem es um die Generation Z ging. Sie steht im Verruf bei vielen Arbeitgebern und wird wenig objektiv, sondern eher negativ dargestellt. So etwas ist einfach nicht in Ordnung, und es regt mich echt auf. Ich möchte dennoch nicht zurückbashen, das ist einfach nicht meine Art. So was findet man dann auf meinem Notizenfriedhof. Aber die Situation faktisch einzuordnen, das liegt mir am Herzen. Denn dass man »die Jungen« kritisch beäugt, ist so alt wie die Zeit. Neu hinzu kommt lediglich die Vielzahl an Plattformen, auf denen Jung wie Alt sich Gehör verschaffen können.

Darüber hinaus ist es mir natürlich auch wichtig, dass ich mit meiner Sichtbarkeit mein Leben gestalten kann. Ich bin ein relativ kleiner Fisch in einem großen Konzern und kann mir beispielsweise mit LinkedIn eine Plattform schaffen, die ohne Hierarchie und Titel funktioniert, und darüber anders Einfluss auf meine Karriere nehmen als bisher möglich. Eine ganz persönliche Mission, die man nicht vernachlässigen darf, wenn man Karriereambitionen hat oder wenn man gründen möchte und noch keine Kontakte hat. Eine Onlinepräsenz ist effizienter, als wenn ich rausgehen und jeden ansprechen muss.

Wie viel Zeit investierst du?

Ich versuche, auf LinkedIn mindestens einmal die Woche zu posten. Ich würde gerne mehr machen, aber ich gestehe mir auch gerade ein, dass ich es nicht muss. Man verfällt gern mal in diesen Druck, mehr machen zu müssen, wenn es gerade richtig gut läuft: »Es läuft gerade gut, die Welle muss ich reiten!«

Social Media ist ausgelegt, um uns dort zu halten. Aber ich kann auch einfach das Handy ausmachen.

Wenn mir nichts einfällt, dann poste ich auch nichts. Es würde vielen gut tun, wenn sie es auch so machen würden. Man liest vieles, was auf Biegen und Brechen den Algorithmus bedienen soll.

Und das Schreiben fällt mir relativ leicht. Wenn es zu lange dauert, wird es nicht gut. Ich habe einen Gedanken, habe mich über eine Sache aufgeregt, etwas hat mich zum Nachdenken gebracht – dann schreibt sich das in zehn Minuten. Die Beiträge mit den meisten Aufrufen waren meist schnell im Zug runtergetippt.

Was ist dein bisher wichtigstes Learning?

Es geht nicht um Selbstdarstellung, sondern um Adressatengerechtigkeit. Es geht nicht darum, wie ich es lesen möchte, sondern darum, dass andere Leute es lesen wollen.

Was rätst du Frauen, die Sichtbarkeit für Selbstdarstellung halten?

Das Wichtigste ist: Niemand muss. Wenn du ein Ziel hast, egal welches, prüfe unvoreingenommen, ob die Plattform dir dabei helfen kann. Man sollte sich generell auf keiner Plattform ohne Ziel anmelden.

DER SCHLÜSSEL ZU HEUTIGEN HERAUSFORDERUNGEN

Corporate Influencer:innen sind mehr als eine Modeerscheinung unserer Zeit. Sie sind der Schlüssel für aktuelle Herausforderungen. Sie können positiv beitragen zu:

Employer Branding: Durch Corporate Influencer:innen erfährt eine Vielzahl an Menschen, welches Unternehmen zu ihnen passt. Die Zeiten des Fachkräftemangels sind Luxuszeiten für Talente, denn die können sich nahezu aussuchen, für wen sie arbeiten möchten. Für viele spielen dabei Sinnstiftung, die Möglichkeit, sich zu entfalten und mitzuentscheiden, sowie eine coole Unternehmenskultur eine wichtige Rolle. Mit Corporate Influencer:innen erhalten sie einen Blick hinter die Kulissen eines Unternehmens, und das trägt mit Sicherheit dazu bei, dass sich der ein oder die andere potenzielle:r Mitarbeiter:in für ein Unternehmen entscheidet, bevor es eine passende Ausschreibung gibt. Welches Unternehmen wünscht sich nicht Bewerbungen von Talenten, die unbedingt für einen arbeiten wollen?

Kundengewinnung: Die kontinuierliche Sichtbarkeit durch Corporate Influencer:innen zahlt auf ein wachsendes Vertrauen sowie ein Kennenlernen – gegebenenfalls schon bevor man zusammenarbeitet – ein. Das führt unter anderem dazu, dass dank Personal Branding viele B2B-Entscheider:innen schon im Vorfeld wissen, mit welchen Dienstleistern sie zusammenarbeiten möchten. LinkedIn fand heraus, dass 92 Prozent der B2B-Käufer mit Vertriebsexpert:innen zusammenarbeiten, die als Thought-Leader:innen der Branche bekannt sind.

Imageaufbau: Im Dschungel von Unternehmen – von Start-ups über Solopreneure bis hin zu Konzernen – spielt das Image eine noch wichtigere Rolle als vor einigen Jahren. Image + Sichtbarkeit = Erfolg könnte man vielleicht polarisieren oder aber Sichtbarkeit + Erfolg = Image. In beiden Fällen sind es wieder die Corporate Influencer:innen, die die Reputation von Unternehmen und sich selbst als Personen in geballter Form nach außen tragen.

Aus dem letzten Punkt geht auch hervor, welche Bedeutung ein bewusster Umgang mit den Influencer:innen hat. Zum einen steckt enorm viel Potenzial in ihnen, zum anderen kann auch mindestens genauso viel Schaden angerichtet werden, wenn man hier unbeachtet Wildwuchs oder gar eine Negativspirale entstehen lässt. Wir wissen bereits, dass die meisten Mitarbeitenden auf Social Media sind, viele davon aktiv. Daher sollten Social-Media-Guidelines eine Mindestvoraussetzung sein. In die andere Richtung bietet es sich doch an, die motivierten Kollegen:innen mitzunehmen. Wenn jemand motiviert ist, positiv über das Unternehmen zu sprechen, dann raus damit. Dabei geht es nicht darum, weitere Social-Media-Manager zu generieren. Vielmehr ist das Ziel, Menschen aus dem Unternehmen in ihrer Vielfalt nach außen zu zeigen und damit das Unternehmen zu repräsentieren.

Die Avantgarde in Sachen Corporate Influencer:innen-Programm

Unter denen, die den Nutzen von Corporate Influencer:innen früh erkannt haben, gibt es bereits spannende Vorreiter:innen. Beispielsweise berichtet die Deutsche Telekom, die schon seit 2015 mit Telekom-Botschafter:innen unterwegs sind, von aktuell 300 Mitarbeitenden in ihrem Programm. »Die Telekom-Botschafter:innen arbeiten eigenmotiviert, freiwillig und selbst organisiert,« lässt die Telekom auf ihrer Website verlauten. »Sie haben sich aus einer Einzelinitiative zu einer #Werkstolz-Bewegung entwickelt, die zum Beispiel auf Twitter jährlich mehr als 20 000 000 Impressionen erreicht. Botschafter:innen sind jederzeit auf Social Media zu finden, auf einschlägigen Konferenzen zu sehen oder sind live und in Farbe für alle Unternehmensfragen offen – meistens an magentafarbenen Schuhen oder anderen Accessoires zu erkennen.« Die Mission Telekom-Botschafter:in lautet: »Wir begeistern mit magenta Werkstolz unsere Kund:innen und Kolleg:innen. Wir helfen, motivieren und geben der Telekom ein persönliches Gesicht.«[2]

Ein weiteres prominentes Beispiel ist die Otto Group, eine weltweit führende Handels- und Dienstleistungsgruppe. Bekannt als die Jobbotschafter:innen berichten sie selbstbewusst: »Seit 2017 ermutigen wir unsere Kolleg:innen mit dem Corporate-Influencer:in-Programm die Leidenschaft für ihre Arbeit zu nutzen, um Einblicke in die Unternehmenskultur und damit Otto als Arbeitgeber und Marke ein Gesicht zu geben. Denn aus unserer Sicht gibt es keine authentischere Kommunikation als die der eigenen Mitarbeitenden und unterstützen sie dabei mit Modulen aus vier Disziplinen und passenden Schulungen.«[3]

In ihrer Corporate Influencer:innen-Canvas legen sowohl die Telekom als auch Otto ihre Ziele, Rollen und Regeln offen. Unter ihren Werten betonen beide die Freiwilligkeit der Programme. Die Telekom ergänzt den Wertekanon durch Selbstorganisation und Eigenmotivation, die Otto Group durch Leidenschaft und Vertrauen. Es zeigt sich also in Summe die positive Grundeinstellung und die gefühlte Leichtigkeit in der Zusammenarbeit.

Hervorhebenswert finde ich an der Stelle auch, dass Otto eine der ersten Corporate Influencer in Vollzeit beschäftigt. Dr. Frederike Fritzsche agiert als Tech-Ambassadorin als Übersetzerin für Tech-Themen nach innen und außen, »…mit dem Ziel, Menschen für Tech-Themen und die IT bei Otto zu begeistern. Dafür ist sie als Speakerin auf Konferenzen unterwegs, präsentiert in ihrem eigenen Videoformat ›Tech Snack‹ Tech-Themen […], ist auf LinkedIn aktiv […].«[4]

Gefragt sind Gestalter-Typen – interdisziplinär und motiviert

Das Beispiel von Fritzsche zeigt sehr schön die Dimensionen, in denen Corporate Influencer:innen wirken können. Dabei empfiehlt sich für jedes Unternehmen, das sichtbar sein möchte, eine Kommunikationsstrategie, idealerweise mit einem gesunden Kommunikationsmix. Das heißt neben klassischer Pressearbeit, so es diese im klassischen Sinne künftig noch geben wird, unter anderem CEO-Kommunikation, Corporate Influencer:innen und Events – von Panel-Diskussionen über Impulsvorträge bis hin zu Messen. Selbstverständlich sollten diese Kanäle klaren Zielen unterliegen, wie zum Beispiel »Wir möchten die besten Talente in unserer Branche im Raum DACH gewinnen« oder »Unsere Reputation im Markt soll in den nächsten Jahren sein, zu den zehn beliebtesten Arbeitgebern der Region zu gehören.«

Besonders erfolgreich sind Unternehmen, bei denen der Trigger für mehr Sichtbarkeit, Personal Branding oder Corporate Influencer:innen von der Geschäftsführung ausgeht und sich über die Bereiche hinweg durchsetzt. Interdisziplinär also, auch wenn bis heute HR, Marketing und Kommunikation einen Großteil der Aufgaben übernehmen. Mindestens genauso relevant ist dabei, dass alle gemeinsam an den Zielen arbeiten. Dabei hilft es, die interessierten Corporate Influencer:innen schon früh in die Planung und Gestaltung mit einzubinden. Das führt zu hoher Motivation und wird künftig immer wichtiger werden, vor allem vor dem Hintergrund, dass sich junge Arbeitnehmer:innen aktiv einbringen wollen. Der positive Abstrahleffekt ist dann ein Selbstläufer.

Tauchen wir also noch tiefer ein in die Corporate-Influencer:innen-Programme, die mehr und mehr entstehen und sich etablieren. Im Vergleich zum klassischen Personal Branding von Einzelpersonen bringt ein Programm den Vorteil mit sich, dass viele Personen gemeinsam für dieselben Themen stehen und das Unternehmen gemeinsam sichtbar machen. Gründe, warum das von Vorteil ist, gibt es zahlreiche. Zwei scheinen mir besonders nennenswert:

Der Kampf um Talente: Die klassische Stellenanzeige hat mehr oder weniger ausgedient. Das Recruiting verändert sich ebenso wie die Wahrnehmung von Unternehmen. Daher führt für Unternehmen kein Weg dran vorbei, zu zeigen, wer sie sind und wofür sie stehen, und das auf den Kanälen, auf denen sie gesehen und vor allem auch authentisch wahrgenommen werden. Menschen werden somit perspektivisch anders an ihre Jobs kommen – sei es durch persönliche Sichtbarkeit, über ihr Netzwerk oder Empfehlungen.

Der Kampf um Konsument:innen: Konsument:innen achten zunehmend auf das Verhalten von Unternehmen. Eine Studie der Kommunikationsberatung FleishmanHillard beispielsweise besagt: »Zwei Drittel (66 %) sind der Meinung, dass CEOs zu Umweltthemen und politischen Veränderungen aktiv Stellung beziehen sollten. Knapp zwei Drittel (63 %) der Verbraucher/-innen wollen, dass sich Führungskräfte für Vielfalt, Gleichberechtigung und Inklusion stark machen – intern wie extern.«[5] Das ist nicht nur eine Erwartung von Konsument:innen, sondern vor allem eine Chance für Unternehmen. Einblicke hinter die Kulissen, zu Werten und persönlichen Präferenzen können zu einem entscheidenden Wettbewerbsvorteil führen. Man muss sie *nur* zeigen.

Wichtig an der Stelle: Es geht hier nicht nur um digitale Kanäle wie LinkedIn, sondern um die passendsten Bühnen für die jeweilige Zielgruppe.

IM GESPRÄCH MIT FANNI SIEPKER

Fanni Siepker ist in der Versicherungsbranche bei Axa als Mitarbeiterin im telefonischen Kundendienst tätig und dem Konzern seit mehr als 17 Jahren treu. Nach dem Motto »Frauen brauchen andere Frauen als Vorbilder« ist sie auf LinkedIn aktiv und lässt uns an ihrem Alltag teilhaben. Von ihrer Social-Media-Begeisterung profitiert das Familienhörbuch, für das sie ehrenamtlich die Strategie und den Content für die verschiedenen Social-Media-Kanäle verarbeitet und begleitet.

Was bedeutet für dich Sichtbarkeit?
Sichtbarkeit bedeutet für mich, dass ich mit den Fähigkeiten und Fertigkeiten wahrgenommen werde, mit denen ich in Verbindung gebracht werden möchte.

Was hat dich dazu bewogen, sichtbar zu werden?
Die Besonderheit bei meinem Job ist, dass ich in einem operativen Arbeitsumfeld tätig bin und die Abteilungen auf insgesamt drei Standorte verteilt sind. Ich arbeite an einem dezentralen Standort, also nicht in der Hauptverwaltung in Köln. Die coolen Themen werden aber in der Regel in den Zentralen gedacht. Das heißt, die ganzen Transformationsthemen und strategischen Themen, die mich am meisten interessieren und begeistern, finden meist in der Hauptverwaltung statt. Da wir an den Standorten viel operatives Geschäft machen, sind die Entwicklungsmöglichkeiten relativ eingeschränkt. Obwohl wir natürlich auch an den Standorten großartige Mitarbeiter:innen und tolle Arbeitsbedingungen haben.

Dann kam Corona, und ich habe das erste Mal für mich gemerkt, dass es eine ganz coole Möglichkeit ist, via LinkedIn aus dem Standort heraus sichtbar zu werden. Durch meine Aktivitäten auf LinkedIn ist man auch intern auf mich aufmerksam geworden und hat mich und weitere Kolleg:innen dann zu internen Social-Media-Initiativen eingeladen. Ich war schon vorher lange auf Instagram aktiv und bringe eine gewisse Fertigkeit für Content mit – damit bin ich vielen einen Schritt voraus, weil ich schon ein wenig Mut gesammelt habe, mich sichtbar zu machen.

Ich glaube, was viele auch abschreckt, ist die Verletzbarkeit, was ich durchaus nachvollziehen kann. Viele von uns wollen Harmonie und nicht, dass jemand gegen uns ist. Ich finde mich da selbst auch total wieder, und Mut zu haben, rauszugehen und sich sichtbar zu machen, fällt mir auch nicht immer leicht. Man steckt nicht jeden Tag alles gleich gut weg. Das spüre ich auch bei den großen Bloggern bei Instagram: Selbst auf riesigen Accounts merke ich, dass es denen nicht scheißegal ist, wenn Menschen ihnen boshafte Kommentare hinterlassen. Bosheiten, wie oberflächlich sie auch sind, lassen auch sie nicht kalt. Mut zu haben, ist in diesem Kontext wichtig. Ich habe gemerkt, dass es wichtig ist, eine Zone außerhalb der digitalen Medien zu haben, wo ich geliebt werde, wie ich bin, und wo ich so angenommen werde, wie ich bin.

Was war am Anfang die größte Herausforderung für dich?

Gerade beim Schreiben aufzupassen, dass es ja nicht fehlinterpretiert werden kann. Auch mit anderen Meinungen umzugehen. Solange die Meinungen konstruktiv sind, kann ich mit ihnen umgehen. Schwieriger wird es, wenn die Menschen mich mit persönlichen Worten angreifen.

Man darf auch nicht zu lange an seinem Inhalt rumüberlegen, sondern muss einfach anfangen zu schreiben. Kreativ werden und sich trauen, etwas zu machen.

Man bekommt auch ganz viel positives Feedback. Nicht nur in Kommentaren auf LinkedIn, sondern auch offline, wo Leute auf mich zukommen und sagen: »Dich kenne ich doch von LinkedIn.« Und man denkt: »Okay, es liken zwar nicht so viele und doch scheinen es ganz viele zu lesen und interessant zu finden.« Das schenkt Mut.

Was rätst du Frauen zum Umgang mit öffentlicher Kritik?

Es ist mein Kanal, und es sind meine Regeln. Und ich glaube, das ist sehr wichtig zu wissen und zu verstehen. Ich neige durchaus dazu, auf alles zu antworten, auch auf Kommentare von »Hatern«. Dabei finde ich, man kann einen Hater auch einfach stehen lassen. Wenn ein Kommentar völlig unter der Gürtellinie ist, kann ich ihn einfach löschen. Das ist auch fein. Man tut sich schwer damit, weil man andere Meinungen respektieren will. Aber nein, wenn es unter die Gürtellinie geht oder mich persönlich angreift, muss ich mir das nicht bieten lassen.

In welchem Moment hast du erkannt, dass das alles einen Sinn ergibt?

Es gab mehrere Momente. Ein anderes Unternehmen hat ein Mitarbeiter:innen-Format, zu dem ich eingeladen wurde. Dazu wäre es nie gekommen, wenn ich nicht sichtbar gewesen wäre.

Eine unserer Vorständinnen sagte mir sogar einmal, sie sei ein riesiger Fan von mir, obwohl wir uns nicht persönlich kannten. Das sind Momente, in denen mir klar wird: Ich könnte meinen Job auch noch so gut machen, aber Feedback oder Möglichkeiten wie diese hätte ich nicht bekommen. Es geht um mich als Person, nicht nur meinen Job oder die Firma. Und das ist eine sehr coole Erkenntnis.

Bekommst du Reaktionen aus deinem Unternehmen?

Ja. Tatsächlich auch besser, als ich gedacht hätte. Letztens hat jemand zu mir gesagt, dass ich immer genau das schreibe, worüber derjenige gerade nachdenkt. Es ist natürlich ein tolles Feedback, für den einen oder anderen vielleicht auch eine Inspiration zu sein.

Die Reaktionen können auch in ganz verschiedene Richtungen gehen. Gar nicht nur jobbezogen, sondern generell wie ich mein zeitintensives Hobby, das Familien- sowie Arbeitsleben unter einen Hut bekomme. Eine gewisse Leichtigkeit kann ich vielleicht auch anderen Frauen mitgeben und ihnen dann Mut machen.

Ich glaube, es ist wichtig, dass wir Vorbilder haben. Man sieht, dass es auch andere gibt, die ähnliche Herausforderungen haben, und wir nicht allein sind. Das finde ich extrem wichtig.

Und von Mitarbeitenden der Axa bekomme ich durchweg positives Feedback, was ich gar nicht so gedacht hätte. Manchmal habe ich auch das Gefühl, die Leute gucken mich alle an und denken sich: »Das ist doch die von LinkedIn.« Es ist merkwürdig, dieses einseitige Kennen, weil ich bereit bin, etwas von mir zu zeigen. Und sind wir mal ehrlich, es ist nur ein kleiner Bruchteil, den man von sich zeigt. Und trotzdem glauben die Leute, einen zu kennen. Das ist schon ein sehr interessantes Phänomen.

Stimmst du dich intern mit jemandem ab?
Im Rahmen einer internen Social-Media-Initiative wurde ich eingeladen, ein Teil einer kleinen Community bei uns im Unternehmen zu werden. Gestartet sind wir mit etwa 20 Leuten, die zu Beginn auch nicht regelmäßig gepostet haben. Die Initiative wurde aber weitergeführt, und es gibt sie bis heute noch. Ich selbst nutze die Community allerdings nicht mehr aktiv, aber es war eine tolle Gelegenheit, um sich zu vernetzen. Zudem haben wir praktische Hilfestellungen und Tipps bekommen und konnten uns regelmäßig zu unseren Erfahrungen austauschen.

Wir haben auch mit unserem Kommunikationsteam einen Workshop gemacht, was ich sehr positiv wahrgenommen habe. Man hat uns bestärkt, einfach mit gesundem Menschenverstand aufzutreten. Das heißt beispielsweise, dass ich mich da nicht unbedingt politisch positioniere. Aber ich stimme mich mit niemandem ab. Ab und zu kommt jemand auf mich zu und fragt, ob ich nicht etwas Bestimmtes bei LinkedIn posten kann, um meine Reichweite zu nutzen.

Was rätst du Frauen, die sich an das Thema Sichtbarkeit nicht herantrauen?
Einfach mal machen und nicht so viel nachdenken. Ein Großteil dessen, was man sich ausmalt, trifft nicht ein.

Alter ist keine Ausrede oder Frauen überholen die Männer

Betrachtet man die Corporate Influencer:innen, sind eher jüngere Menschen unter ihnen. Das lässt sich im digitalen Raum leicht durch die höhere Social-Media-Aktivität dieser Altersgruppe sowie durch persönliche Karriereambitionen begründen. Ebenso verwundert es sicherlich kaum, dass verstärkt Personen aus den Bereichen Kommunikation, Marketing und Personal häufiger zu sehen sind. Gut, dass es mittlerweile eine Vielzahl an Beispielen und Vorbildern gibt, die diese Klischees aufheben und damit Diversität, die gerade für die Glaubwürdigkeit in diesem Thema extrem wichtig ist, zeigen und befeuern. Etwa Dr. Marie-Theres Thiell, geschäftsführende Gesellschafterin des Wirtschaftsnetzwerks DialogUngarn Nonprofit Kft und aktiv im Verband deutscher Unternehmerinnen (VdU). Sie sagte mir dazu mal am Telefon: »Im Rentenalter mache ich jetzt so richtig LinkedIn.« Was sie dazu antreibt? Ihr ist Netzwerken schon immer sehr wichtig und dazu eignet sich LinkedIn ideal. Dabei möchte sie inspirieren und motivieren, und sie ist ein gutes Beispiel für jemanden, für den Karriere keine Rolle mehr spielt, dafür aber Inspiration einen umso wichtigeren Stellenwert einnimmt. Ähnlich sieht das Monika Schulz-Strelow, Unternehmensberaterin und Gründungspräsidentin der FidAR: »Alter ist für mich keine Ausrede«, betont sie auf meine Frage, ob Personen über 50 in den sozialen Medien sichtbar sein sollten.

Blicken wir weiter auf die Geschlechterverteilung, ist es schwer zu sagen, wer hier die Nase vorne hat. Bei dem Corporate Influencer:innen-Programm von Otto würde ich mehr Frauen vermuten, bei der Telekom etwas mehr Männer. Landau Media, eines der führenden Medien-Analyse-Unternehmen Deutschlands, publizierte allerdings kürzlich, dass 82 der 100 einflussreichsten Frauen der deutschen Wirtschaft auf LinkedIn vertreten seien. 63 davon haben im 1. Halbjahr 2022 mit mehr als 1 300 eigenen Inhalten aktiv kommuniziert. »Im Vergleich zur Landau-Media-Analyse der männlichen CEOs deutscher Dax- und MDax-Unternehmen […] sind Frauen auf LinkedIn also deutlich präsenter als ihre männlichen Kollegen, von denen nur rund die Hälfte über ein Profil auf LinkedIn verfügt.«[6]

Ein gern unterschätzter, aber sehr relevanter Aspekt ist in dem Zusammenhang die Vielfalt der Themen. Corporate Influencer:innen sollten aus allen Unternehmensbereichen kommen, egal ob IT, Personalwesen oder Produktentwicklung. Je vielfältiger die Hintergründe sind, desto klarer ist das Bild nach außen. Sie alle sollten aus ihrer Sicht erzählen, um die unterschiedlichen Aspekte und Perspektiven im Unternehmen zu reflektieren. Da sich damit nicht jede:r gleich leicht tut, stehen die Kommunikator:innen und Social-Media-Manager hier mit Rat und Tat zur Seite.

Achtsamkeit ist eine gute Beraterin

Bei aller Euphorie für die Corporate-Influencer:innen-Welt hat der strategische Ansatz eine weitere wichtige Komponente – die Analyse des Status quo. Einerseits sollte jedes Unternehmen zunächst einmal in sich hineinhören, wie die Stimmung unter den Mitarbeitenden aktuell ist. Es ist unsinnig, mit einem Corporate-Influencer:innen-Programm zu starten, wenn es gerade nicht so gut läuft. Ist das Umfeld positiv gestimmt, könnte zu Beginn auch ein Pilotprojekt sinnvoll sein, das dann kontinuierlich ausgebaut wird. Andererseits schlummert insbesondere unter den klein- und mittelständischen Unternehmen immenses ungenutztes Potenzial. Gleichzeitig lauert jedoch die Gefahr, dass Weltmarktführer und extrem coole Unternehmen hinter den sichtbaren Newcomer:innen verschwinden und ihre Chance auf die besten Talente und coolsten Mitarbeitenden verlieren. Gerade im Mittelstand besteht ein großer Nachholbedarf. Ein Blick nach innen, auf die eigene Reputation und das Image, kann sich lohnen, um daraus abzuleiten, welche Maßnahmen im Kommunikationsmix möglicherweise noch fehlen.

Achtsame Selbstreflexion ist an der Stelle eine gute Beraterin – gerade in der aktuellen Zwischenstufe.

Willkommen in der Zeit des Social CEOs

Wer ist es, auf den man in einem Unternehmen von außen mit als Erstes schaut? Der/die Geschäftsführer:in, der Vorstand oder der CEO. Wer ist es, der bei großen Erfolgen als Erste:r gefeiert oder bei Misserfolgen zur Verantwortung gezogen wird? Der/die Geschäftsführer:in, der Vorstand oder der CEO. Die Liste lässt sich beliebig fortführen. Stellvertretend für jede Form der Unternehmensführung ist der CEO derjenige, auf den man ganz besonders schaut. Aus diesem Grund spielt CEO-Kommunikation in der traditionellen Kommunikation schon immer eine wichtige Rolle. Im Prinzip steckt dahinter auch nichts anderes als Personal Branding, nur dass der Begriff erst in den letzten drei bis vier Jahren in aller Munde ist. Durch diese Form der Kommunikation werden CEOs oder stellvertretend für das Unternehmen deren Managementkollegen:innen sichtbar gemacht.

Der wesentliche Unterschied zu früher: Bis vor wenigen Jahren ging es in der Kommunikation inhaltlich nur um Fachliches, bis heute ist es bei vielen dabei geblieben. Doch als Mitarbeiter:in, Kund:in, Stakeholder:in oder potenzielle Geschäftspartner:in will ich neben dem Fachlichen doch auch wissen, was der CEO für ein Mensch ist.

Es geht um …

- den Menschen, der die Führungsrolle inne-, ja das Unternehmen in der Hand hat,
- den Menschen, der daheim eine Familie mit Kindern hat,
- den Menschen, der auch nur mit Wasser kocht,
- den Menschen, der mit Hürden und Herausforderungen zu kämpfen hat,
- den Menschen, der selbst Erlebnisse im Alltag hat und weiterlernt,
- den Menschen, der zu Vorbildern aufblickt,
- den Menschen, der sich mit anderen austauscht.

Kurzum: Erfolgreiche CEO-Kommunikation geht heute über die traditionelle Art und Weise hinaus, und das wird auch so erwartet. Warum ist das so? Weil ich verstehen möchte, warum der Mensch CEO zu einer Entscheidung gekommen ist. Weil ich wissen möchte, wie es einem CEO geht, der gerade 20 Prozent seiner Belegschaft entlassen musste oder trotz Corona-Pandemie gute Zahlen gebracht hat oder selbst mit Fachkräftemangel zu kämpfen hat.

Außerdem geht es heutzutage auch darum, als Geschäftsführer:in Rückgrat zu zeigen. Prominente Beispiele, die genau das intensiv auf LinkedIn tun, sind Sigrid Nikutta, Vorständin der Güterverkehr DB AG und Vorstandsvorsitzende der DB Cargo AG, Hildegard Wortmann, Vorständin für Vertrieb und Marketing der Audi AG und Mitglied der erweiterten Konzernleitung des Volkswagen Konzerns, und Tina Müller, CEO der Douglas Group.

An dieser Stelle möchte ich erneut auf den Unterschied zwischen *privat* und *persönlich* hinweisen. Persönliche Einblicke fallen leichter als private. Private Einblicke hingegen sind seltener nötig oder zielführend. Pointiert können sie jedoch für ein authentisches Bild nach außen sorgen – menschlich und greifbar.

Genau darin bestehen die aktuellen Kernanforderungen an die Kommunikation von CEOs und Führungskräften:

- fachlich korrekt und brillant sein,
- menschlich nahbar und authentisch sein,
- zweidimensional statt eindimensional wie in der klassischen Pressearbeit.

All das lässt sich über die sozialen Medien sehr gut umsetzen. Daher spricht man auch immer häufiger vom Social CEO, also einem CEO, der in den sozialen Medien sichtbar ist. Unter diesen Gesichtspunkten ist der Social CEO eine ideale Ergänzung zu den Corporate Influencer:innen.

Sichtbare CEOs locken Mitarbeitende

Kunden:innen fragen mich immer wieder, warum Mitarbeiter:innen sichtbar sein sollen, wenn es selbst die Chef:innen nicht sind. Meine Antwort lautet dazu eindeutig: Das ist ganz klar der Königsweg (oder der Königinnenweg), den oder die Chefin dazu zu motivieren, sichtbar zu sein und damit andere Menschen im Unternehmen so mitzureißen. Allerdings funktioniert das auch nur, wenn er oder sie sich damit auch wohlfühlt und somit tatsächlich authentisch auftritt. Das ist in dem Fall dann auch vom Kommunikationskanal erst mal völlig unabhängig.

Das heißt für die Corporate-Influencer:innen-Programme im gleichen Zuge, dass natürlich ein Auftritt mit dem CEO besonders stark wirkt, das bestätigt auch eine Studie von FleishmanHillard zum sogenannten *Authenticity Gap.* In diesem Kontext wird die Diskrepanz zwischen den Erwartungen der Verbraucher:innen und ihren tatsächlichen Erfahrungen mit einem Unternehmen oder einer Marke als *Authenticity Gap* bezeichnet. Nichtsdestotrotz kann ein Corporate-Influencer:innen-Programm auch ohne die Geschäftsführung genauso erfolgreich sein. Die Investition in eine hohe Sichtbarkeit lohnt sich allemal, insbesondere im Sinne von Employer Branding und der Suche nach den besten Talenten auf dem Markt.

Ein weiterer wichtiger Schalthebel sind die Inhalte der Unternehmenskommunikation. Neben den rein fachlichen Unternehmensthemen ist das Interesse an weiterführenden, gesellschaftlichen Themen ungebremst. So würden laut einer groß angelegten US-Studie 70 Prozent der Beschäftigten eher für ein Unternehmen mit einer ausgeprägten Umweltstrategie arbeiten.[7] Eine weitere US-Studie ergänzt, dass unter den Millennials 83 Prozent der Beschäftigten länger bei Arbeitgeber:innen blieben, wenn sich diese für soziale und ökologische Anliegen einsetzten.[8] Das zahlt darauf ein, dass es der Mix aus Fachlichem, erweiterten Fachthemen sowie persönlichen Inhalten ist, der letztlich das Bild einer Person sowie des Unternehmens rund macht und in jeder Hinsicht am besten performt. Auch dazu gibt es bereits zahlreiche, erfolgreiche Vorbilder, wie zum Beispiel Magdalena Rogl, Project Lead Diversity und Inclusion bei Microsoft Deutschland, Cawa Yunosi, Head of People Germany SAP, oder Anna Alex, Co-Founderin von Planetly und Outfittery.

IM GESPRÄCH MIT LAURA BORNMANN

Laura Bornmann ist seit Oktober 2022 Managing Director bei Startup Teens & GenZ Talents. Zuvor war sie Head of HR Development bei REWE Dortmund, einem Gemeinschaftsunternehmen der REWE Dortmund und der REWE Group mit Hauptsitz in Dortmund, von wo das operative Tagesgeschäft gesteuert wird. In ihrer Rolle war sie verantwortlich für die Personalentwicklung von rund 18000 Mitarbeiter:innen, die in den Märkten, der Zentrale sowie dem Fleischwerk und den Lagern arbeiten. Laura ist aktuell die am schnellsten wachsende Person auf LinkedIn in der DACH-Region: Sie hat die Zahl ihrer Follower:innen von rund 5000 im Februar 2022 auf rund 40000 Ende September 2022 steigern können. Das Gespräch haben wir noch während ihrer REWE Funktion geführt und viele ihrer Antworten sind aus dieser Rolle heraus entstanden.

Was bedeutet für dich Sichtbarkeit auf LinkedIn?
Für mich geht es in erster Linie darum, Dinge, die mir wichtig sind, mitzugestalten. Und ich bin überzeugt, dass das in der heutigen Zeit nur geht, wenn ich für möglichst viele Menschen an verantwortungsvollen Stellen sichtbar bin. Nur so werden meine Meinung und meine Argumente wahrgenommen und nur so kann ich bei anderen Menschen einen Anreiz schaffen, Bisheriges infrage zu stellen und Veränderungen anzugehen.

Gab es bei dir einen bestimmten Auslöser, bei dem du dir gesagt hast, jetzt mache ich LinkedIn, gehe raus und pushe meine eigenen Themen?
Nein, den einen Auslöser gab es nicht. Bei mir war das eine Entwicklung. Ich habe LinkedIn vorher gar nicht genutzt und ich

dachte auch, dass es niemanden interessiert, was ich zu sagen habe. Das ist ja so ein Frauending. Wir machen uns oft kleiner, als wir sind. Dann habe ich mich einfach mal ausprobiert. Für die ersten Posts habe ich kaum Aufmerksamkeit bekommen. Irgendwann ist einer meiner Posts aber viral gegangen und auf einmal habe ich Tausende Likes und Hunderte Kommentare bekommen. Dadurch konnte ich in kurzer Zeit eine große Reichweite generieren. Mein Thema hat so viele Menschen nicht nur erreicht, sondern auch emotional berührt – ich glaube, das ist es, was es am Ende ausmacht. Und da dachte ich: Wow, dieses Thema bewegt nicht nur mich, sondern ganz viele andere Menschen auch. Ich habe also doch Dinge zu sagen, die wichtig sind und die anderen einen Mehrwert bieten. Dann habe ich angefangen, regelmäßig auf LinkedIn zu posten. Das war also wirklich eine Entwicklung.

Wie kommst du auf die Themen, über die du schreibst? Hast du einen Themenkomplex oder Themenfelder, von denen du sagst, das ist das, wofür ich gerne sichtbar und bekannt sein will, oder greifst du eher Themen auf, die dir im Alltag begegnen?
Bei mir passt das ziemlich gut zusammen, weil ich mich im Job für Dinge einsetzen darf, die mir auch grundsätzlich wichtig sind. Das betrifft alle Themen zu New Leadership und New Work. Ich habe hier ganz eindeutig den Vorteil, dass diese Themen nicht nur für Personaler interessant sind, sodass jede:r irgendwie mitreden kann oder eine eigene Meinung dazu hat. Das macht es leichter, Reichweite aufzubauen. Ich denke aber schon, dass meine Positionierung auf LinkedIn ein Prozess war. Am Anfang habe ich mich mehr ausprobiert, mittlerweile weiß ich genau, wofür ich stehe und bei welchen Themen ich mich zurückhalte. Heute habe ich Leitplanken, zwischen denen ich mich bewege. Aber sie sind nicht starr. Wenn mich mal ein ganz anderes Thema bewegt, dann schreibe ich auch dazu. Diese Flexibilität ist mir wichtig. Und man muss ja selbst auch nicht immer Expert:in sein – ein Netzwerk ist ja vor allem dafür da, Neues zu lernen.

Du bist innerhalb kürzester Zeit sehr stark gewachsen auf LinkedIn. Merkst du, dass sich etwas verändert? Was verändert sich für dich in deinem beruflichen Alltag im Vergleich zu vorher?
Tatsächlich hat sich sehr viel verändert. Die Sichtbarkeit und Reichweite sorgen dafür, dass ich auf einmal für viel mehr Menschen interessant bin als zuvor. Ich kriege viele Anfragen für einen Austausch, ob ich eine Panel-Diskussion mitmachen oder ein Keynote halten kann. Ich werde zu exklusiven Veranstaltungen eingeladen und vor allem konnte ich in den letzten Monaten mein Netzwerk stark erweitern. Durch LinkedIn lerne ich großartige Menschen kennen, von denen ich lerne und die mich unterstützen. Außerdem bekomme ich viele inhaltliche Impulse für meinen Job. Das alles gibt mir viel Energie und ich bin überzeugt, dass ich dadurch meinen Job besser mache. Denn: Jedes Unternehmen muss sich immer wieder neu erfinden und das in immer kürzeren Abständen. Dafür braucht es Menschen, die regelmäßig aus der eigenen Bubble rauskommen und neue Ideen einbringen. Außerdem wird es ja auch immer entscheidender, ein Netzwerk zu haben, das man nutzen kann, wenn man ein Problem hat. Auch dafür ist LinkedIn hilfreich, denn wir müssen nicht immer das Rad neu erfinden. Schwarmintelligenz ist hier das Stichwort. Ebenso ist mein Selbstbewusstsein gewachsen, weil ich gutes Feedback von ganz unterschiedlichen Menschen bekomme und auch lerne, mit negativer Kritik umzugehen. Und ich weiß, dass meine Aktivität auf LinkedIn positiven Einfluss auf unsere Arbeitgebermarke hat – ich bekomme hierüber mittlerweile auch viele Bewerbungen.

Eine Zunahme an Sichtbarkeit und eine Zunahme an Anfragen bedeutet auch einen größeren Zeitaufwand. Wie gehst du mit dem Zeitfaktor um? Was würdest du den Frauen an die Hand geben, die aufgrund des Zeitfaktors vor LinkedIn zurückscheuen? Was sind deine Learnings, wenn es um Zeitaufwand und Sichtbarkeit geht?
Ich glaube, Menschen, die engagiert sind und ihren Job mit Leidenschaft machen, hadern immer mit dem Thema Zeit und müssen stark priorisieren. Die Frage ist also, welche Priorität wir

Netzwerkarbeit geben. Ich für mich bin heute überzeugt, dass sie eine hohe Priorität haben muss. Heute läuft doch alles über Kontakte. Natürlich bekomme ich auch mit, dass insbesondere Frauen sagen, dass sie für so etwas keine Zeit haben, wobei ich dann sage: Dann nehmt euch die Zeit dafür!

Wir Frauen sind ja immer die fleißigen Bienchen, machen unsere Aufgaben ganz korrekt, machen keine Pause. Hauptsache, am Ende ist alles perfekt. Männer sind da etwas anders unterwegs. Sie gehen zwischendurch mal mit dem Vorstand Mittagessen oder mit anderen Geschäftspartnern, sie netzwerken und gehen auf Veranstaltungen – unabhängig davon, wie voll der Schreibtisch ist. Da können wir uns wirklich etwas abgucken. Auch wenn ich das nicht pauschalisieren möchte, so ist da doch etwas dran. Ich möchte allen Frauen mit auf den Weg geben, dass Sichtbarkeit, netzwerken und Kontakte haben heute das A und O sind. Ich bin fest davon überzeugt, dass Frauen, die netzwerken, in Zukunft weiterkommen und mehr erreichen werden. Und dennoch muss ich auch meine LinkedIn-Aktivitäten selbst priorisieren: Am Anfang habe ich versucht, auf alle Kommentare und Nachrichten zu antworten. Das schaffe ich heute leider nicht mehr, obwohl ich mir noch immer große Mühe gebe.

Du bist im Bereich HR tätig. Aus deiner Perspektive heraus: Wie wichtig ist für Unternehmen das Personal Branding ihrer Mitarbeiter? Und reicht es aus, wenn nur die Führungskräfte eines Unternehmens sichtbar sind?

Ich glaube grundsätzlich, dass Personal Branding einen wichtigen Einfluss auf das Employer Branding hat und Unternehmen diesen Wirkmechanismus viel stärker nutzen sollten. Denn Menschen folgen Menschen und keinen Unternehmen. Menschen sind authentisch. Wir vertrauen Menschen und das ganz unabhängig davon, ob es sich um Führungskräfte handelt oder nicht. Ich bin überzeugt, dass Unternehmen noch viel häufiger das Personal Branding ihrer Mitarbeitenden nutzen bzw. es sogar proaktiv fördern sollten.

Denkst du, dass Menschen ohne Personal Branding noch gute Jobs finden werden?
Eines ist klar: In Zukunft werden es Menschen, die in ihre Personal Brand investieren, definitiv leichter haben, gute Jobs zu finden. Und das allein aufgrund ihrer Sichtbarkeit. Die ganzen Personaler sind ja auch auf LinkedIn unterwegs. Und du kannst noch so gut sein – wenn du nicht sichtbar bist, dann wird das keine:r mitbekommen. Natürlich bleibt dir noch der klassische Weg der Bewerbung – aber auch hier kannst du nur einen sehr kleinen Ausschnitt von dir zeigen. Auf LinkedIn erfahren wir viel mehr über die Menschen, ihre Werte, Beweggründe und Ziele. Außerdem entwickelt es sich gerade ja dahin, dass sich die Arbeitgeber:innen immer häufiger bei den Arbeitnehmer:innen bewerben – das geht aber nur, wenn die potenziellen Arbeitnehmer:innen sichtbar sind.

Wenn du die Perspektive auf die Unternehmerseite wechselst: Glaubst du, dass Unternehmen, die ihrem Unternehmen kein Gesicht geben, künftig noch die besten Mitarbeiter:innen finden?
Meine Antwort ist eindeutig: Nein! Menschen, vor allem junge Menschen, erkundigen sich vorab sehr genau über eine:n potenzielle:n Arbeitgeber:in. Sie durchforsten die Homepage sowie Social Media und schauen sich die Menschen an bzw. nehmen mit ihnen Kontakt auf, die in dem jeweiligen Unternehmen tätig sind. Heutzutage kann alles kommentiert und bewertet werden. Dadurch bekommen wir einen sehr authentischen Eindruck über die Unternehmen. Unternehmen sollten also selbst dafür sorgen, was über sie berichtet wird. Und auch hier gilt: Sie können noch so modern sein und gute Sachen machen, aber wenn sie nicht darüber sprechen, wird kein Mensch darauf aufmerksam.

Personal Branding ist eine Disziplin, die oft negative Kritik erfährt. Eins der größten Kritikpunkte ist, Personal Branding ist nur was für Selbstdarsteller. Bist du eine Selbstdarstellerin?
Ich wurde auch schon mit diesem Vorwurf konfrontiert und habe früher selbst so über andere Menschen, die in ihre Perso-

nal Brand investieren, gedacht. Ich war anfangs besonders kritisch gegenüber Menschen eingestellt, die jeden Beitrag auf LinkedIn mit einem Foto von sich versahen. Ich habe dann gedacht: Du willst doch mit deinem Inhalt wahrgenommen und nicht über dein Äußeres definiert werden. Aber damals habe ich Personal Branding noch nicht verstanden. Erst nachdem ich mich damit mehr beschäftigt habe, wusste ich, warum Fotos so wichtig sind. Sie sorgen dafür, dass wir in der Masse nicht untergehen, dass Menschen uns wiederfinden. Und wenn ich etwas verändern will, dann muss ich mir diesen Mechanismus eben zunutze machen. Aber zur Wahrheit gehört auch, dass es mit zunehmender Sichtbarkeit mehr Menschen gibt, die dich kritisch sehen. Das gehört dazu, wir können nie Everbody's Darling sein. Wichtig ist, dass wir selbst unser Warum kennen, denn dann haut uns so schnell auch nichts um.

Alles hat immer zwei Seiten. Wie gehst du generell mit kritischen Kommentaren um?
Ich finde Kritik super, wenn sie konstruktiv und wertschätzend ist. Denn genau diesen Diskurs möchte ich ja am Ende bezwecken. Ich bin an anderen Meinungen interessiert, weil sie mich und die Themen, für die ich mich einsetze, weiterbringen. Oft befinden wir uns ja in unserer Bubble, haben mit ähnlich denkenden Menschen zu tun und dadurch viele blinde Flecken. Ein konstruktiver Diskurs mit anders denkenden Menschen sorgt dafür, dass diese aufgedeckt werden. Wir bekommen plötzlich einen Anstoß, mal ganz andere Perspektiven einzunehmen. Das finde ich großartig. Gemeinsam sind wir viel schlauer als alleine und gemeinsam können wir so viel mehr bewegen. Deshalb folge ich zum Beispiel auch bewusst Menschen, die ganz anders sind als ich. Es gibt allerdings auch Kritik, die nicht konstruktiv ist und persönlich wird. Am Anfang habe ich mir solche Kommentare zu Herzen genommen, obwohl ich die Menschen gar nicht kannte. Unfassbar, oder? Heute weiß ich, dass solche Kommentare viel mehr über die Menschen selbst und ihre Probleme aussagen. Auf diese Kommentare reagiere ich nicht bzw. manchmal lösche ich sie auch und blockiere die Leute.

Was ist dein wichtigstes Learning aus den letzten Monaten mit dem LinkedIn-Boom?
Dass wir mit LinkedIn wirklich etwas bewegen und einen Unterschied in dieser (Arbeits-)Welt machen können. Dass wir Role Models für andere Menschen sein und andere Role Models auf LinkedIn finden können. Dass wir andere inspirieren und von anderen Menschen inspiriert werden können. Dass uns Schwarmintelligenz besser macht.

Gibt es noch etwas, woran du noch zweifelst? Hast du noch Herausforderungen?
Ich durchdenke meine Themen immer sehr genau und versuche, sie differenziert zu betrachten. Und trotzdem kommen manchmal kritische Kommentare, die ich in einigen Fällen sogar nachvollziehen kann. Dann ärgere ich mich, dass ich daran nicht vorher gedacht habe. Aber eigentlich ist das genau der Mehrwert, den LinkedIn bietet: Uns werden Sichtweisen aufgezeigt, an die wir vorher nicht gedacht haben. Das ist doch super, weil es uns besser macht.

Warum ist Personal Branding gerade für Frauen wichtig?
Tatsache ist, dass heute noch zu wenig Frauen in verantwortungsvollen Positionen sind und auch zu wenig Frauen eigene Unternehmen gründen. Das hat oft mit konservativen Kulturen und veralteten Rahmenbedingungen zu tun und vielleicht fehlt uns auch manchmal der Mut und das Selbstvertrauen. Aber Frauen wollen genauso gut Führung übernehmen und etwas bewegen. Daher ist es wichtig, dass mehr Frauen in ihre Personal Brand investieren. Kompetenz ist und bleibt zwar die Grundvoraussetzung für eine erfolgreiche Karriere. Ein Netzwerk ermöglicht es uns aber, unsere Sichtbarkeit zu erhöhen und unsere Möglichkeiten dadurch zu maximieren.

Recap: Corporate Influencer, Social CEOs und die Rolle für Employer Branding

Lass es mich hier ganz klar zusammenfassen: Die stärksten Botschafter:innen kommen aus den eigenen Reihen. Keiner kann ein Unternehmen besser nach außen repräsentieren als die eigenen Mitarbeiter:innen. Aus diesem Grund sind Corporate Influencer:innen für das Employer Branding extrem wertvoll und im ambitionierten Unternehmensumfeld nicht wegzudenken.

Das lässt sich zusammenfassend nochmal besonders aus folgenden Aspekten heraus begründen:

War for talents/Fachkräftemangel: Die besten Talente können sich heutzutage aussuchen, für wen sie arbeiten möchten. Daher lohnt es sich, frühzeitig und proaktiv die Stärken des Unternehmens zu zeigen.

Konsumentengewinnung und -bindung: In einem weitverbreiteten Käufermarkt ist es wichtig, zu Konsument:innen schon früh und kontinuierlich eine starke Bindung aufzubauen und transparent miteinander zu kommunizieren – beispielsweise über die sozialen Medien.

Mitarbeitermotivation und -bindung: Der Vertrauensbonus gegenüber Corporate Influencer:innen sowie die gemeinschaftliche Dynamik eines entsprechenden Programms tragen in hohem Maße zur Motivation und Bindung von Mitarbeitenden bei. Das bedeutet wiederum Win-win für beide Seiten.

QUICK & DIRTY

Deine Personal Brand in drei Monaten

Care

> »Deine Brand ist das, was andere Menschen über dich sagen, wenn du nicht im Raum bist.« – Jeff Bezos

Initiale Idee

Sichtbarkeit	=	Gesehenwerden
Gesehenwerden	=	Aufmerksamkeit erregen
Langfristige Aufmerksamkeit	=	kontinuierlich hochwertigen Input bereitstellen

Was Sichtbarkeit kann

- Deiner Stimme Gewicht verleihen.
- Dich umfangreich vernetzen.
- Dir Unabhängigkeit (zum Beispiel vom Arbeitgeber) geben.
- Deinen Marktwert steigern.
- Deine Mission pushen und ungeahnte Möglichkeiten aufzeigen.

Vorbereitung: Personal-Brand-DNA

Das Warum: Wofür soll dein Name stehen? Wofür willst du deine Energie einsetzen? Aus welchen Ressourcen schöpfst du?

Skills & Erfahrungen: Welche Fähigkeiten hast du erworben, und welche liegen in deinem Naturell? Wo liegt dein größter Erfahrungsschatz?

Passion & Interessen: Der Anspruch ist nicht, dass du schon Expertin bist. Gibt es Tätigkeiten oder Themen, bei denen du im Flow bist und alles um dich herum vergisst?

Werte und Glaubenssätze: Woran glaubst du?

Vom Warum zum konkreten Thema

- Formuliere aus deinem übergeordneten Warum deine Mission.
- Kombiniere deine Mission mit deinen Ressourcen und gelange so zu deinem konkreten Thema.
- Fokus hilft deinem Netzwerk, dich als Expertin zu identifizieren.
- Fokus hilft dir, guten Content auszuwählen und zu erstellen.

Personal Branding ist das Dach, das dein Warum mit deinen Skills, Interessen und Werten vereint – und dadurch einzigartig wird.

Schlüsselelemente: Personal-Brand-DNA

Deine Markenvision: Wofür möchtest du bekannt sein? Wenn dein Name der Inbegriff eines Themas wäre, welches Thema wäre das?

Dein Markenauftrag: Warum möchtest du eine Personal Brand aufbauen? Was ist dein Ziel? Wen möchtest du unterstützen? Was möchtest du erreichen?

Deine Markenbotschaft: Was ist die Schlüsselbotschaft, die du vermitteln möchtest? Welche Botschaft willst du in deinen Inhalten konsequent stärken? Wenn du deinem Publikum nur einen Ratschlag geben könntest, welcher wäre das?

Deine Markenpersönlichkeit: Welche Anteile deiner Persönlichkeit möchtest du in deine Marke einweben? Welche Eigenschaften soll dein Publikum deiner Marke auf einen Blick ansehen?

Zielgruppe

Willst du alle ansprechen, sprichst du niemanden an. Je genauer deine Zielgruppe definiert ist, desto individueller sprichst du die Einzelperson an.

Demografie: Wie alt sind sie, welches Geschlecht haben sie? Welche Ausbildung, aktuelle Stelle und berufliche Ambition haben sie? Was verdienen sie, und wofür geben sie ihr Geld aus (materielle oder immaterielle Dinge)? Leben sie in einer Beziehung?

Wünsche und Sehnsüchte: Was wünschen sie sich kurzfristig und langfristig für ihre Zukunft? Was sind ihre Träume, Ziele und Sehnsüchte? Für welche Themen brennen sie?

Pain-Points und Herausforderungen: Womit haben sie zu kämpfen? Was bringt sie in Rage? Welchen Widerständen begegnen sie immer wieder?

Definiere deine Brand-Voice

- Brand-Voice = stimmige, kontinuierliche Art und Weise, wie du mit deiner Zielgruppe kommunizierst
- Sie ist die Sprache deiner Posts, direkter Nachrichten, Kommentare und so weiter

- Ist sie serviceorientiert, informativ, konservativ, ironisch, lustig, bescheiden, selbstbewusst, autoritär …?

Es gibt viele Arten, wie deine Marke klingen kann, aber sie sollte nicht zu sehr von deiner persönlichen Sprache abweichen.

Optimiere dein LinkedIn-Profil

- Personalisiere deine Profil-URL und erstelle eine Vanity-URL mit Wiedererkennungswert statt Zahlenbrei.
- Verwende professionelle Fotos.
- Wähle ein aussagekräftiges Titelbild.
- Schreibe einen überzeugenden Profilslogan.
- Verzichte auf leere Worthülsen.
- Finde Keywords mit Bedeutung.
- Schreib ein richtig gutes »Über mich« aka die Info.
- Nutze den Bereich »Im Fokus«.
- Füge deine Berufserfahrung, deine Ausbildung, dein Ehrenamt hinzu.
- Füge neue Abschnitte hinzu.
- Nutze den Abschnitt »Kenntnisse«.
- Schreibe Empfehlungen und frage Empfehlungen an.

Connect

Jede Mission braucht Verbündete.
Baue dir ein belastbares Netzwerk auf.

Dein Netzwerk aufbauen

- Lerne, in deine Personal Brand zu switchen (und den richtigen Moment zu erkennen).
- Mach deine Brand-Voice zu deiner zweiten Muttersprache.
- Beginne beim Netzwerken so niedrigschwellig wie möglich.
- Arbeite dich von deinem Inner Circle in die weite Welt vor.
- Überwinde die Hürde, ein Gespräch zu beginnen.
- Übe Gespräche mit Fremden, bis du dich absolut sicher fühlst.
- Knüpfe deine Kontakte nicht wahllos, sondern zielgerichtet.
- Vernetze deine Kontakte untereinander und bitte in deinem Netzwerk um Connection. Wer weiß, wen du über zwei Ecken alles kennst!

Dein Netzwerk pflegen

- Bleibe mit deinen Kontakten über Kommentare im Austausch. Zeige Interesse und Support für ihre Mission.
- Tagge Menschen, an die du im Alltag, bei Events, in Beiträgen oder durch bestimmte Situationen und Gespräche erinnert wurdest.
- Ein Shout-out an eine bestimmte Personengruppe, vor Events oder bei Hilfegesuchen reaktiviert die Kontakte in deinem Netzwerk.

Comment

Kommentare sind auch Content.

- Friends and family sowie dein engeres berufliches Umfeld können dir den Einstieg in die Kommentarspalten erleichtern. Hier kannst du auf sicherem Terrain deine Brand-Voice ausprobieren.
- Hole dir Feedback ein, wie deine Personal Brand wirkt.
- Plane 15 bis 20 Minuten Kommentieren am Tag ein.
- Übe deine Brand-Voice im Digitalen, sodass du im Analogen sicher wirst.
- Kuratiere deinen Feed, um einen zielgerichteten Austausch zu ermöglichen.
- Übe dich in gewaltfreier Kommunikation, um eine fruchtbare Interaktion sicherzustellen.
- Deine Meinung ist keine universelle Wahrheit. Gib anderen Perspektiven Raum.

Content

Dein Content muss Mehrwert stiften, um langfristig Bestand zu haben.

Beitragsformen

Post

- Die Königin der Beitragsformen.
- 3000 Zeichen Platz, um zu begeistern.
- Nutze einprägsame Visuals mit Wiedererkennungswert.

Aufbau eines Posts:

Teaser: Fang nicht chronologisch an, sondern mit der Essenz des Inhalts an. Was ist mein Mehrwert, wenn ich weiterlese?

Kontext: Warum ist dein Inhalt relevant? Womit oder mit wem hat er zu tun? Brücken bauen: Was hat das mit mir/dir zu tun?

CTA (Call to Action): Frage ans Netzwerk, Austausch anregen

Hashtags: Hashtags sind ein Kommunikationstool, keine Reichweitenmaschine. Recherchiere sie darum intensiv und nutze sie pointiert.

Artikel

- Artikel bieten dir Platz, um Inhalte »auszuerzählen«.
- Wenn du bereit bist, regelmäßig lange Inhalte zu erstellen, kannst du Artikel bei LinkedIn in einen Newsletter umwandeln.

Videos

- Erstelle kurze, etwa 90 Sekunden lange Videos oder lade relevante Dateien hoch.
- Zeige dein Gesicht und vermittle so ein Höchstmaß an Persönlichkeit.

- Filme so professionell wie möglich.
- Denke an Untertitel.

Präsentationen

- Visualisiere komplexe Inhalte in Slideshares.

Umfragen

- Sprich deine Community direkt an und fange eine Stimmungslage ein.
- Ein super Tool, um Diskussionen anzuregen – aber bitte dosiert und sinnvoll einsetzen.

Content-Curation

- Bereite Inhalte anderer auf, die dich beschäftigen, begeistern, inspirieren.
- Mach die Sammlung dieser Inhalte zu einer Routine.
- Tagge die Urheber:innen.
- Poste nur Inhalte, die auf dein Thema einzahlen.
- Klicke nicht nur auf »Teilen« – LinkedIn pusht nur originäre Inhalte.

Content-Creation

- Erstelle eigene Inhalte, um deinen Expertinnenstatus zu etablieren.
- Sei kreativ und setze dir selbst keine Grenzen.
- Überlege, wie du aus deiner täglichen Gedankenwelt und den Dingen, die dich beschäftigen, wertvollen Content schöpfen kannst.
- Gestalte deinen Content so, dass er für deine Zielgruppe eingängig, sinnvoll und *snackable* ist.

Privat versus persönlich

- LinkedIn ist ein Businessnetzwerk. *Private* Dinge sind solche, die hinter deiner Wohnungstür und im Rahmen deiner Freizeit stattfinden. Schütze sie und überlege, was für dein Thema tatsächlich relevant ist. *Persönlich* hingegen ist jede Aussage, die du in deine eigene Perspektive setzt.

Kritik und Feedback

Sachliche Kritik ist Gold wert, und du solltest sie unbedingt ernst nehmen. Hier entsteht authentischer Austausch, und du kannst dich als Expertin zeigen, wenn du adäquat auf andere Meinungen reagierst.

Unsachliche Kritik, die vielleicht sogar über die Grenze zur Pöbelei hinweggeht, darfst du getrost ignorieren. Dein Kanal, deine Regeln. Wer pöbelt, darf gelöscht, geblockt und aus deinem Netzwerk ausgeschlossen werden.

Shitstorm: Ein Post von dir hat sehr polarisiert oder direkt einen wunden Punkt getroffen. Nun ergießt sich die ungefilterte Gegenwehr über dir. Bleib besonnen und wäge ab:

- Ignorieren und einfach mal Pech gehabt?
- Kommentarfunktion sperren und nachdenken?
- Post löschen?
- In einem neuen Post öffentlich reflektieren?

Continuity

If Content is King, Continuity is Queen.

Die goldene Regel des Personal Branding
Können + Charakter × Kontinuität.

Durchhalten: Schaffe dir Routinen für deine Personal-Branding-Aktivitäten, die du langfristig aufrechterhalten kannst. Wiederhole diese Routinen, bis sie zu Gewohnheiten geworden sind.

Aushalten: Erfolg braucht Zeit. Gib dir mindestens eine dreimonatige Pilotphase, bis du deine Aktivitäten evaluierst und positive Ergebnisse verzeichnen kannst. Die Wahrscheinlichkeit, dass deine ersten Inhalte nur wenige Menschen erreichen, ist hoch.

Hard facts

- Am Anfang sind zwei Beiträge pro Woche optimal.
- Ein Beitrag pro Woche ist das absolute Minimum.
- Poste lieber an verschiedenen Tagen als mehrmals an einem Tag.
- Dienstag, Mittwoch und Donnerstag sind die stärksten Tage.
- 7 bis 11 Uhr wochentags, 8 bis 9.30 Uhr samstags sind hochfrequentierte Zeiten. Für manchen Themen und Zielgruppen funktioniert auch abends ab 20.30 Uhr.
- 15 Minuten täglich interagieren und 30 Minuten zum Erstellen eines Posts sollten mit etwas Übung ausreichend sein.

Algorithmus-Hacks

Ein Algorithmus ist im Grunde genommen eine schrittweise Lösung zu einer Aufgabenstellung. Indem du den LinkedIn-Algorithmus mit deinen Personal-Branding-Aktivitäten fütterst, lernt er. Der Algorithmus ist parteiisch – sein Ziel ist es, so viele Menschen wie möglich, so lange wie möglich, so oft wie möglich auf LinkedIn zu halten. Belohnt werden Aktivitäten, die dieses Ziel unterstützen – die also Menschen zum Lesen, Anschauen, Scrollen, Kommentieren, Reagieren und so weiter ermuntern. Die hohe Kunst ist dabei, die Ziele des Algorithmus mit deinen zu matchen. Der Algorithmus ist schnöde (wenn auch komplexe) Technik, keine Religion. Behalte das im Hinterkopf.

- Bedenke den Algorithmus, lass ihn aber nicht deine Zielgruppe ersetzen.
- Poste nicht zwei Posts in unter 6 Stunden. Die beiden Posts würden sich gegenseitig kannibalisieren.
- Teile keine Posts von anderen, dein Post wird als kopierter Content gesehen und wenig bis gar nicht ausgespielt.
- Poste keine externen Links in deinen Beiträgen, sondern in den ersten Kommentar des Posts. Menschen von der Plattform wegzulocken, wird mit Ignoranz deines Inhaltes bestraft.

DANKSAGUNG

Ein Buch entsteht nie allein. Ich habe großartige Menschen an meiner Seite und möchte ihnen hier die Aufmerksamkeit widmen, die sie in meinen Augen verdienen:

Hauke Schwiezer: Ohne dich wäre dieses Buch nicht entstanden. Du hast mir Türen zu deinem hochkarätigen Netzwerk geöffnet und challengest und förderst durch dein Sparring kontinuierlich mein Wachstum als Unternehmerin.

Monika Marusic, Susanne Bartels, Sandy Kolbuch und Sabine Blumrich: Ich kann schreiben, habe sehr viel Wissen und immer neue Ideen im Kopf. Doch ich weiß, dass auch der beste Schreiberling Sparringspartner:innen braucht, um Ideen in die richtigen Worte zu übersetzen. Ihr habt mich bei diesem Projekt kontinuierlich unterstützt, und ich danke euch herzlich dafür.

Anna, Marie-Christine, Annahita, Julia, Natalya, Mina, Tina, Tatjana, Sigrid, Anna, Miriam, Verena, Monika, Magdalena, Lunia, Zoe, Fannie, Laura, Yaël und Diana: Ihr alle seid Vorbilder für mich und allein die Tatsache, dass jede Einzelne von euch einem Interview in meinem Buch zugestimmt hat, zeigt mir, wie wichtig dieses Thema auch euch ist. Ich danke euch für eure Zeit, euer Wissen und eure Tipps rund um das Thema Sichtbarkeit von Frauen.

Danja Hetjens: Als ich dir meine Idee vorgestellt habe, warst du schnell überzeugt, und nach nur zwei Wochen hast du mir eine Zusage gegeben. Ich glaube, ohne dich und deine Begeisterung für das Thema wäre dieses Buch nicht entstanden!

Zeljka: Mama, du bist mein größtes Vorbild.

Frank: Ohne dich geht hier gar nichts. Du ermöglichst mir, mich auszuprobieren, und hältst mir immer den Rücken frei.

ANMERKUNGEN

1 Geyser, W. (2022, 27. Juli). What is an Influencer? – Social Media Influencers Defined [Updated 2022]. Influencer Marketing Hub. Abgerufen am 19. September 2022, von https://influencermarketinghub.com/what-is-an-influencer/

2 Telekom AG, D. (2021, 1. Mai). Telekom Botschafter: Die Corporate Influencer – Initiative stellt sich vor. Deutsche Telekom. Abgerufen am 19. September 2022, von https://www.telekom.com/de/blog/konzern/artikel/telekom-botschafter-stellen-sich-vor-595738

3 Corporate-Influencer-Programm bei OTTO: die Jobbotschafter*innen. (2022, 28. Juli). www.otto.de. Abgerufen am 19. September 2022, von https://www.otto.de/newsroom/de/kultur/corporate-influencer-programm-bei-otto-die-jobbotschafter-innen

4 Corporate-Influencer-Programm bei OTTO: die Jobbotschafter*innen. (2022, 28. Juli).

5 Authenticity Gap Studie 2021. (2022, 13. Juli). FleishmanHillard Germany. Abgerufen am 19. September 2022, von https://fleishmanhillard.de/arbeit/authenticity-gap-studie-2021/

6 prmagazin 08/2022, Seite 6. (2022, August). prmagazin, 08/2022, 6. https://prmagazin.de/august-ausgabe-2022/

7 Peters, A. (2019, 14. Februar). Most millennials would take a pay cut to work at a[sic!] environmentally responsible company. Fast Company. Abgerufen am 19. September 2022, von https://www.fastcompany.com/90306556/most-millennials-would-take-a-pay-cut-to-work-at-a-sustainable-company

8 2016 Cone Communications Millennial Employee Engagement Study – Cone. (o. D.). Abgerufen am 19. September 2022, von https://conecomm.com/2016-millennial-employee-engagement-study/

DIE AUTORIN

Christina Richter ist Gründerin und Geschäftsführerin des Personal Branding Instituts in Berlin. Nach mehr als zehn Jahren Erfahrung in Agentur, Mittelstand sowie Großkonzern in den Bereichen PR, Unternehmenskommunikation und Social Media berät sie seit 2015 Unternehmen und Unternehmer:innen aus aller Welt rund um Corporate-Influencer-Strategien und Personal Branding. Ihr Fokus liegt dabei auf der richtigen Anwendung und Einbindung des Kommunikationstools Personal Branding in den beruflichen Alltag ihrer Kund:innen. Sie und ihr Team des Personal Branding Instituts geben den Kund:innen die richtigen Werkzeuge an die Hand, sich als Thought Leader in ihrem jeweiligen Fachbereich zu positionieren.

Christina Richter ist Co-Autorin verschiedener Fachbücher, darunter *Zukunftsrepublik* und *Gen Z – Für Entscheider:innen*. Auf ihrem LinkedIn-Kanal gibt sie wöchentlich wertvolle Tipps rund um das Thema Personal Branding und den bewussten Aufbau einer nachhaltigen Sichtbarkeit.

https://www.linkedin.com/in/christina-richter

Mehr Informationen rund um das Personal Branding Institut gibt es unter personalbrandinginstitut.de